本书受到青岛市社会科学规划项目（项目编号：QDSKL1801178）、青岛农业大学出版基金项目资助

中国传统乡规民约及其当代转化研究

党晓虹 著

中国社会科学出版社

图书在版编目(CIP)数据

中国传统乡规民约及其当代转化研究 / 党晓虹著 . —北京：中国社会科学出版社，2020.12
ISBN 978-7-5203-7519-1

Ⅰ.①中⋯ Ⅱ.①党⋯ Ⅲ.①乡规民约—风俗习惯—研究—中国 Ⅳ.①K892.27

中国版本图书馆 CIP 数据核字（2020）第 237847 号

出 版 人	赵剑英
责任编辑	刘志兵
责任校对	周　昊
责任印制	李寡寡

出　　版	中国社会科学出版社
社　　址	北京鼓楼西大街甲 158 号
邮　　编	100720
网　　址	http://www.csspw.cn
发 行 部	010-84083685
门 市 部	010-84029450
经　　销	新华书店及其他书店
印　　刷	北京明恒达印务有限公司
装　　订	廊坊市广阳区广增装订厂
版　　次	2020 年 12 月第 1 版
印　　次	2020 年 12 月第 1 次印刷
开　　本	710×1000　1/16
印　　张	16.25
插　　页	2
字　　数	235 千字
定　　价	89.00 元

凡购买中国社会科学出版社图书，如有质量问题请与本社营销中心联系调换
电话：010-84083683
版权所有　侵权必究

目 录

前 言 ………………………………………………………………（1）

第一章 导论 ………………………………………………………（1）
  第一节 选题缘由与意义 ……………………………………（1）
  第二节 研究中需要明确的几个问题 ………………………（6）
  第三节 学术史回顾与评述 …………………………………（11）
  第四节 研究思路与方法 ……………………………………（18）

第二章 传统乡规民约的基本理论问题 ………………………（22）
  第一节 传统乡规民约的概念及其内涵 ……………………（22）
  第二节 传统乡规民约的类型与主要内容 …………………（25）
  第三节 传统乡规民约的主要特点 …………………………（30）

第三章 传统乡规民约的历史演变 ……………………………（35）
  第一节 北宋以前：乡规民约在孕育中粗具形态 …………（35）
  第二节 两宋时期：乡规民约在夹缝中艰难发展 …………（45）
  第三节 明清时期：乡规民约在支持中失去自我 …………（51）
  第四节 民国时期：乡规民约在"西学"中的现代嬗变 ………（59）

第四章 传统乡规民约的思想渊源 ……………………………（71）
  第一节 儒家思想：传统乡规民约的精神内核 ……………（71）
  第二节 宋明理学：传统乡规民约的思想基石 ……………（82）

第三节 西方民主思想：促使传统乡规民约转型的
　　　　外来元素 …………………………………………（91）

第五章　传统乡规民约的制定执行 …………………………（99）
　　第一节　乡里组织及其规约的制订执行 …………………（99）
　　第二节　乡村会社组织及其规约的制订执行……………（105）
　　第三节　宗族组织及其规约的制订执行 …………………（110）
　　第四节　乡约组织及其规约的制订执行 …………………（116）
　　第五节　传统乡规民约执行效果分析 ……………………（122）

第六章　传统乡规民约的作用空间 …………………………（129）
　　第一节　传统乡规民约对乡村经济生产的作用 …………（130）
　　第二节　对乡村社会生活的作用 …………………………（141）

第七章　传统乡规民约对水资源的管理及其影响
　　　　——基于明清晋陕地区水利规约的微观考察…………（163）
　　第一节　晋陕地区的水资源状况 …………………………（163）
　　第二节　传统乡规民约对明清晋陕地区水资源的管理 …（165）
　　第三节　传统水利规约对明清北方地区的影响和作用 …（184）

第八章　传统乡规民约的评价与启示 ………………………（187）
　　第一节　传统乡规民约的宏观影响 ………………………（187）
　　第二节　传统乡规民约的历史局限性 ……………………（189）
　　第三节　对传统乡规民约的整体评价 ……………………（193）
　　第四节　传统乡规民约的历史反思与启示 ………………（195）

第九章　传统乡规民约的当代价值及其转化 ………………（203）
　　第一节　当代乡规民约发展现状与困境 …………………（204）
　　第二节　传统乡规民约的当代价值审视 …………………（210）
　　第三节　传统乡规民约的当代转化 ………………………（213）

结　论	（216）
附　录	（218）
主要参考文献	（242）
后　记	（251）

前　言

乡村振兴战略是一项伟大而艰巨的任务,只有动员全社会的力量才能够实现。由于很长时期以来我国乡村治理实践深受西方治理理论和实践的影响,从历史角度探寻与挖掘我国本土的乡村治理智慧以助力乡村振兴的研究与实践相对较少,包括传统乡规民约在内的传统社会治理资源一定程度上处于被遮蔽和忽略状态。

作为中国古代乡村社会长期存续的非正式制度,传统乡规民约这种基于乡情、人伦的社会控制规范,凭借其自身的内生性、非强制性、灵活性等特点,在古代乡村社会道德培育、文化涵泳、资源利用等方面发挥了巨大作用。时至当下,随着城镇化与工业化的加速推进,农村地区在社会结构、文化观念、治理模式等方面都发生了巨大改变,但传统乡规民约所倡导的"家国一体""集体主义""公理共议"等理念依然延续,"天人协调""人际和睦"等治理愿景仍被广泛期待,并在此基础上进一步扩展为产业兴旺、生态宜居、乡风文明、治理有效、生活富裕的乡村振兴总目标。因此,对传统乡规民约的系统梳理,尤其是对其中所蕴含的优秀治理元素和精神内核的深入挖掘,无论是对于展现中国制度的魅力、推进我国乡村治理理论的本土化发展,抑或推动乡村治理能力的提升与乡村全面振兴的实现,都是不无裨益的。但同时,我们也必须承认,传统乡规民约表征了特定的时代精神,带有时代印记,与当代乡村社会实况或多或少呈现出一定程度的张力,因此,唯有依据时代变化进行当代转型,才能有效发挥其积极作用。

本书共设九章。第一章交代选题缘由、研究目的与意义、研究时段与范围的界定等基本问题。第二章界定乡规民约的概念，分析乡规民约的内涵、内容和基本特征。第三章梳理传统乡规民约的历史演变脉络，厘清传统乡规民约在不同历史阶段所呈现出的不同特点。第四章分析儒家思想、宋明理学、西方民主思想对传统乡规民约形成与转型的影响。第五章对传统乡规民约的制定和执行情况进行分类考察。第六章探讨和分析传统乡规民约对古代乡村经济生产以及日常生活的作用与影响。第七章具体考察传统乡规民约对水资源的管理状况。第八章是对传统乡规民约的整体性评价与历史性反思。第九章则结合当代乡规民约发展现状，对传统乡规民约的当代价值与转化进行探讨。

通过研究发现，传统乡规民约是在国家政权、乡村精英阶层以及农民阶层三方力量的博弈和互动中发展的，任何一方的错位或缺失都有可能导致乡规民约的流产和失败。传统乡规民约的演进历史尤其证明了：一方面，国家政权的支持和引导是乡规民约发挥效用的有力保障，但全面的介入和有意图的控制也使得乡村自治趋向弱化，并且导致乡规民约走向异化和扭曲，从而降低了乡规民约效用的发挥；另一方面，由于漠视和忽略了农民阶层在乡规民约制定、执行过程中的话语权和参与权的表达，传统乡村社会的乡规民约仅仅是乡村精英阶层出于实践道德理想而设计的一种蓝图模式，体现的是乡村精英阶层的意志和心声，仅仅是"部分、少数人的有限自治"，而绝非真正的村民自治。传统乡规民约的演进历史告诉我们，只有保证国家政权、乡村精英和村民三者之间的良性互动关系和正确的角色分配，特别是确保农民阶层在乡规民约制定、实施过程中话语权和参与权的有效性，方能保证乡规民约健康、正常地向前发展，也才能从根本上确保村民自治制度的成果。要实现对传统乡规民约的有效吸纳，离不开适宜的外部环境、科学的吸纳方法与得当的吸纳路径。

第一章 导论

第一节 选题缘由与意义

一 选题缘由

中华人民共和国成立后的30年间,国家力量向乡村社会的深入是传统社会所无法比拟的,它通过在乡村社会建立"生产队—生产大队—人民公社"的三级层进式的人民公社体制,把每一村、每一户、每一人都直接限定在国家的政治秩序和意识形态中,从而"造就了一套自上而下的经济控制与行政控制网络,使得国家权力对乡村社会的渗透和控制达到了前所未有的规模和深度"。[①] 原有的乡村社会组织自行瓦解,传统乡规民约被当作封建残余遭到禁止,国家政权直接深入乡村社会处理各种具体、琐碎的矛盾和纠纷。

20世纪70年代后期,国家在农村进行了广泛、深入的改革。一方面,广泛实行家庭联产承包责任制;另一方面,打破政经合一、高度集中的人民公社体制,重新建立乡政府作为国家政权的基层单位。这次改革使得农民获得了对农业生产和经营管理的自主权和独立权,激发了农民的自主意识,但同时,诸如财富攀比、资源浪费、赌博盗窃、虐待老人等有悖中华民族道德准绳的不文明现象也开始在农村滋长蔓延。

用什么方式重新组织农村和农民成为当时党和各级政府急需解决的

[①] 王铭铭、王斯福:《乡土社会的秩序、公正与权威》,中国政法大学出版社1997年版,第418页。

迫切问题。1983年1月2日，中共中央印发了《当前农村经济政策的若干问题》的通知，明确指出要通过制订乡（村）规民约的方式，增强家庭和睦、乡邻团结，改变村风村貌，树立社会主义新风尚。1987年11月24日，第六届全国人大常委会第二十三次会议审议并通过了《中华人民共和国村民委员会组织法（试行）》，决定在村一级建立群众自治组织——村民委员会，下设村民小组，并以村民公约或村民自治章程等乡（村）规民约形式为主要执行手段对本村、组范围内的各种日常社会事务进行具体管理。乡规民约终于作为乡村社会自主管理的一个重要手段重新进入人们的视野。1998年、2010年、2018年，国家对《中华人民共和国村民委员会组织法》进行了三次修订，对乡规民约的制定程序、备案修订、与国家法之间的关系等关键性问题作出了明确规定。经过三十余年的发展，作为村民自治的重要载体——乡规民约，无论是文本形式还是规约内容上，都获得了前所未有的大发展，逐步走向完备和规范，并在广大农村地区全面推进和实施，截至2018年底，乡规民约在我国农村地区的覆盖率已经达到98%。三十余年的发展实践证明，乡规民约在推进我国农村民主自治、稳定农村社会秩序、协调农村社会发展、推动农村社会风尚的进步等方面起到了巨大作用。

然而，随着工业化与城镇化步伐的加快，农村社会面临着"熟人"社会结构解体、文化价值观多元、村基层组织衰微、乡村精英集体性出走等诸多变化，加之乡（村）规民约自身建设中存在的"重形式轻内容""重制定轻执行""重义务轻权利""重外力推动轻内力激发"等问题，导致乡（村）规民约日渐陷入规则传递受阻、权威性下降、效力减弱等困境，难以有效发挥其在乡村社会治理中的作用，难以为新型乡村治理体系构建乃至乡村振兴战略推进提供有力的制度支撑，严重影响了乡村社会治理的成效，也制约了我国社会的整体性全面发展。

面对乡规民约在乡村社会治理中遭遇的诸多困境，乡村社会治理是不是可以摒弃这种在乡村社会存续了数千年的非正式治理资源，转而用正式的国家法律取而代之呢？尽管有部分学者认为，乡规民约终将随着国家法律的健全逐渐削弱甚至隐退，乡村治理方式也终将从通过乡规民约的治理向作为社会生活方式的法治治理转变①，但更多的学者坚持认为，法律在乡村场域的事实缺位、乡村社会的伦理型属性以及我国农村巨大的区域差异性，决定了国家法律无法解决乡村社会所面临的所有问题，而乡（村）规民约所内含的与现代法律精神以及中国当下的社会现实相契合的文化成分，使其具备了村庄整合、社会资本、耦合协同等功能，因此，其存续对于新乡土社会秩序的构建乃至乡村振兴战略的实现依然具有重要的现实意义。②

乡村振兴是我国农村发生的一场崭新革命，同时也是农民走向人的现代化的一场自我革命。推进乡村振兴战略实施，构建新型乡村治理体系，必然以激发农民内生动力、发挥农民主观能动性为前置条件。这意味着，作为共情合意、自发生成的乡规民约，必将成为助推崭新革命和自我革命的关键机制。在新时代加快实施乡村振兴战略的进程中，探究与新乡土社会秩序相适应、与正式制度相协调的务实管用的乡规民约具有重要的现实意义。

2018年9月，《国家乡村振兴战略规划（2018—2022）》颁布，其中要求充分发挥自治章程、村规民约在农村基层治理中的独特功能，弘扬公序良俗，并提出力争到2020年达到村规民约100%全覆盖的规划目标。③ 2018年12月27日，民政部、中组部、全国妇联等七部委专门

---

① 具体参见谢晖《当代中国的乡民社会、乡规民约及其遭遇》，《东岳论丛》2004年第4期；黄爱教《论乡村治理方式的转向——从乡规民约到作为社会生活方式的法治》，《山东农业大学学报》（社会科学版）2007年第1期。

② 具体参见刘志刚《民事审判中的村规民约与基本权利》，《中国人民大学学报》2010年第5期；郑文宝《乡规民约的当代意蕴——基于传统与现实的问题意识思考》，《安徽师范大学学报》（人文社会科学版）2016年第1期；朱明鹏《农村环境的共治保护：例证乡规民约》，《重庆社会科学》2015年第5期；赵旭东《乡规民约与新乡土秩序的建构——乡规民约在中国城镇化建设过程中的意义》，《中国党政干部论坛》2015年第7期；周怡《共同体整合的制度环境：惯习与村规民约——H村个案研究》，《社会学研究》2005年第6期；钱海梅《村规民约与制度性社会资本——以一个城郊村村级治理的个案研究为例》，《中国农村观察》2009年第2期；赖先进《发挥村规民约在社会治理中的耦合协同效应和作用》，《科学社会主义》2017年第2期。

③ http://www.xinhuanet.com/politics/2018-09/26/c_1123487123.htm。

联合出台《关于做好村规民约和居民公约工作的指导意见》，重申了村规民约的当代价值，将其视为村（居）民进行自我管理、自我服务、自我教育、自我监督的行为规范，是引导基层群众践行社会主义核心价值观的有效途径，是健全和创新党组织领导下自治、法治、德治相结合的现代基层社会治理机制的重要形式。[1] 这两个文件的颁布可以看做国家层面对乡规民约当代价值的政策回应。

既然乡规民约有存续的价值和必要性，那么我们应该怎样进行乡规民约建设，从而使其更好地适应当代乡村社会变迁并在乡村社会治理中发挥其独特功能呢？道格拉斯·诺斯指出，"非正式约束具有根深蒂固的文化继承性与延续性"。[2] 作为一种非正式制度形式，乡规民约同样具有这一特性，传统乡规民约及其所蕴含的为人处世哲学在乡村社会依然影响广泛。谢晖先生就曾指出，乡民们一旦遇到纠纷或口角，"他们首先不是寻求刚性的国家法律途径，更多的是借助一种传统的、富有弹性的、更为温情的民间调解方式，这样，既能解决实际问题又不伤害彼此之间感情"。[3] 这就从理论层面揭示出，对乡规民约的改造和建设不能脱离其母体而另寻他途。中国乡村社会数千年的发展实践也向我们证明，中国传统乡村社会在国家权力长期缺位的巨大治理挑战面前，之所以能够维持长期有序与稳定，传统乡规民约中蕴含的治理智慧不容小觑。但同时，我们也不能忽视一个基本事实，即当代乡村社会的治理环境与条件已与传统乡规民约作用发挥时期的治理环境与条件发生了根本性变化，因此，我们不能将传统乡规民约生搬硬套到当代乡村社会治理实践中来，对其进行当代转化是极为必要的。

正是考虑到当代乡村社会的治理形势、乡规民约在乡村社会治理中不容替代的重要作用及其面临的困境与挑战、传统乡规民约中熠熠生辉

---

[1] http://mzzt.mca.gov.cn/article/zt_cgmy/zcwj/201812/20181200013983.shtml。
[2] [美]道格拉斯·诺斯：《制度、制度变迁与经济绩效》，杭行译，格致出版社 2014 年版，第 107 页。
[3] 谢晖：《当代中国的乡民社会、乡规民约及其遭遇》，《东岳论丛》2004 年第 4 期。

第一章 导论

的治理智慧,本书将研究的重点聚焦到传统乡规民约及其当代转化这一议题上来。

二 研究目的与意义

当前,我国正处在乡村振兴的关键阶段,乡规民约这种非正式制度形式作为乡村振兴重要的制度保障,也正在有序的建设和运行中。然而,大量的实践表明,当代乡规民约建设中仍然存在着明显的缺陷与不足,影响了其在我国乡村治理中作用的有效发挥,也难以为乡村振兴提供有效的制度保障。因此,对我国传统乡规民约的历史演进、思想渊源、类型特征、制定执行、功能与作用进行全面梳理,并在此基础上挖掘传统乡规民约的精神内核与文化精髓,根据社会现况对其进行当代转化,对于推动当代乡规民约的科学建设、有效发挥其在乡村治理中的积极作用、为乡村振兴战略的顺利实施提供有效的制度供给,都有着重要的现实意义和历史借鉴作用。

(一)研究目的

本书综合运用历史学、社会学、管理学、政治学、人类文化学等多学科的研究方法和理论,以传统乡规民约约条为研究切入点,采用制度分析相关理论,从纵横两个方面对传统乡规民约的历史演变过程、类型、特点、思想渊源、制定和执行、功能与影响等问题进行系统而全面的探讨,并在努力挖掘传统乡规民约所蕴含的优秀文化特质的基础上,对其思想精髓进行适应性转化,使其更好地为当代乡规民约建设提供历史借鉴与思想养分。

(二)研究意义

其一,从理论上丰富乡(村)规民约的相关研究。乡(村)规民约的过往研究,往往将其置于某单一学科背景下,缺乏多学科的综合审视,就乡规民约研究乡规民约的现象较为普遍,缺乏必要的理论剖析,学理性分析不足。本研究综合运用历史学、社会学、管理学、政治学、人类学等多学科研究方法,借用制度分析相关理论,系统梳理传统乡规

· 5 ·

民约的历史演变过程、内容特点、影响因素,试图一方面从宏观上把握我国传统乡规民约的历史发展规律,另一方面在"自下而上看历史"的新史学观的指导下,从历史中寻找传统乡规民约的智慧和养分,为当代乡规民约研究提供新的理论视窗。

其二,在实践上为当前乡规民约的科学建设提供历史借鉴和思想养分。传统乡规民约中体现了大量的乡治思想,这些乡治思想的产生和完善经历了一个异常曲折而又漫长的过程,它们对中国古代乡村社会产生了多重影响,其中既有作为历史产物的流弊,但同时也在美俗息讼、安民弭盗、协调官民关系、保卫家园、保护生态、和谐邻里关系等方面发挥了不可忽视的积极作用。同时,传统乡规民约中包含了"仁""义""礼""孝""悌""睦""敬"等很多中国传统文化的精髓,经过数千年的传承,这些民族精神已经得到乡村社会普遍的认可和推崇,并内化为乡村社会的价值取向。因此,对传统乡规民约的系统整理,特别是对其中所蕴含的乡治思想和优秀传统文化的深入挖掘与当代转化,无论对当代乡规民约的科学构建与效用发挥,还是对乡村振兴战略的顺利实施,均将起到重要的实践指导与制度供给意义。

第二节 研究中需要明确的几个问题

一 研究时段的界定

乡规民约经过长达数千年的发展演变,无论是具体内容还是外在形式上,以中华人民共和国成立为界,前后发生了较大的变化。本书沿袭历史学对中国历史的阶段性划分,重点研究历史沿革下来的、对人们的行为有无形影响和控制作用的古代社会乡规民约。同时,1840—1949年的乡规民约及其乡村治理活动因为处于历史嬗变的调整阶段,既承继了大量传统乡规民约的基本属性和内核,同时又吸收了部分西方民主思想,对其研究有助于深化对传统乡规民约的现代变迁的探讨,因此,本书也做了一定的涉及。另外,考虑到本书还有一大研究主旨,即传统乡

第一章 导论

规民约的当代转化,因此,中华人民共和国成立之后的当代乡规民约也会有所涉猎,但不属本书探讨的重点。

二 研究范围的划分

1991年修订出版的《中国大百科全书·社会学卷》则将乡规民约解释为"中国基层社会组织中社会成员共同制定的一种社会行为规范"。① 1999年版《辞海》将乡规民约定义为"中国城乡群众自发制定和自愿执行的各种道德守则和公约,没有法律约束力"。② 2009年修订出版的《中国大百科全书》中进一步将乡规民约解释为"中国民间社会长期以来自发形成的、依靠习惯和道德力量发挥约束力的行为规范和行为模式"。③ 可见,但凡由基层社会组织成员共同制定、自愿执行的所有非官方的社会行为规范都应该属于乡规民约的研究范畴。但因为本书侧重于对中华人民共和国成立前的乡村社会中的乡规民约的研究,因此,当代乡规民约和明清时期城市中出现的民间规约形式均不作为本书的讨论重点。如此,本书的研究范围基本也就大致限定在中华人民共和国成立以前的乡村社会中出现的乡规民约形式,包括乡约约条、④ 宗族

---

① 中国大百科全书总编辑委员会编:《中国大百科全书·社会学卷》,中国大百科全书出版社1993年版,第434页。

② 辞海编辑委员会编:《辞海》,上海辞书出版社1999年版,第2326页。

③ 中国大百科全书总编辑委员会编:《中国大百科全书》第二版第19卷,中国大百科全书出版社2009年版,第674页。

④ 长期以来,学者们在研究中经常将"乡约"与"乡规民约"不加区别地混为一谈,《中国大百科全书·社会学卷》中更是将乡规民约等同于乡约。但董建辉认为,乡规民约是基层社会组织的社会成员共同制定出来,供大家共同遵守的一种社会行为规范,而"乡约"则是乡村社会中以社会教化为主要目的的一种民间基层组织形式,二者的内涵并不相同,其历史发展也遵循着不同的路径,因此,将"乡约"等同于"乡规民约"的研究方法既违背了历史事实,也混淆了两种不同性质的社会文化现象。段自成进一步指出,"乡约"一词包含着四种含义:其一,它是指乡村社会出现的一种民间自治组织和其所订立的规约。其二,它是指明清时期出现的讲读约规或圣谕等活动。其三,它是指乡约长、约长、约正等乡约组织领袖。其四,它是指民众自愿或根据官府的强制,依地缘或血缘或其他关系组织起来的基层社会组织。结合董段二人的观点,本书认为,乡约和乡规民约是两个不完全相同的社会文化现象,相较而论,乡约的内涵更为丰富,不仅指乡村社会民间组织订立的规约,还包括约规及圣谕的讲读活动乃至乡村基层社会组织及其领袖。因此,本书在研究过程中,仅将乡约的约规作为乡规民约的一部分纳入研究范畴之中。

规约、会社规约以及由村社组织制定的规约类型。

三 研究资料的选择

虽然已经指出，本研究是以中华人民共和国成立以前的乡村社会中出现的乡规民约形式，包括乡约、宗族规约、会社规约以及由村社组织制定的规约为研究对象，但由于传统乡村社会的多样性和复杂性，上述规约类型并不能全部被涵盖在乡规民约的研究范畴之内，其中的一部分是必须被剔除掉的。首先，传统中国乡村社会虽然是以家族村落作为其基本单位，但按照其内部家族组织的数量分布可以被划分为单姓村、两姓村和杂姓村。① 在单姓村，全村所有或大多数居民都拥有共同的祖先，同属一个宗族，因此，其宗族订立的规约不言而喻也就是整个村落的村规民约了，② 这种情况更多地出现在宗族势力发达的安徽、江西、江苏、浙江、福建、广东等地区。而在大多数北方农村地区，两姓村和杂姓村特别是杂姓村的现象更为普遍。③ 由于在同一村内，并存着两个或两个以上的宗族组织，宗族组织内部的宗规族约就不足以制约和规范族外人员的行为，其宗族规约也就不具有乡规民约的属性了。因此，在讨论作为乡规民约的一种类型——宗族规约时，本书主要以安徽、江西、江苏、浙江、福建、广东等地区的强宗大族保留下来的宗族规约作为研究对象，而非广义的宗族规约，以免引起歧义。其次，发端于北宋时期的乡约组织，在其成立之初，无疑是纯粹的民间自治组织，但到了明代，随着官方力量的介入，乡约的"乡民自治"的性质有所减弱。清代，官方力量对乡约组织的渗透进一步加强。咸丰年间，伴随着乡约局的建立，乡约开始完全蜕变为国家力量控制乡村社会的御用工具，其"乡民自治"的性质消失殆尽，其所订立的约文也不再具有乡规民约的

---

① 曹景清：《黄河边的中国——一个学者对乡村社会的观察与思考》，上海文艺出版社2000年版，第245页。
② 卞利：《作为村规民约的明清徽州族规家法初探》，第二届传统中国研究国际学术讨论会论文，上海，2007年7月，第352—373页。
③ 段友文：《黄河中下游家族村落民俗与社会现代化》，中华书局2007年版，第256页。

性质特点。因此,清咸丰以后出现的乡约组织的约文,不被列入本书的研究范围之内。另外,传统乡村社会中存在着大量的、主旨不一的会社组织,其中一部分会社组织如文会组织的成员已经不是普通乡民,而是一些身份特殊的还乡官吏或乡村知识分子阶层,其组织会社并非为了农业生产或日常生活,也不是为了维护乡村社会秩序,而是为了寻找共同的志趣爱好,因此,这类会社规约也被排除在了本书的研究范畴之外。在探究会社类规约时,我们侧重研究以维持农业生产生活秩序为主要目的而制定的会社类规约。

四 研究的理论基础

村规民约的非正式制度属性决定了本书的理论基础是制度的相关理论。制度理论是在20世纪30年代兴盛于社会科学各个领域、影响经济社会发展的重要知识体系。它主要探究准则、规范、章程等如何随着时间和空间的变化而被创造、扩散、接受和适应以及它们最终如何陷于衰败和废弃。鉴于本书将对传统乡规民约的类型、变迁、内容、制定与执行、功能与作用展开系统性研究,因此,制度类型理论、制度变迁理论、制度要素理论、制度执行力理论将成为本研究所倚重的理论基础。

(一)制度类型理论

无论是早期的旧制度主义学派还是后来的新制度主义学派,都将非正式制度视为制度的重要内容加以研究。诺斯在《制度、制度变迁与经济绩效》一书中指出,"制度是由社会认可的非正式约束(制度)、国家规定的正式约束和实施机制所构成。非正式约束主要由道德、禁忌、习惯、传统和行为准则等构成。通常情况下,非正式制度约束着人们行为选择的大部分空间,而正式制度只决定着行为选择总体约束的一小部分"。[①] 柯武刚和史漫飞则认为制度可分为从人类经验演化出来的内在制度(internal institution)和自上而下地强加和执行的外在制度

---

① [美]道格拉斯·诺斯:《制度、制度变迁与经济绩效》,杭行译,格致出版社2014年版,第43页。

(external institution) 两类。内在制度的维持依赖于基于个人自我价值意识之上的自我执行，违反规范可能使个人产生负罪感或良心上的不安。① 作为乡村社会重要的非正式制度资源，乡规民约虽然时常带有国家介入的痕迹，但更多体现了乡村社会的地方认同，规范着乡村社会的大部分公共事务与日常行为，是主要的制度规范，与国家法令等正式制度一道，起着维护村庄社会秩序、实现村庄公共利益的作用。

（二）制度变迁理论

制度变迁是理解制度发展演变规律的重要理论，是指相关主体为达到一定的目标而进行的制度的重新设计、安排和制度结构重新调整的过程。② 制度学派将制度变迁分为诱致性制度变迁和强制性制度变迁。林毅夫认为，所谓诱致性制度变迁指现行制度安排的变更或替代或者是新制度安排的创造是由某个体或群体在响应获利性机会时自发倡导、组织和实行。而所谓强制性制度变迁则是指制度安排的变更或创造是由政府命令和法律引入和实行。③ 一般而言，非正式制度通常是作为一种文化、一种生活方式存在于特定的区域和群体之中，这类制度变迁相对缓慢，纵然有外力（政府的推动）的介入，短期内要产生变迁的效果也不太可能，它的变化必然伴随着人们生产生活方式及价值观念的变化，需要循序诱导、缓慢推进。制度变迁理论对解释传统村规民约的发展变迁有很强的说服力与解释力。

（三）制度要素理论

理查德·斯科特认为制度由规制性要素（regulative）、规范性要素（normative）和文化认知性要素（cultural-cognitive）组成，且这三大基础要素是一个统一的连续体，它们之间相互联系、相互作用，共同构成

---

① ［德］柯武刚、史漫飞：《制度经济学：社会秩序与公共政策》，韩朝华译，商务印书馆2000年版，第37页。
② 周家明：《乡村治理中村规民约的作用机制研究》，博士学位论文，南京农业大学，2015年。
③ 林毅夫：《关于制度变迁的制度学理论》，载［美］罗纳德·H.科斯《财产权利与制度变迁》，刘守英译，格致出版社2014年版，第269页。

了制度的内在组成部分。虽然在不同的时间、特定的情境中，某种制度基础要素会单独运行，并支撑着整个社会的基本秩序，但是要使整个社会系统稳定、持续，必须仰仗于制度三大基础要素的有效组合。[①] 制度的基础要素理论对于解释传统乡规民约的功能与作用以及当代乡规民约的发展困境，也具有较强的解释力。

第三节　学术史回顾与评述

20世纪30年代，随着会社、乡约、宗族等乡村基层组织研究的兴起，乡规民约开始进入人们的研究视野。杨开道、王兰荫、吕著清、王宗培、吕思勉、林耀华等人在对乡约制度、乡约与保甲的关系、和会组织、宗族家族制度进行研究时，对乡约类乡规民约、会社类乡规民约、宗族类乡规民约做了一些拓荒性的简单介绍。[②] 与此同时，海外的汉学家也开始将目光投向中国乡村基层组织及其规约的研究上，一批与此相关的乡村社会调查报告相继问世。[③]

新中国成立后的前30年里，除了1953年全国人大民族委员会、中央民族事务委员会组织进行的全国性的民族识别调查和1956年中国科学院民族研究所进行的一系列民族地区社会历史调查，对民族地区的乡

[①] ［美］W.理查德·斯科特：《制度与组织——思想观念与物质利益》，姚伟、王黎芳译，中国人民大学出版社2010年版，第59页。

[②] 这一时期国内相关文章和书籍有：杨开道《中国乡约制度》（1929）、《中国农村组织史略（乡约）》（1930）、《乡约制度的研究》（1931）、《吕新吾的乡甲约制度》（1934）；王兰荫《明代之乡约与民众教育》（1935）；吕著清《中国乡约概要》（1936）；王宗培《中国之合会》（1935）；吕思勉《中国宗族制度小史》（1929）；林耀华《从人类学的观点考察中国宗族乡村》（1936）。

[③] 这一时期的海外研究主要集中在日本和美国，主要的论著有：加藤常贤《支那古代家族制度研究》（1941）；牧野《明清族谱研究序说》（1936）、《北平图书馆藏明代善本族谱》（1936）、《近世中国宗族研究》（1949）、《支那家族研究》（1944）；诸桥辙次《支那家族制》（1943）；清水盛光《中国族产制度考》（1949）；L. Wieger, "Moral Tenets and Custom in China" (1931); Bronislaw Malinowski, "Crime and Custom in Savage Society" (1926); MSSHK《民商事习惯调查报告录》（1930）; M. H. Van der Valk, "An Outline of Modern Chinese Family Law" (1939); Morton H. Fried and J. S. Burgess, "Peking, A Social Survey" (1921)。

中国传统乡规民约及其当代转化研究

规民约问题进行了整理和研究之外,乡规民约作为封建思想残余遭到废止,传统乡规民约的相关研究在中国也近乎停滞。与国内相反,海外在这一时期却掀起了传统乡规民约的研究高潮,一批质量较高的文章和书籍相继发表,并出现了专门性的学术论著。①

20世纪80年代,随着村民自治制度在中国的确立,乡规民约作为村民自治制度的重要载体得到了肯定与推广,乡规民约特别是传统乡规民约研究随之受到学界的普遍关注。这一时期侧重于对传统乡规民约约文的挖掘和整理,研究还停留在对约文的简单介绍和分析层面上,更为深入的研究虽然已经出现但还未全面展开,因此,这一时期也被视为传统乡规民约研究的起步阶段。这一时期研究的主力军主要为考古工作者、文物档案管理人员、历史学以及民族学研究人员。这一时期的主要文章有:刘子安《论明清的家法族规》、赵崇南《从江县孔明公社苗族习惯法、乡规民约调查》《贵州民族地区的乡规民约及其历史继承问题》、郑立胜《一百六十年前保护生态环境的禁碑》、甘德明《碑石上的法规》、朱文运《水头寨布依族的乡规民约》。相关论著主要有朱勇《清代宗族法研究》,此书系统分析了清代宗族法的内容、制定与执行、与国家法律的关系,从法律角度揭示了国家与宗族的关系。

20世纪90年代,传统乡规民约研究逐渐摆脱对约文内容的介绍与简单分析,越来越多的学者开始从社会史角度关注对其社会功能的挖掘与剖析。主要文章有朱刚《三十年代的循化回族婚葬村规》、宁可和郝春文《敦煌社邑的丧葬互助》、白正骦《乡规民约与近代桂东南社会》、安广禄《我国最早的乡规民约》、金笙《乡规民约与生物多样性保护——来自湖南省通道县的启示》。冯尔康《族规所反映的清人祠堂和

---

① 这一时期的主要论著有:间野潜龙《明代家规研究》(1954);仁井田陆《中国的农村家族》(1954);清水盛光《中国乡村社会论》(1951);Morton H. Fried, "Community Studies in China", "Fabric of Chinese Society: A Study of the Social Life of a Chinese County Seat" (1954); Ting Hsien, "A North China Rural Community" (1954); Leonard Trelawney Hobhouse, "Morals in Evolution: A Study in Comparative Ethics" (1951); Niida Noboru《中国农村惯行调查》(1952—1955); Hui-Chen Wang Liu, "The Traditional Chinese Clan Rules" (1959)。

祭祀生活》论述了宗约确定祠堂组织法、祭祀及其方法的族规、祠堂维护宗族等级制等问题。谢长发则在其《乡约及其社会教化》一文中重点讨论了乡约类乡规民约的教化功能，他认为，清代以后对乡约类乡规民约的定期宣讲，使封建伦理道德深入穷乡僻壤，封建统治者所提出的道德规范和要求为广大民众所内化，从而对端正民风民俗、维系社会安定、保持社会秩序起到了重要作用。① 许水涛《清代族规家训的社会功能》探讨了清代族规的历史作用。而费成康主编《中国的家法族规》，则重点论述了家法族规的演变、制订、范围、奖惩特性、历史作用和研究意义，并附录了55种家法族规，为家法族规的进一步研究提供了原始资料。他们在这一阶段的工作为传统乡规民约的深入研究提供了物质条件和可能性。

步入21世纪，传统乡规民约研究呈现出"百家争鸣、百花齐放"的繁荣态势，包括史学在内的多个学科，纷纷投入对传统乡规民约的研究中，采用包括田野调查取证法、历史文献考证法、定性分析法在内的多种研究方法，对传统乡规民约从社会学、历史学、人类学、民族学、文化学、法学、环境科学等多个视角，就传统乡规民约的属性、社会功能、与国家法之间的关系、当代价值与转化等重大问题，进行了深入的研究分析。（1）关于传统乡规民约的属性研究，主要有张广修的《村规民约的历史演变》、张明新的《乡规民约存在形态刍议》《从乡规民约到村民自治章程——乡规民约的嬗变》、张中秋的《乡约的诸属性及其文化原理认识》、刘笃才的《中国古代民间规约引论》等一系列文章。关于传统乡规民约的历史演进，张广修认为，村规民约发轫于宋，推行于明清，清朝中期渐趋成熟，清末民初曾在一些地区盛极一时。② 关于传统乡规民约的存在形态，张明新认为，传统乡规民约有文本和组织两种形态，其文本形态可分为劝诫性乡规民约与惩戒性乡规民约，其组织形态在早期普遍依托于村落组织，北宋以后，又出现了专门的乡规

---

① 谢长发：《乡约及其社会教化》，《史学集刊》1996年第3期。
② 张广修：《村规民约的历史演变》，《洛阳工学院学报》（社会科学版）2000年第2期。

民约组织。自《吕氏乡约》以降，传统乡规民约就不仅仅是以乡民自愿合意为基础的行为规则条文，同时也是一种民间自设的处理地方性社区事务的较为完整的社会组织体系。① 关于传统乡规民约的属性，张中秋认为，传统中国的乡约有时空性、价值性和法律性三大属性。它虽然不是国法，但在乡民的实际生活中发挥着法的作用，是中国传统社会秩序构造链中重要一环，其内贯一极二元主从式多样化的文化原理，与传统中国社会的结构和文化理念相契合。②（2）关于传统乡规民约的功能研究，除了继续关注其在生态环境保护、民风教化等方面所发挥的作用之外，对传统乡规民约所蕴含的经济功能以及社会救助功能的探讨成为这一时期研究的新热点。陈瑞在《明清时期徽州宗族的内部救济》一文中指出：明清时期，徽州宗族通过设置义田、义仓、义冢、义学等途径积极开展内部救济，并通过增设各类禁止性与惩罚性的规约，以约束、控制族人，从而帮助弱势族众战胜困难、渡过难关，实现了宗族社会正常的持续的惯行发展。③ 卞利在《明清徽州经济活动中的乡例举隅》中指出，明清时期，徽州乡村社会在土地交易、资产借贷与典当，以及其他一些相关的经济活动中，逐步形成了复杂多样的乡规民约，尽管其中有诸多不合理甚至不合法之处，但它们的存在对维护乡村社会正常的经济秩序和社会稳定，发挥了重要作用。④ 此外，梁隽、陈名实等人还分别从水土保持、水资源利用等诸多角度，对传统乡规民约所具有的经济功能进行了深入的探讨。（3）关于传统乡规民约与国家法律之间的关系研究，主要文章有李朝晖的《民间秩序的重建——从乡规民约的变迁中透视民间秩序与国家秩序的协同趋势》、徐曼等的《关于少数

---

① 张明新：《从乡规民约到村民自治章程———乡规民约的嬗变》，《江苏社会科学》2006年第4期。
② 张中秋：《乡约的诸属性及其文化原理认识》，《南京大学学报》（哲学人文科学社会科学版）2004年第5期。
③ 陈瑞：《明清时期徽州宗族的内部救济》，《中国农史》2007年第1期。
④ 卞利：《明清徽州经济活动中的乡例举隅》，《安徽大学学报》（哲学社会科学版）2007年第1期。

第一章　导论

民族习惯法与国家法之冲突与互动的思考》、纪国庆的《中国古代家法族规与国家法的冲突与互动》、卞利的《明清徽州村规民约和国家法之间的冲突与整合》、李侠的《家法族规与当代中国的法制建设》和黎洁华的《家法族规与女性继承权的人类学研究——以陆川县木根底队家法族规为例》等。卞利认为，村规民约是国家法的必要补充和延伸，两者之间的良性互动，构成了国家和社会稳定和谐的基石。但两者之间的抵触与冲突也是经常存在的，为了维护社会稳定和巩固政权，在发生抵触与冲突时，国家法通常采取妥协和让步的路径寻求消弭冲突、进行整合之道，而村规民约则采取主动"邀请"国家权力进入的方式，从而实现与国家法的整合。①李朝晖则认为，民间秩序作为社会秩序的组成部分，在传统社会中发挥着举足轻重的作用，但同时，传统的民间秩序与国家秩序、法律秩序之间又存在着诸多矛盾和冲突。②纪国庆认为，中国古代国家对家法族规的态度总体上是抑制与支持并行的，家法族规与国家法的关系处于冲突与互动之中，家法族规在调整古代社会关系中具有重要的作用和深远的历史影响。③此外，刘笃才在其《中国古代民间规约引论》一文中也对民间规约与国家法律之间的关系进行了深入分析。他认为，民间规约是民间社会组织的自治规范，它是国家法律的补充，它的产生，标志着公共领域不仅为国家所独占。（4）关于传统乡规民约的当代价值与转化研究，党的十八大以后逐渐成为新的研究热点。主要文章有黄霞《传统乡规民约的基层社会治理与现代转换价值》、刘志奇《有限性与有效性：基层社会治理中传统乡规民约价值的扬弃与再造》、高维《传统乡规民约的现代文明之维》等。黄霞认为，在挖掘传统乡规民约基层社会治理价值、促成其现代价值转换时，应当

---

① 卞利：《明清徽州村规民约和国家法之间的冲突与整合》，《华中师范大学学报》2006年第1期。
② 李朝晖：《民间秩序的重建——从乡规民约的变迁中透视民间秩序与国家秩序的协同趋势》，《学术研究》2001年第12期。
③ 纪国庆：《中国古代家法族规与国家法的冲突与互动》，硕士学位论文，苏州大学，2006年。

克服传统乡规民约漠视乡民主体权利的倾向，充分保障乡民人权；应当克服乡民诉讼意识窒息的倾向，注重提升民众的法律意识；在充分发挥其处理"民间细故"的裨助作用而弥补国家法不足的同时，不能越过国家法的"红线"。刘志奇则指出，要推动乡规民约与时代精神、法律规范、基层自治和政府治理等现代治理文明有效衔接，才能积极回应当下我国农村基层社会治理所面临的新问题和新变化。高维强调，一方面，可通过兴乡村教育、引乡村精英、育乡村社会资本来重拾其日渐被边缘化的道德教化功能，另一方面，面对法治化建设在乡村社会产生的制度性断裂，发挥多主体协同治理的合力，以嵌入式发展理念重塑乡村共同体。

此外，传统水利规约被视为窥探古代华北、西北等水资源短缺地区乡村社会全貌的绝佳视窗受到了包括水利史、社会学史和法律史在内的多个学科的高度关注。学者们纷纷从古代水利组织、水利纠纷、水利环境与社会等多个不同的视角对传统水利规约进行了深入研究。主要文章有萧正宏的《历史时期关中地区农田灌溉中的水权问题》、王建革的《河北平原水利与乡村社会分析》、行龙的《明清以来山西水资源匮乏及水案初步研究》、李三谋的《清朝洪洞县的河渠灌溉与管理》、董晓萍等的《陕山地区民间调查资料集》（共四册）、胡英泽的《水井碑刻里的近代山西乡村社会》、任宏伟的《水资源环境变迁与乡村社会控制——以清代汉中府的堰渠水利为中心》、钞晓虹的《清代汉水上游的水资源环境与社会变迁》《灌溉、环境与水利共同体——基于清代关中中部的分析》、韩茂莉的《近代山陕地区基层水利管理体系探析》《近代山陕地区地理环境与水权保障系统》、田东奎的《水利碑刻与中国近代水权纠纷解决》、张俊峰《水权与地方社会——以明清以来山西省文水县甘泉渠水案为例》《明清以来晋水流域之水案与乡村社会》《清末晋南乡村社会的水利管理与运行——以通利渠为例》《前近代华北乡村社会水权的形成及其特点——山西"滦池"的历史水权个案研究》。

20世纪80年代以后，海外对传统乡规民约的研究主要集中在对其

第一章 导论

民间法功能的探讨上，主要的文章有贺滋秀三的《清代中国的法和审判》、寺田浩明的《明清时期的民事审判与民间契约》以及美籍华人黄宗智的专著《清代的法律、社会与文化：清代的法律与实践》。贺滋秀三认为，在处理比较小的民事纠纷的清代州县审判中，审判基准不是客观的"法"，而是普遍的常识、道理，或者是基于具体事件的人情；清代州县审判根本不是根据超人格的、无个性的某个准则，而是就事论事地采取适当的对策，其实质是以引导当事者承服、接受为最终目的的一种调停。在这一点上，它与民间的调停具有同质性。寺田浩明则通过考察各类传统乡规民约发现，明清时期乡村社会乡规民约的制定和执行，存在一个"首倡和唱和"的过程。在这一过程当中，皇帝、地方官以及一些在乡村社会具有良好声誉和权威的乡村精英等各种各样的主体扮演着"首倡者"的角色，他们通过向一般大众提示某种行为基准的方式，试图把一定范围内的人们"约"到行为规范共有状态的主体，从而达到对乡村社会在事实上的控制。最终，寺田从"国法"和"私约"的关系当中发现了它们之间的共通性质。通过这一研究途径，他认为，地方社会和国家权力之间呈现为连续的同心圆式格局。黄宗智通过对清代四川巴县、顺天府宝坻县以及台湾淡水——新竹县的传统乡规民约中对民间纠纷处理的考察，认为应该用三分的观念来考察清代民事纠纷的处理体系，即村社宗族的调解、州县官府的审判以及官方与民间的互动所形成的"第三领域"，并在此基础上提出了"第三领域"的概念，即一种既不同于非正式的民间调解，又不同于官方正式审判，而是由双方互动产生的司法空间。总体上讲，这一时期海外研究虽然是以明清时期的各类传统乡规民约中的民间调停和审判契约为题材，但研究的目的、对象却没有停留在狭义的"法""审判"上，而是扩展到对"社会""文化"的研究层面上。此外，日本学者井上辙还在其《黄佐〈泰泉乡礼〉的世界》一文中探讨了明人黄佐推行乡约的情况。美国学者狄百瑞在《中国乡约制度》一文中概述了中国古代的乡约制度史。2005年，美籍华人牛铭实出版《中国历代乡约》一书，从村民自治的角度，对传统的村治理论和实践进行了深入探讨，并附录了历代一些具有标志性的乡规民约，这也为后期的研究提供了原料和素材。

总之，传统乡规民约的研究成果颇丰，有许多研究成果无论是对当代乡规民约的科学建设，还是对村民自治制度的健全与完善，或是对乡村治理都有着很重要的启迪作用。但是，以上研究中仍有一些明显的不足和缺憾：

首先，前期研究大多是基于某一视角的零散性研究，鲜有关于传统乡规民约历史发展轨迹、属性、特征、思想渊源、功能、影响作用、当代价值与转化的整体性研究。在涉及传统乡规民约的学术文章或专著中，仅有卞利的《明清徽州乡规民约研究》是专门论述传统乡规民约的理论性著作，但遗憾的是，卞著的研究对象仅局限于明清徽州地区的乡规民约，属于区域性断代研究，基于长时间段的、全国范围内的传统乡规民约的整体性研究付之阙如。

其次，前期研究大多是基于考古资料的经验性判断，缺少基于理论支撑的学理分析。尽管周家明、刘祖云以马克斯·韦伯的权威来源理论为分析框架，从熟人社会的礼治秩序、乡约组织的宣教引导、宗族制度的家法族规、乡村精英的教化授命等角度探究了传统乡规民约的权威来源及治理条件，但从研究的全貌来看，学理性分析较为匮乏，导致其相关研究理论性较为薄弱，难以对传统乡规民约历史演进过程中出现的种种现象作出有力解释，也难以为其当代转化进行有效的理论指导。

第四节 研究思路与方法

一 研究的基本思路

本书首先对传统乡规民约的概念、内涵、属性、特征等基本理论问题进行了探讨与界定，继而对传统乡规民约的历史演变、文化渊源、制定与执行情况、作用与影响等重要问题进行了广泛研究，并结合当前农村社会现状就传统乡规民约的当代价值与转化进行了剖析。

第一章 导论

二 研究的基本方法

合理、恰当的研究方法是指导科学研究健康、有序、顺利发展的航标，是决定其能否取得预期效果的关键因素。因此，为了更好彰显研究目的和效果，本书的研究在综合运用社会史学、管理学、文化人类学、政治学等学科知识基础上，具体通过以下研究方法展开研究：

（一）田野调查与文献研究相结合的研究方法

众所周知，传统乡规民约大量散落在农村社会中的各个角落，因此要想深入、透彻地研究它，首先就必须进行大范围田野调查和访谈，进行第一手资料的获取。同时，传统乡规民约发展演变长达数千年之久，其内容和形式前后均发生了很大的变化，因此，要想对其进行全面的研究，除了必要的田野调查之外，还必须借助古籍文献资料以及大量碑刻、族谱、文书，以追溯其原始状态以及之后的发展轨迹。因此，将田野调查方法和文献资料研究方法相结合就成为本研究最基本的方法。

（二）比较研究方法

传统乡规民约作为历史发展的产物，在不同历史阶段，其发展的轨迹绝非一成不变，而是不可避免地带有时代的烙印。因此，为更好地探求传统乡规民约的发展演变规律，本书对不同历史时期、不同地域、不同类型的乡规民约采用了比较研究方法，以求获得更为客观、科学的研究结果和结论。

（三）定性研究方法

本书所探讨的传统乡规民约属于中国传统文化的一个重要组成部分，是扎根于中国乡村社会的一种文化意识形态，它较难通过实验丈量或测定的方式取得精确无误的实验数据。因此，采用定性研究方法，依据经验或思辨从大量遗存的文字资料和社会现象中抽象、推理并概括、归纳出传统乡规民约的类型、功能、结构以及发展轨迹，就成为本项研究必须使用的研究方法之一。

总之，任何研究的方法论既不是统一的也不是一成不变的，而是在实践中不断发展变化的，因此，应该摒弃单一的、模式化的、教条的研究方法和手段，采用多角度、多学科交叉的综合性研究方法。

三 本书的创新点

（一）学术思想的创新

虽然是传统乡村社会治理中的非正式制度形式，传统乡规民约依然属于重要的制度资源，其研究应该纳入制度研究的范畴之中。采用制度分析的理论框架，对传统乡规民约的制定过程、主要内容、实施与效果、当代价值及其转化进行深入的学理剖析，一方面可以促进当代乡规民约的科学建设、推动其更加务实管用，另一方面可以验证、解释，乃至修正西方制度分析理论在中国情景尤其是在非正式制度分析中的适用性，修正其理论缺陷，凸显制度分析研究的中国意识。

（二）学术观点的创新

其一，传统乡规民约是以儒家思想为其思想渊源，在发展以及衍变过程中又先后受到了宋明理学思想以及西方民主思想的影响，同时，乡村社会的经济发展水平、乡民的传统价值观念以及当地风俗习惯等诸多因素也对传统乡规民约产生了不同程度的影响。

其二，由于完全漠视和忽略了农民阶层在乡规民约制定、执行过程中的话语权和参与权的表达，传统乡村社会的乡规民约仅仅是乡村精英阶层出于实践道德理想而设计的一种蓝图模式，体现的是乡村精英阶层的意志和心声，因此，仅仅是"部分、少数人的有限自治"，而绝非真正的村民自治。

其三，国家政权、乡村精英和乡民无疑是传统乡规民约发展演变过程中最主要的三大推动力量。其中，国家政权是乡规民约的监督者和制度保障者，农村精英阶层是乡规民约的倡导者、制定者和执行者，而广大乡民则是乡规民约的主要施受对象，是决定乡规民约能否顺利贯彻实施的主要力量。任何一方的错位或缺失都有可能导致乡规民约的流产和失败。

其四，乡村社会依然鲜明的伦理型属性以及文化所具有的承继性与延续性特征，都使得当代乡规民约这一文化形态的改造和建设不能完全脱离对其母体——传统乡规民约的借鉴与吸收而另寻他途。但同时，因为当代乡村社会的治理环境与条件已发生根本性变化，因此，对其借鉴与吸收必须结合具体村情进行适应性的改造与继承。

（三）研究方法的创新

多学科的交叉融合：本课题在研究过程中注重将政治学、法学、管理学、历史学、社会学等领域知识融会贯通，力求对传统乡规民约进行系统研究。

第二章 传统乡规民约的基本理论问题

为了使研究更有意义，也为了使本书可能引起的争论和批评不致无的放矢，对乡规民约的概念和内涵进行清晰的界定和划分就成了必要之举。当然，每种界定都与界定者的知识背景和理论旨趣相关联，也与界定者关注的视角和希望通过乡规民约的研究而弄清的一些问题有关。本章在综合前人研究成果基础上，通过梳理和分析传统乡规民约的类型、属性和特点，对乡规民约的概念和内涵作出较为全面的界定，以期为下一步的研究奠定基本框架。

第一节 传统乡规民约的概念及其内涵

在东汉许慎的《说文解字》一书中，"规"被解释为"有法度也，从夫，从见"，"约"被解释为"缠束也"。[1] 根据许慎对"规""约"二字的解释，1995 年的《汉语大字典》（缩印本）将"规约"一词解释为"制订一些行为规范，对人们的行为进行有效的约束"。[2] 而在"规""约"二字前分别限制性缀以"乡""民"二字，既说明了这些行为规范的适用范围是在乡村社会，也表明了这些行为规范的制定主体为乡民。

---

[1] （汉）许慎：《说文解字》，中华书局 1963 年版，第 216、272 页。
[2] 汉语大字典编辑委员会：《汉语大字典》，四川辞书出版社、湖北辞书出版社 1995 年版，第 823 页。

第二章 传统乡规民约的基本理论问题

自传统乡规民约进入学术界视野以来，围绕着其概念和内涵的界定，学者们站在不同的研究视角上，给出了不同的答案。为了准确界定传统乡规民约的概念和内涵，我们选取几个有代表性的观点。卞利在研究了明清时期徽州地区的民间规约时，认为乡规民约是指在某一特定乡村地域范围内，由一定组织、人群共同商议制定的某一地域组织或人群在一定时间内共同遵守的自我管理、自我服务、自我约束的共同规则。它包括族规家法、行政和自然村落乡规民约、会社规约、禁约、议事合同、和息文约等多种类型。① 段友文在研究明清时期黄河中下游地区的民间规约形式时，认为："乡规民约是指非官方的、非政令的、由乡村民俗群体制定的用来维持乡村社会生活秩序的一种民俗控制力量，其内容涉及修桥铺路、打井浇灌、栽树护林、迎神赛会、禁赌防盗等乡村生活的诸多方面。"② 谢晖经过对当代村规民约研究，将村规民约分为广义和狭义两类，前者泛指一切乡土社会所具有的国家法之外的公共性规则，而后者则仅指在国家政权力量的"帮助、指导"下，由乡民们"自觉地"建立的相互交往行为的规则。③ 越南学者范文山站在法社会学的角度，在当代越南乡规民约研究基础上，认为"乡规民约是一种适用于同一乡村社区中各家庭、家族和各村民的社区公共行为规范，属于一种与国家制定法相对应的民间法范畴"。④

应该说，上述几位学者对乡规民约概念的界定都有一定道理。但同时，它们又或多或少存在着不足。如卞利虽然指出了乡规民约具有时效性、地域性和群体自发性的特点，但在其类型划分时，却将包括私人契约在内的乡村社会出现的所有民间规则类型纳入乡规民约的范畴之内，不免有些扩大化的嫌疑。段友文虽然明确指出乡规民约的公共行为规范属性，但却将所有带有"官方"痕迹的乡村社会规约类型排除在乡规

---

① 卞利：《明清徽州地区乡规民约论纲》，《中国农史》2004年第4期。
② 段友文：《黄河中下游家族村落民俗与社会现代化》，中华书局2007年版，第395页。
③ 谢晖：《当代中国的乡民社会、乡规民约及其遭遇》，《东岳论丛》2004年第4期。
④ 范文山：《越南农村管理中的乡规民约研究》，博士学位论文，吉林大学，2007年。

· 23 ·

民约的范畴之外，不免显得有些狭隘。谢晖在对现代村规民约概念进行了广义的界定之后，却在一定程度上强调了乡规民约建立过程中国家政权力量的参与，实际上，这一特点是不符合传统乡规民约特别是其初创阶段的本质属性的。段友文和谢晖虽然在国家政权参与问题上存在对立，但都或多或少地呈现出乡规民约的缩小化。越南学者范文山虽然指出了乡规民约公共行为规范的特性，但对乡规民约的概念界定较为模糊，加之"同一乡村社区"的强调，似乎只有那些在整个乡村社区适用的民间规约方属真正意义上的乡规民约，不能解释传统社会中那些宗族类、会社类的乡规民约，因此，从这点上看，他的界定并不能适合对传统乡规民约概念的把握。

综合上述观点，在对传统乡规民约的系统梳理和分析基础上，本书认为：乡规民约是指由某一特定乡村地域范围内的组织或人群共同商议制定的、以书面文字或口头约定为主要传载方式的、用来维持乡村社会生产生活秩序的、具有一定权威性的内部公共行为规范。在传统中国乡村社会，并存着乡里组织、乡约组织、宗族组织以及大量以维持农业生产和日常生活为主要目的的会社组织，因此，这些组织所订立的规约应该都属于宽泛意义上的传统乡规民约的范畴，既包括建立在血缘关系基础上的宗规族约，也包括建立在地缘基础上的自然村落规约、乡约以及部分建立在维护乡村社会生产生活秩序基础上的会社规约。① 需要特别指出的是，宗族规约中虽然包含了大量"守孝悌""重修为""重名节"等约束族内成员个人行为的规范，但因为这些行为对组织内部乃至整个乡村社会风气的影响是重大而深远的，因此，我们将这部分内容也纳入了乡规民约的研究范畴。

根据对传统乡规民约的概念界定，本书认为，传统乡规民约具有如下六个基本属性：其一，适用范围在乡村社会，并具有一定的地域限制，"代表了一个相对独立的生活共同体"。② 其二，制定的主体是乡

---

① 对于此问题的说明，参见第一章。
② 张静：《乡规民约体现的村庄治权》，《北大法律评论》1999年第2卷第1辑。

第二章 传统乡规民约的基本理论问题

民,这里的乡民,既包括普通的乡村民众,也包括乡村精英阶层,制定过程是"自下而上"的。与国家法律不同,乡规民约不是由国家机关制定、颁布和实施的,它是由乡民在相互合意的基础上自主制定的。虽然在其制定和执行过程中,可能受到国家政权意志的影响和渗入,但"其基础的一部分在于参加者们相互之间的合意却是没有疑问的"。① 其三,作为一种非正式制度②,传统乡规民约的起源是从人类经验中演化而来的,它体现着过去曾最有益于人类的各种解决办法,与道德、习惯等相对应,实现的是对乡村社会"软控制"的目的。其四,传统乡规民约具有一定的权威性,违反这种非正式制度,通常会受到共同体内其他成员的非正式惩罚。其约束力主要源自两个方面,一是乡民由于在价值观上的共同性而造成的对规则的认可,二是依靠社会舆论等情感和道德的力量。其五,传统乡规民约的目的指向乡村区域及其他组织内的公共活动领域,主要在于维持乡村社会正常的生产生活秩序,因此特别强调对乡民在乡村公共事务中行为的规范。其六,传统乡规民约在其发展延续过程中,既有口耳相传的方式,亦有书面文字的文本形式,且以文字符号为主要载体。

第二节 传统乡规民约的类型与主要内容

一 传统乡规民约的类型划分

卞利认为,传统乡规民约根据不同的角度,可以划分为若干不同的类型。就乡规民约的内容而言,大体上可以划分为综合性规约与专

---

① [日]寺田浩明:《明清时期法秩序中"约"的性质》,转引自滋贺秀三等《明清时期的民事审判与民间契约》,法律出版社1993年版,第149—156页。

② 非正式制度,又称非正式约束、非正式规则,是指人们在长期社会交往过程中逐步形成,并得到社会认可的约定成俗、共同恪守的行为准则,包括价值信念、风俗习惯、文化传统、道德伦理、意识形态等。违反非正式制度通常会受到共同体内其成员的非正式惩罚。在非正式制度中,意识形态处于核心地位,因为它不仅可以蕴含价值观念、伦理规范、道德观念和风俗习性,而且还可以在形式上构成某种正式制度安排的"先验"模式。

门性规约；若从形式上看，又可分为奖励类乡规民约、禁止性乡规民约、惩戒类乡规民约、告知性乡规民约等类型；从制订者角度划分，可分为自然村落乡规民约、乡约类乡规民约、宗族乡规民约、会社乡规民约和某一特定群体或组织乡规民约等；而就乡规民约的物质载体而论，则可分为纸质类乡规民约、石质类乡规民约和木质类乡规民约等。① 见表2-1。

表2-1　　　　　　　　传统乡规民约的类型划分

内容	形式	制定主体	物质载体
综合性规约	告知类规约	自然村落规约	口头规约
专门性规约	惩戒类规约	会社规约	纸质规约
	禁止类规约	乡约类规约	石刻规约
	奖励类规约	宗族规约	木刻规约

在此，本书基本认同这种分类方法。但需要指出的是，在传统中国乡村社会，由于"差序格局"的作用和影响，乡里、宗族、乡约、会社等组织之间并非像西方的社会组织那样有着明确的界限和范围。相反地，它们之间常常呈现出一种交叉、杂糅甚至是重叠的态势，有着相当的同构性和一致性。因此，其所订立的规约往往也就呈现出类型交叉的特点。

二　传统乡规民约的内容总括

通过对传统乡规民约约条的梳理，我们发现，传统乡规民约不但类型多样，而且包含有丰富多彩、包罗万象的内容，它几乎涉及乡村社会物质生产和精神生活的各个方面。见表2-2。

---

① 卞利：《明清徽州地区乡规民约论纲》，《中国农史》2004年第4期。

第二章 传统乡规民约的基本理论问题

表2-2　　　　　　　　　　传统乡规民约内容一览表

涉及领域	关注事项	举要
经济生活	生产互助	其社内之家，使牛一犋，内有倒死，出社人自备饮食，各与助耕地一晌。其锄田人，社随忙月、灾害，自备饮食，各与耕田一日。其助耕耘者不行，依法在意罚钞一两五钱。 ——元《龙祠乡社义约》
	生产资料管理调配	议定九甲轮流取水，不得乱甲，如违，罚银五钱入官；议定取水之人日出下绳，日入盘绳，如违，罚银五钱；议定合井人间有典卖井分者，不得以己典卖于井外人，井外人亦不得典卖，如违，典卖者罚银五钱，典买者亦罚银五钱，井分两家俱不能得，入官。 ——清道光八年山西襄汾盘道村原家巷《修井碑记》
	农田保护	议鸭入田在议人见徇私轻恕者同人例罚；议凡种上下书号北助号之田者各家不得异议；议倘有地保心力之费照田均派每亩五文。 ——清道光十四年江苏常熟杨元镇《众姓公议禁鸭保稼议单》
	农田水利设施兴修、维护管理	于灌区受水户，推举管水之人，年年淘浚修补，保障淤泥不堵塞源头，及时修补堤堰使其没有崩塌陷漏之弊。 ——清光绪十二年陕西蒲城《漫泉河水利章程碑文》
	商品经营活动规范	公议茶规：合村公议演戏勒石，钉公秤两把，硬钉贰拾两。凡买松萝茶客入村，任客投主入祠校秤，一字平称。货价高低，公品公买，务要前后如一。凡主家买卖，客毋得私情背卖。如有背卖者，查出罚通宵戏一台、银伍两入祠，决不徇情轻贷。倘有强横不遵者，仍要倍罚无异。 ——清道光四年婺源县《洪村光裕堂公议规碑》
	经济互助	凡以钱入会生殖者，每月作若干会，会必以酒食，一人掌钱，一人掌历，群相生殖，多由此成家。会中人吉凶事有宜庆吊、宜贷乞、宜援助者，皆恃此为之，其有负约者，出之。 ——明嘉靖《尉氏县志》卷一《风俗》
	公共资源管理	凌务本康协和堂，原共有金竹税洲，为申饬文约请示演戏严禁，蓄养树木庇荫水口，保守无异。近因无耻之徒，屡被偷窃，锄种无休，是以二姓合议，会禁水口，命脉攸关，本应指名理论，免伤亲族之谊，违犯自愿封禁鸣锣、扯旗示众。自后，家外人等毋许入洲窃取，税州（洲）地毋许锄种，如违罚戏壹台，树木入众。如有梗顽不遵，指名赴县赍文控理，断不宽恕。二祠倘有外侮，费用均出，各宜凛遵，毋贻后悔，凛之慎之。 ——清乾隆四十八年六月《祁门县凌、康二姓立禁伐公白》

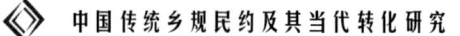

续表

涉及领域	关注事项	举要
社会生活	人际关系协调	乡里之人，朝夕相见，出入相友，守望相助。内如妇女姊娌相与，幼如童稚齐辈相嬉，年节时序，酒食相征，逐其和好，亦是自然的本心，不加勉强而然。……尽一乡之人，如一母所生，自然灾害不生，外侮不入，家安人吉，物阜财丰，同享太平之福于无穷亦。 ——明隆庆祁门《文堂乡约家法》
	生活互助救助	其丧助之礼，各赠钞二两五钱，连二纸五十张，一名四口为率，止籍本家尊长，随社人亲诣丧所，挽曳棺柩，以送其葬。非天命而死者不与。其送纳赠钱，斋饭止从本家，勿较其限量、多少、美恶，违者罚钞十两。 ——元《龙祠乡社义约》
	公共事务管理	子姓十五以上资质颖敏、苦志读书者，众加奖劝，量佐其笔札膏火之费，另设义学以教宗党贫乏子弟。 ——《歙县潭渡黄氏家规》 议定会规：每年逢会初十日，六社献牲，挨次转牌交社，本社人在中，交社人在东，接社人在西，甚勿紊乱。所写之戏，或是本县，或是外县，总要初九日早到迎神，十二日早刻送神为止。倘敢以官挟势，强行拉戏，六社公办，决意不准。三王之威名，反不如伊乎？逢会之期，天雨偌大，误了日期，出钱四十千文入公修理山棚，上面要做五大名山，中间五马破曹，下层士农工商游山玩景之势。又因外村中不要停留贼匪损人利己，如若强留者，六社公议，定要将窝主贼人立送死地，以除其害，决不食言。 ——清同治十一年《牛王圣会七社为六社缘起碑记》 议靠墙不许挖坑堆粪土瓦块；议城周围崖下不许取土斩草伐木；议城上不许倒炭渣恶水并无事闲游；议城周围倘有损伤公中修补；议设湾地南边与开арный除东□出路五尺；议周围崖下俱有石畔不得□行移易；议堡中分地年久不能无变通定要先尽堡中有份之家；议堡中不许招安闲杂匪顽之人。 ——清咸丰六年陕西韩城党家村《中地亩粮石分数条规碑记》
	等级秩序维护	凡子孙有女者，必择名阀相当以归。毋得贪图浊富豪贵。凡子孙娶妇者，亦须择其相称，方许娶之。 ——南宋绍兴十八年《无锡邹氏家乘凡例》
	社会风气净化	嗣后，如有开场盘赌者，罚砖一千，有将隙地与人开场者，与开场同罚；有一名赌博者，罚砖五百；有输赢类赌者，与赌博同罚……牌中若有收留外来流娼者，照开场盘赌罚例加倍处治。 ——清乾隆五十三年洛阳新安县《辛省北牌公议禁赌碑》

从表 2-2 我们可以看出，传统乡规民约的内容几乎涵盖了农村生

· 28 ·

活的方方面面。对于农村的经济发展、社会稳定乃至生态环境保护等均有一定的影响。

就经济生活而言,传统乡规民约涉及乡民之间的农业生产互助,对山林、公田、族产等乡村公共财产的保护和管理,水资源的管理和分配以及水利设施的兴修、维护和使用原则等诸多内容。此外,明清时期,随着商品经济在城市的萌芽和发展,商品经济意识慢慢也渗透到了乡村社会,商品买卖行为开始随之而出现,并产生了规范商业经营行为的乡规民约,不过此类乡规民约的数量较少,且仅仅集中于个别乡村社会,并不带有普遍性。

就社会关系而论,传统乡规民约几乎囊括了古代乡村社会地域群体之间所有的社会关系,这也可以称之为是传统乡规民约最主要的任务和责任。这里既包括对组织成员个人修养的强调和要求,也涵盖对组织内部成员之间良好的人际关系的倡导。

就社会救济来说,对鳏寡孤独的赡养和救助、对组织内部贫困成员在子女教育和日常生活领域的帮助和救济,可以从另一个侧面协调乡村社会关系,体现了传统社会的福利思想和实践,因而得到了传统乡规民约的认可和倡导。

就精神生活而言,鬼神信仰和祭祀也是传统乡规民约不可或缺的内容之一。因为低下的生产力水平和脆弱的抗旱能力,古代乡民无法完全掌控农业生产活动,因此,他们只能通过虔诚地祈求大自然和神灵,以赢得其同情,从而求得风调雨顺,获得农业的丰收和生活的幸福。

此外,对赌博、嫖娼、溺女婴、盗窃等违背伦理道德的不端行为,传统乡规民约也极为关注,并纷纷予以禁止和严厉的打击。当然,对封建社会等级制度的维护和封建婚姻制度的遵守,也是传统乡规民约的主要内容之一。

在众多的传统乡规民约中,我们还发现了一些带有保护生态环境性质的护林、育林、保护农田以及防止水土流失的规约,这些规约的制订在当时可能仅仅只是出于保护风水、协调组织内部成员经济利益关系的目的,并没有上升到生态环境保护的认识高度,但从客观上却起到了保护当地生态环境的作用和效果。①

在后面的讨论中,有关传统乡规民约的历史演变、制定执行的论述,是按照其出现的历史顺序和制定者主体不同来展开的,即大致分为自然村落类的乡里乡规民约、乡约类乡规民约、宗族类乡规民约、会社类乡规民约等类型;而在分析传统乡规民约的影响与作用时,则以其涉及的乡村生活的领域如经济发展、社会关系、社会救助和精神生活、环境保护等方面展开的,力图全面体现传统乡规民约的主要功能。

第三节 传统乡规民约的主要特点

通过对为数众多的传统乡规民约的阅读和对比,就不难发现它们都程度不同地显示了一些基本共同点:

其一,时空性。这突出表现在两个方面:一方面是传统乡规民约具有一定的时效性。尽管有少数传统乡规民约因为其自身的合理可行性较强,加之当地民间组织的因时制宜的变通,得以传承和延续,具有较强的生命力②,但是,绝大部分的传统乡规民约都有其施用的时间限制,往往伴随着相应的民间组织的衰微和解散而完全丧失了其原有的效力,现在留给我们的只有历史研究价值和借鉴意义,不再具备对现实的约束力。另一方面,传统乡规民约具有强烈的地域性。这种地域性既表现在乡规民约分布的地区性选择上,也体现在效力的地域性限制上。从已经收集到的传统乡规民约空间分布来看,它主要分布在:陕西关中、河南豫中、安徽徽州、江西、浙江等理学积淀较为深厚的地区;广东、福建、新疆等沿海或边疆地区;山西南部、甘肃、宁夏等自然条件恶劣的

---

① 关传友:《徽州宗谱家法资料中的植树护林行为》,《北京林业大学学报》(社会科学版)2003年第4期。
② 党晓虹:《论传统水利规约对当代干旱地区村民用水行为的影响——以山西"四社五村"为例》,《兰州学刊》2010年第10期。

第二章 传统乡规民约的基本理论问题

地方。这说明传统乡规民约往往出现和集中于传统文化积淀较为深厚的地区或各种危机较为深重的地方，这里的危机既包括因为盗、匪、兵等盛行所导致的伦理退化、社会不稳等社会危机，也包括因为自然条件恶劣所导致的生存危机。① 同时，传统乡规民约的效力具有特殊的地域性限制，如祁门县彭龙乡环砂村《清嘉庆二年（1797年）正月祁门环砂村告示及十一月永禁碑》中即明确规定："……养山界：七堡里至九龙，外至环砂岭；八堡里至口家土碣，外连七保界止。东至风浪岭、罗望岭，西至八保上岭、七保罗家岭。"② 淮北市相山禁碑对封禁范围也有规定："勒石示禁嗣后：相山山地南至水牛磨，北至北山口，东西至山顶，其界限之内毋许任意放牧放牲畜，肆行剪伐；其贴近神祠之处，尤不得而知作贱。"究其原因，可能主要受限于传统乡规民约所采用的物质载体和传播方式。传统乡规民约产生之初，仅仅是依靠口口相传的方式来传播和延续，这容易造成讹传，也容易误传，更容易失传。后来，随着社会生产力的进步和文明化程度的提高，一些财力雄厚的民间组织选择将其约条书写在纸张上，并装订成册。这虽然解决了传统乡规民约失传的问题，但因为纸质乡规民约的印刷成本较大，不可能做到人手一本，而只能掌握在乡村社会民间组织管理层内部极少数士绅手中，传播面较窄。因此，为了扩大传统乡规民约的影响力、增加其效力，大多数民间组织将其约条书写在石碑之上，并将其竖立在村旁、田里、庙内、井边等公共生活区域内，以警示组织内部成员更好地遵守相关约条。不过采取立碑的形式，也显露了其效力空间的有限，因为立碑只有周围附近的人才能知道，不可能让距离较远的人知道，所以其效力仅限于村落本身，仅仅代表了一个相对独立的生活共同体，超过这一特定地域范围即失去了应有的效力，而这本身就使传统乡规民约具有了较窄的

---

① 黄霞：《浅析中国传统乡规民约的历史作用和当代价值转换》，《长沙民政职业技术学院学报》2009年第3期。
② 原碑现嵌在安徽省祁门县环砂村叙伦堂前西墙壁上。永禁碑原件现藏安徽省祁门县博物馆。

约束力和效力。

其二，集体性。这主要表现在以下几个方面：首先，传统乡规民约的订立过程就是全体组织内部成员参与的过程，尽管在最后的文本撰写阶段是由该组织内部文化程度较高的人来具体执笔完成，但是具体约条的商议和制定必须得到组织内部全体成员的首肯方能顺利通过和实施。其次，无论是何种类型的乡规民约，它们大多运用假定中一致的集体道德标准或价值判断评价处理事项，并倾向于巩固这类集体的一致性，以一致性道德为治理基础。对于组织内部成员来说，他们必须以分享规定中的共同价值为资格获取条件。[①] 再次，传统乡规民约一旦确定，就具有对组织内部所有成员同样的效力和约束力，上自组织内部领袖下至普通成员，无一例外都必须无条件地服从组织内部制定的所有规条。对于违背约条的组织成员，它们往往运用道德批判、谴责、取消个人在组织内部的权利和资格等方式对其予以处罚。

其三，模糊性和变通性。这里的模糊性，是指传统乡规民约对其组织机构的执行权限并没有作出明确的规定和限制。基本上，只要规定中有的，就可执行，而对于执行的"度"，则完全是由基层组织领导阶层根据个人好恶和当时的心情来自主把握。同时，作为一种非正式制度，传统乡规民约并不具备像国家法令一样的强制性和不可变通性。因此，在具体执行时，组织内部领导层常常可以因人、因事、因时进行修改和变通，并非一定要辨明是非、分清责任，体现绝对的公平公正，只要不违背国家法令，当事人各自满意就可以了。而且，在进入地方官府司法领域之前，它也会对与正式制度即国家法令相矛盾甚至是相抵触的内容，作出相应的调整和变通，来寻求与国家法律的吻合和一致，以求得到国家政权的认可和支持。当然，国家法令通常也会采取尊重并向传统乡规民约让步或妥协的方式，来达到稳定乡村社会的目的。如明洪武二十七年（1394），中央政府即颁布法令，"命有司择民间高年老人，公

[①] 李可：《论村规民约》，《民俗研究》2005年第6期。

正可任事者，理其乡之词讼。若户婚田宅斗殴者，则会里胥决之。事涉重者，始白于官。若不由里老处分而径诉州县者，即谓之越诉"。①

其四，文本的通俗易懂性。除了一些名门望族制定的宗族规约文化底蕴较为深厚之外，绝大部分的传统乡规民约都具有文本通俗易懂甚至口语化的特点。这当然是因为传统社会里，乡规民约的施受对象主要是处于文盲半文盲状态的乡民，为了有效传播和便于接受，将规约内容转化为乡民喜闻乐见、通俗易懂的语言方式，以扩大其影响力。如陕西韩城党家村"泌阳堡"（建于1856年）的《中地亩粮石分数条规碑记》记载的规约条文如下："议靠墙不许挖坑堆粪土瓦块；议城周围崖下不许取土斩草伐木；议城上不许倒炭渣恶水并无事闲游；议城周围倘有损伤公中修补；议设湾地南边与开第除东□出路五尺；议周围崖下俱有石畔不得□行移易；议堡中分地年久不能无变通定要先尽堡中有份之家；议堡中不许招安闲杂匪顽之人。"② 文本内容简单明了，浅显易懂，便于传播，诸如这样的乡规民约可谓不胜枚举，这也是传统乡规民约的一大特点。

此外，还有一种现象值得关注，就是少数民族地区的传统乡规民约作为乡规民约的一种特殊形式，既具有上述一般乡规民约的共同特点，又具有自己的特殊个性。首先，少数民族地区因为大多没有文字，因此，其乡规民约少量的借用汉字刻写在石碑上，大多并没有书面记载，而主要是通过口耳相传的方式留存，这也为少数民族地区传统乡规民约的收集、整理和研究工作带来了一些困难。其次，少数民族地区的传统乡规民约名称非常多样。像苗族叫"榔规"、侗族称之为"款约"、瑶族称"料令"、布依族称为"法郎"、傣族叫"勐规"、羌族称为"盟约"，等等。再次，相对于汉民族地区的传统乡规民约，少数民族地区的乡规民约带有更强的原始宗教意识和多神崇拜色彩。例如，世居青藏高原的藏族先民就制定了一系列以佛教"十善法"为基础的民间规约，

---

① （明）顾炎武：《日知录》卷8《乡亭之职》，潘耒遂初堂清康熙三十四年刻本。
② 段友文：《黄河中下游家族村落民俗与社会现代化》，中华书局2007年版，第275页。

其中规定:"要相信因果报应,杜绝杀生;严禁猎取禽兽,保护草场水源;禁止乱挖药材,乱伐树木。"傣族民间历来祀奉勐神,各村寨均制定勐规,均规定"龙山上的树木不能砍,寨子内其他地方的龙树也不能砍;寨子边的水沟、水井不能随意填埋"等。

传统乡规民约历史久远,其涵盖内容极其丰富,几乎涉及了乡村社会包括经济生产规范和互助、社会关系调整、生活救济和救助、生态环境保护、不端行为打击等在内的各个领域。这些为数众多、类型各异的传统乡规民约都具有时空性、集体性、模糊性和变通性、文本内容的通俗易懂性等一些共同特征,同时,由于不同的自然条件、文化背景和迥异的生活习惯,传统乡规民约又呈现出了明显的地域特点和民族特色。

第三章 传统乡规民约的历史演变

中国的乡规民约由来已久,其传统形态从汉代一直延续到清末甚至民国时期。在漫长的历史演变过程中,传统乡规民约从最初的口耳相传、约定俗成逐渐发展为后来的系统化、成文化。在其长达数千年的发展历程中,乡村士绅阶层——作为主要的倡导者和领导人,发挥了重要的推动作用。北宋以前,传统乡规民约处于萌芽初创阶段,北宋嘉祐年间《吕氏乡约》的出现,是传统乡规民约发展进程中的里程碑事件,成为传统乡规民约发展的分水岭。从此之后,乡规民约才真正地以独立的、富有浓郁教化色彩的形式登上了历史的舞台。明清时期,伴随着官方力量的介入和强力渗透,乡规民约的规模和数量在得到较大发展的同时,其自治性质也有所减弱,并逐步呈现出与国家政策协同的特点。传统乡规民约也由此走上了一条艰难曲折的变迁之路。

第一节 北宋以前:乡规民约在孕育中粗具形态

一 乡规民约的早期萌芽

乡规民约于何时发端,现已不可能考证出具体的年代。近年来,随着村民自治制度在中国的确立,乡规民约作为村民自治的手段,又重新回到了公众视野,乡规民约的研究也再次成为学术界关注的热点问题。但是,关于乡规民约的起源问题,由于受考古资料的局限和对乡规民约属性的认识差异，仍是一个仁者见仁、智者见智的带有争议性的问题。当前，学术界对此有三种不同的看法：一是相对集中的观点，认为北宋时期嘉祐进士、著名学者吕大钧于公元 11 世纪中叶在其家乡蓝田制定的《吕氏乡约》，是中国历史上第一部乡规民约。二是王铭铭先生根据《宋史·范仲淹传》中的相关记载，认为范仲淹于公元 1030 年为环庆羌人所订立的条约虽非"合村公议"而立，但亦非朝廷之王法，并且起到了"诸羌皆受命，自是始为汉用"的效果，因此它应该为历史上最早的村规民约。三是董建辉先生在对河南偃师县出土的一方东汉时期的《汉侍廷里父老僤买田约束石券》进行考证后认为，该石券是由东汉时期的二十五位居民在自愿、自主基础上所订立的自我管理规约，完全符合乡规民约的基本特征，应为历史上最早的乡规民约。本书在分析以上观点的基础上，对传统乡规民约的起源与发展问题，作出更为深入的探讨。

　　正如前文所述，传统乡规民约的起源问题，虽已不能考证其具体年代，但是，作为一种非正式制度，传统乡规民约的起源和发展也应和其他非正式制度如风俗习惯、礼节礼仪大体一样，主要是从乡村社会生产生活的经验中演化而来，并控制着乡民的相互交往，乡民长期保留这种制度形式。这种制度使与他人的交往变得可能，而且一旦这些行为规则扩散开来，得到了广泛的遵守，就会使这种交往变得更加容易。同时，通过对一些远古时代的考古遗址的探访，不难发现，我国的传统乡规民约历史悠久，源远流长。在远古时期，中华民族的祖先们是生活在一定的秩序之中的，无论是居住场所的选择、兴修还是食物的储备以及死后墓地的选择、摆放，都是遵守着某种社会规范的。[①] 由此我们推知，早在原始时期就已经出现了乡规民约的早期萌芽。进入阶级社会以后，为了维护等级制度，使贵族与庶民和奴隶相区别，并使贵族中的不同等级相区别，贵族统治者相继制定出包括言谈举止、衣着服饰、朝觐、聘

[①] 费成康主编：《中国的家法族规》，上海社会科学院出版社 2003 年版，第 2 页。

问、宾客、婚嫁、祭祀、丧葬等在内的诸多礼节，并通过在其内部对这许多的礼的贯彻执行，来维护其建立在等级制度基础上的社会秩序。①春秋时期，经过孔子等人的修订和倡导，这些原本流行在贵族阶级内部的礼节开始传播到民间社会。《管子立政》云："一道路，博出入，审闾用，慎管键。管键藏于里尉，置闾有司，以时开闭；闾有司观出入者，以复于里尉。凡出入不时，衣服不中，圈属群徒，不顺于常者，闾有司见之，复无时。"②可见，当时里中居民不但出入有统一时间，甚至是言谈举止和衣着服饰都要遵循一定的规矩和礼节，对于那些举止不合礼仪规范的里中居民，闾有司、里尉等地方官吏会根据情节的轻重，分别作出口头教育和绳之以法的相关处罚。但这一时期，礼仪的维护，更多的是在闾有司、里尉等地方官吏的监督、强制下完成的，乡里民众并未表现出太多的自觉与自愿。经过较长一段时间的宣传和倡导，加之士绅大儒的以身作则，到西汉时期，这些礼节逐渐内化为乡村社会的大众伦理观和价值观，并得到乡民的普遍认可和推崇，进而纷纷效仿，这些行为后来大多发展成为乡规民约中的内容，它们和原始时期的早期社会规范可以一起被视为乡规民约的萌芽。甚至可以说，西汉时期属于传统乡规民约的初创时期。我们可以从以下几个方面窥见一斑：

一是热心公共设施的修缮和维护、关心社会公众事业。如钟离意为堂邑令时，令民"起市肆"③；史晨在昌平亭下"立会市"；汉中太守，南阳郭君……池周邵之风……"乃发嘉教，躬损奉钱，倡率群义，缮广斯庙"。此外，东汉士绅张景"愿以家钱，义作土牛"，而且一年一度，"检匠所作，务令言事"。④这些里吏士绅的义举，影响感化着周围人，并成为乡民日常行为的楷模和榜样。

二是对教育的重视和普及。东汉时期，许多名士硕儒纷纷创立私

---

① 杨天宇：《仪礼译注》，上海古籍出版社2004年版，第372页。
② 《管子》，中州古籍出版社2010年标本，第1442页。
③ 《后汉书》卷41《钟离宋寒列传》，中华书局2000年标点本，第1395页。
④ 高文：《汉碑集释》，河南大学出版社1997年版，第47页。

学，布正化民、普及教育、传延文明。杜林、贾逵、杨震、马融等人私设精庐，开帐授徒；班昭教授《汉书》；疏广教授《春秋》；扬雄授学《法言》《太玄》；张楷讲授《春秋》《尚书》……私学的炽盛使得名师门下常有成千上万的求学者，有时甚至造成"若及经生所处，不远万里之路，精庐暂建，赢粮动有千百，其著名高义开门授徒者，编牒不下万人"①的壮观场面，这种景象也使得当时的史学家班固发出了"四海之内，学校如林，庠序盈门"的感慨。同时，私学的盛行也使得文化得以传播到下层，从社会精英的专制演变成大众的生活习惯，这对后来乡规民约的发展也起到了很好的导向作用。

三是对因为各种原因所导致的生活困难乡民的生活救助，体现了传统社会丰富的福利思想和实践。如西汉哀帝、平帝时人王丹，"家累千金……好施周急。每岁农时，辄载酒肴于田间，候勤者而劳之，其懒惰者耻不至，丹皆兼功自厉，邑聚相率，以致殷富。……没者则赙给，亲自将护。其有遭丧忧者，辄待丹为办，乡邻以为常。行之十余年，其化大治，风俗以笃"。②再如东汉开国名将马援不仅将其已有的数千头牲畜、数千斛谷米全部散给昆弟故旧，更将光武帝赏赐的数千头牛羊全部分给"诸宾客"。在他的影响之下，四个儿子也在每年青黄不接时赈济乡里，"故人莫不周洽"。③东汉扶风平陵人韦彪，将相后裔，官至大鸿胪，"清俭好施，禄赐分与宗族，家无余财"。④明帝时人张奋，"节俭行义，常分损租奉，赡恤宗族，虽至倾匮，而施与不殆"。⑤《后汉书》载：童恢之父仲玉，"遭世凶荒，倾家赈恤，九族乡里赖全者以百数"。⑥上述史料向我们充分证明了对弱势群体的关注和生活救助，早在汉代就已经作为一种良风善俗在广大乡村社会普遍存在。

---

① 《后汉书》卷79《儒林传论》，中华书局2000年标点本，第2578页。
② 《后汉书》卷27《王丹传》，中华书局2000年标点本，第930页。
③ 《后汉书》卷24《马援传》，中华书局2000年标点本，第828页。
④ 《后汉书》卷26《韦彪传》，中华书局2000年标点本，第920页。
⑤ 《后汉书》卷35《张纯传附子奋传》，中华书局2000年标点本，第1198页。
⑥ 《后汉书》卷76《循吏列传·童恢传》，中华书局2000年标点本，第2481页。

第三章 传统乡规民约的历史演变

此外，重视乡民之间的生产、生活互助。汉代，尽管由于铁农具和牛耕的推广，个体小农的生产能力大大提高，但普遍存在着耕牛不足、劳力缺乏、生产工具紧缺①等一系列客观问题，依靠农户自身力量独立完成农业生产的可能性较小，因此，可以想象，出于生产的需要，农户之间必然存在大量的劳动互助行为。② 这种劳动互助行为主要体现在两个方面：一方面，对于少牛农户来说，他们主要利用多人协作、彼此换工的方式，代替耕牛进行农业生产，这对于"由一对夫妇及其未婚子女组成的核心家庭占据主导地位"③的汉代农户来讲，如若没有他人协作，单纯依靠家庭内部成员的力量显然无法完成如此繁重的体力劳动。另一方面，山西平陆枣园村王莽时期的壁画墓牛耕图、江苏睢宁双沟东汉画像石牛耕图、陕西米脂东汉画像石牛耕图、内蒙古和林格尔东汉墓壁画的三幅牛耕图都向我们证明了在汉代采用牛耕进行农业生产是一项需要多人配合的、异常复杂的生产过程，它往往需要少则三人多则五人甚至六人的配合④，因此，即便是对于拥有牛耕能力的农户来讲，要想完成复杂的牛耕生产行为，离开其他农户的协作、单纯依靠自身力量几乎是不可能的事情。除了农业生产互助之外，由于自给自足的小农经济造就了乡民普遍并不丰裕的经济基础，因此，汉代乡民在遇到丧葬嫁娶、迎来送往等需要较大财力和人力支持的重大生活事务时，大多会寻求邻里朋友的帮助，而邻里、友人往往会从情义出发，为其提供资财和

---

① 汉代的牛耕生产已经扩大到以关中地区为中心，西北达宁夏、甘肃、青海、新疆，北部达内蒙古河套地区，东部达山东，东北到辽东半岛，南及长江以南的洞庭湖一带的广大地区。"盐铁贾贵"的现实和动辄数千钱的牛价，却使得因为工商业的盘剥而陷入极端贫困境地的农户根本无力置办齐备农业生产所需的所有农具和耕牛。关于汉代的农户户均人口，李根蟠、王利华、许倬云、杜正胜等学者进行了相当详细的论述，虽然在枝节问题上意见有所不同，但一致断定了西汉普通农民家庭规模较小，不会超过五人。在此研究基础上，喻长咏等学者对《居延汉简》甲乙编中较为完整的22则家庭材料进行整理后认为，汉代农户的户均劳动力应该不会超过两个人。
② 王勇：《论汉代下层民众的互助活动》，《中国社会经济史研究》2009年第1期。
③ 喻长咏：《西汉家庭结构和规模初探》，《社会学研究》1992年第1期。
④ 柳唯本：《两汉农业生产发展探讨》，《辽宁师范大学学报》（社会科学版）1981年第2期。

人力上的支援。① 《汉书·卢绾传》载："卢绾,丰人也,与高祖同里。绾亲与高祖太上皇相爱,及生男,高祖、绾同日生,里中持羊、酒贺两家。"② 《后汉书·符融传》载其妻子去世,"贫无以殡殓,乡人欲为具棺服"③;《论衡·量知篇》云"贫人与富人,俱赍钱百,并为赗礼死哀之家"④;《史记·陈丞相世家》载:"邑中有大丧,平家贫侍丧,以先往后罢为助。"⑤ 当然,这种帮助并不是单方面的,当施惠乡民遇到类似的问题需要帮忙时,受惠乡民责无旁贷地要予以更大的支持和帮助。这种包含着一定经济逻辑的互助型伦理道德,也成为日后乡规民约的主要内容。

二 民间私社组织的出现及社邑规约的形成

两汉时期以至唐代,在里社组织这一基层的行政单位之外,开始出现民间私社组织。⑥ 关于"私社",颜师古在《汉书注》中引用了张晏和臣瓒的两种说法。张晏认为,"民间三月、九月又社,号曰私社";臣瓒则主张,"旧制二十五家为一社,而民或十家五家共为田社,是私社"。颜师古更为认同臣瓒的说法。这也是目前所见汉代私社唯一的也是最有力的文献资料。⑦ 汉代的私社组织诸如"街弹""田社"等虽然大多是以生产生活互助为其主要目的,但在当时,这种在官方里社之外另立私社的做法却是受到官府严厉禁止的,据《汉书·五行志》记载,西汉元帝建昭五年(前34),"兖州刺史浩赏禁民私所自立社"。⑧ 汉末三国两晋南北朝时期,战乱频仍,人口流散,封建国家的户籍制度堕

---

① 王文涛:《论基于救助的汉代社会保障》,《天津师范大学学报》(社会科学版)2010年第3期。
② 《汉书》卷34《卢绾传》,第1891页。
③ 《后汉书》卷68《符融传》,中华书局2007年标点本,第997页。
④ 黄晖:《论衡校释》卷12《量知篇》,中华书局1990年版,第551页。
⑤ 《史记》卷56《陈丞相世家》,中华书局1982年标点本,第2058页。
⑥ 宁可:《述社邑》,《北京师范大学学报》1985年第1期。
⑦ 杨华:《战国秦汉时期的里社与私社》,《天津师范大学学报》(社会科学版)2006年第1期。
⑧ (宋)王溥:《唐会要》卷22社稷条,上海古籍出版社2006年标点本,第490页。

第三章 传统乡规民约的历史演变

坏,私社大为发展。唐五代时期,尽管官府依然严厉禁止私自结社的行为,但私社组织还是得到了前所未有的大发展。这种发展主要体现在两个方面:一是私社数量增加,名目不一。许多私社根据自己的主旨或社人成分来命名,如亲情社、葬亲社、香火社、女人社、老实社,等等。二是主旨目的多样,职能范围有所扩大、细化。有营办婚嫁丧葬的,有襄助立庄造舍的,有困难周济的,还有疾病慰问和远行、回归慰劳的,以及管理公共资产的牛社及公共资源的渠社,等等。[1]

作为超越血缘甚至地缘范畴的私社组织,其要正常运转和存续,必须有相关的规条对组织成员的具体行为进行有效的规范和约束。在私社组织发展的不同阶段,其规约无论是生成形式,还是具体内容,都有明显的不同。譬如,西汉时期,乡村社会普遍存在着行动统一、风险共担的农业生产互助组织,即"街弹"组织。关于"街弹"组织,郑玄在对《周礼·地官·里宰》一书中的"以岁时合耦于锄,以治稼穑"一句作注解时指出,"锄者,里宰治处也。若今街弹之室,于此合耦,使相佐助,因放而为名"。[2] 从郑氏的注释中可以看出,此时的"街弹"组织其主要目的在于"合耦"。另据夏纬瑛先生解释:合耦之"耦者,不是耦柜,亦非二人合耦而耕;当是合作之义,亦即所相佐助也"。[3] 根据他的解释,我们认为"街弹"组织的任务主要有三:一是组织成员以集资的方式,来购置耕牛、大型铁农具等价格较为昂贵的农业生产工具,以解决个体农户在农业生产过程中出现的蓄力不足、农具不全等问题。东汉早期成书的《九章算术》一书中,即出现了多道"共买"的计算题,可见,共同购置农业生产工具的做法,在西汉乃至东汉早期是广泛而大量的存在的。二是组织成员通过合作、换工的方式,调剂个体农户在农业生产过程中,尤其是在播种、收获等关键环节中出现的劳

---

[1] 程伟礼:《对中国古代村社组织历史和理论的思考》,《苏州大学学报》(哲学社会科学版)1997年第1期。
[2] 睡虎地秦墓竹简小组编:《睡虎地秦墓竹简·秦律十八种》,文物出版社2001年版。
[3] 夏纬瑛:《〈周礼〉书中有关农业条文的解释》,农业出版社1979年版,第123页。

力短缺的问题。三是对农业生产过程进行监督，并对公共农业生产工具进行日常的管理和维护。《九章算数》中载："今有共买牛，七家共出一百九十……问家数、牛价各几何？答曰：一百二十六家"，① 这虽然是一道算术题，但也能间接反映出当时农业生产互助组织的规模。试想，要管理如此庞大的农业生产互助组织、协调如此复杂的农业生产互助行为，没有一套被组织成员广泛接受的规约的制约是根本无法实现的，因此，我们推测，西汉时期的农业生产互助组织应该是有着一套管理规约的。目前，并未发现有关于西汉时期农业生产互助组织规约的只言片语，据此，可以进一步断定这些规约可能仅仅限于简单的口头约定，并未以文字的形式记载下来，而这也是和"农村社会本来就是一种亲密社会，一种可俗社会，一切成训习俗，都是世代相续，口头相传"的特点相吻合的。②

又根据董建辉先生的考证，目前已知最早的一份用文字形式记载下来的乡规民约，可能是1973年在河南偃师县出土的一方东汉时期的《汉侍廷里父老僤买田约束》石券，我们不妨试做分析，石券正文如下：

> 建初二年正月十五日，侍廷里父老僤祭尊于季主疏，左巨等廿五人，共为约束石券里治中，乃以永平十五年六月中造起僤，敛钱共有六万一千五百，买田八十二亩。僤中其有訾次当给为里父老者，共以客田借与，得收田上毛物谷实自给。即訾下不中，还田转与当为父老者，传后代子孙以为常。其有物故，得传后代户者一人。即僤中皆訾下不中父老，季、巨等共假赁田，它如约束。

券文讲的是，东汉明帝永平十五年（72）六月，侍廷里的25位居民自发组织了一个名为"父老僤"的团体，并以25位成员缴纳的

---

① 李继闵：《九章算术校证》，陕西科学技术出版社1993年版，第394页。
② 杨亮军：《宋代基层社会治理体系中的乡约——以蓝田〈吕氏乡约〉为中心》，《甘肃社会科学》2015年第4期。

61500钱，置办了82亩田地，作为担当里父老的组织成员的日常开销之用。从券文内容上看，它符合乡规民约自我组织、自我管理、自我约束的基本特征，因此，这是一份典型的乡规民约。可见，私社组织发展到东汉时期，已经开始制定一些简单的文字性的规条，但整体较为零散，也没有对违约成员的处罚措施。

魏晋南北朝时期，民间私社组织进一步成熟，社邑规约得到了进一步的完善。到了唐五代时期，私社组织的规约已经相当的完备和制度化，其内容大体包括结社的目的、宗旨、组织及活动的规则。下面以唐代后期至五代宋初敦煌地区留存下来的私社社条为例，对社邑规约的内容结构做一介绍。①

首先，社条的开头部分大多是对结社的指导思想和宗旨的阐述。如女人社社条说："夫邑仪者，父母生其身，朋友长其志，遇危则相扶，难则相救。"S5629某乙社的社条则这样说："今欲结此胜社。逐吉追凶，应有所勒条格，同心一齐禀奉。"

其次，社条大多规定了社邑成员的主要权利义务关系。如S1475背《申年五月社人王奴子等状》中规定："社内至亲兄弟姊妹男女妇远行、回及亡逝，人各助借布壹匹吊问。远行壹千里外，去日，缘公本送酒壹瓮。回日，倾脚里酒两瓮。如有私行，不在送限。"再如S6537背社条中规定："社内有当家凶祸，追凶逐吉，便事亲痛之名，传亲外喜，一于社格，人各赠例麦粟等。若本身死者，仰众社盖白耽拽便送。赠例同前一般。"这些规定明确了社邑成员在社内成员或其亲属出现远行、死丧等情况时应尽的义务，即通过赠物出力等方式互相援助，这也是成员经济互助的核心内容。

---

① 此节在写作时，主要参考了以下论著，并吸收了其中有关的研究成果。唐耕耦、陆宏基：《敦煌社会经济文献真迹释录》（1986年出版）；郝春文：《敦煌社邑文书辑校》（1997年出版）、《敦煌社邑文书辑校补遗》（一）（二）（三）；宁可《述"社邑"》（《北京师范大学学报》1985年第1期）；杨际平《唐五代宋初敦煌社邑的几个问题》；孟宪实《论唐宋时期敦煌民间结社的组织形态》（《敦煌研究》2002年第1期）；宁可、郝春文《北朝至隋唐的女人结社》（《北京师范学院学报》1990年第5期）。

再次，从敦煌地区出土的社邑规约的约条中，可以看出唐宋五代时期的私社组织大多设立了社长、社官、社录三种职务来对社邑组织内部的所有事务进行管理。如 S6537 背社条中规定："凡为事理，一定至终。只取三官获裁，不许众社紊乱。"当社长、社官、社录三人意见不一、发生冲突时，社条明确规定要求三官遇事一定商量决定。如 B4960 文书就规定："或有不禀社礼，不知君臣上下者，当便三人商量"但至于其选拔标准，因为缺乏足够的史料支持，因此尚不能断言。

复次，社条明确了社员之间的关系。如 S5502 号社条即言："结义已后，须有义让，大者如兄，小者如弟。……各自识大敬小，切虽存礼，不得缓慢。"对不守社条的社员，私社组织也根据所犯错误的轻重程度给予了大小不等的惩罚。如对于席上喧拳，不听上下者，S6537 号社条就作出了"众社各决杖卅棒，更罚酸酿一宴，众社破用"的处罚，如果社员所犯错误极其严重，甚至可以作出"其身摈出社外，更无容免者"的最终处罚。

同时，为了保证私社组织的稳定性，大多社邑规条规定社邑成员身份具有世袭性。如 S5637 背载："乃立文案，结为邑社，世代追崇。"敦煌汉文写本第 3730 号背载："凡为立社，切要久居，本身若云亡，便须子孙承受，不得妄说辞理。格例合追口游，直至绝嗣无人，不得遣他枝眷。"同时，私社成员若想退社必须有一定的理由，并且须经三官批准。随便退社者，则要受到"各人决杖三棒"或"罚酸酿一筵"的惩罚。那些已经退社的原组织成员，不得再寻求社邑的资助。

由上所述，可以看出，同汉代及魏晋南北朝时期的私社规约相比，唐末五代时期的私社规约明显有了很大改进，不但有了明确详尽的宗旨、社条、章程，便于今后的行动统一，而且最重要的是设立了由社长、社官、社录三人组成的社首领导小组，并由他们三人协商统领社内的一切事务。同时，首次对社邑成员的行为进行了制约，对于不遵守社条的社邑成员专门制订了程度不等的处罚规定。此外，社条对社员入、退社的手续和条件及违约行为作出了严格的规定。如上社条的制订保证了社的稳定，但在退社问题上的严肃性和对随便退社人员严厉的惩罚，也让人们在入社时比较慎重，直接导致社邑组织成员有所减少。从敦煌文书社人名单看，每社人数一般在数十人，百人以上已是少数。

从上述可见，乡规民约的源头最早可以追溯到远古时代氏族组织的社会规范。汉代，乡村社会出现了一些符合乡民伦理、价值观念并受到乡民普遍认可和追崇的行为，这些行为后来大多发展成为传统乡规民约中的基本内容，因此可以算作传统乡规民约的早期萌芽或者初创阶段。还需要指出的是，早在西汉时期，在"官社"之外，乡村社会就涌现出来众多"私社"组织，虽然依靠"自愿"原则入社，但其内部也应有着一套管理规约的，可在当时，这些规约仅仅限于简单的口头约定，并未以文字的形式记载下来。东汉已降，社的宗旨、职能及社人的权利义务开始采取社会契约的形式固定下来，有的规定相当具体详尽。唐五代时期，社邑规约的规文越来越趋于完备且显示了逐步统一的趋向，但因为参与制定约文的人的文字水平不是很高，其约文的逻辑性、系统性还不是很强，显得较为零散。不过在这一过程中，文人的逐渐参与，确实使得社邑规约的文本呈现出道德色彩越加浓厚的态势。

总之，北宋以前的乡规民约，虽然历经演变，发生了较为显著的变化，但乡村基层社会组织的规模往往不是很大，有的只有几个人，多的不过十几个人、几十个人，影响辐射面较窄，且参加者又多数是贫苦农民，因此，组织的功能也比较单一，主要是组织成员间的生产生活互助，在此基础上制定的规约内容也较为简单、零散，其执行主要依靠组织成员的自觉性，并无专门的执行组织，故其约束影响力也是较弱的。这一时期的乡规民约只可算是中国传统乡规民约的最初形态。

第二节　两宋时期：乡规民约在夹缝中艰难发展

一　《吕氏乡约》的出现及其推行状况

（一）《吕氏乡约》出现的背景

公元960年，北宋王朝建立。经过太祖、太宗等几代统治者的建设，到神宗即位时，北宋王朝已经发展为一个人口多、社会稳定的国家。但同时，这一时期实行的"不立田制，不抑兼并"的土地政策使得土地兼并相当激烈，为此而引发的社会矛盾也趋于激化。① 为了进一步稳定乡村社会，增强国家对基层社会的统治权，熙宁三年（1070），王安石在宋神宗的强力支持下，推行了保甲法，其具体内容为："畿内之民，十家为一保，选主户有干力者一人为保长；五十家为一大保，选一人为大保长；十大保为一都保，选为众所服者为都保正，又以一人为之副。应主客户两丁以上，选一人为保丁。两丁以上有余丁而壮勇者亦附之，内家赀最厚、材勇过人者亦充保丁。"② 保甲法的实行造成了国家权力在广大农村的延伸，直接触动了官僚地主集团的既得利益，引起了代表乡村自治势力的地主阶层的极大不满。司马光在其《乞罢保甲状》中直接将保甲法称为"驱民为盗""教民为盗""纵民为盗"的罪魁祸首。③ 苏轼进一步有针对性地提出了恢复民间已有的自治性军事组织"弓箭社"，以此来抵制王安石所推行的保甲法。④ 在这一政治背景下，陕西乡绅吕大钧则于熙宁九年在其家乡陕西蓝田创立了一种带有乡民自治性质的组织——乡约组织，并制定了在我国历史上具有划时代意义的乡规民约——《吕氏乡约》。可以说，它是历史上第一部乡约类的乡规民约，其目的主要是加强地方自治，对抗王安石的保甲法。⑤

（二）《吕氏乡约》的制定及其主要内容

吕大钧，字和叔，与兄弟吕大忠、吕大防、吕大临号称"吕氏四贤"。早年曾经师从关学的开山祖师张载，深受其"学以致用""躬行礼教"思想的深刻影响，在其家乡——陕西蓝田开创并积极推行乡约制

---

① 杨建宏：《〈吕氏乡约〉与宋代民间社会控制》，《湖南师范大学社会科学学报》2005年第5期。
② （元）脱脱等：《宋史》卷192《兵志六》，中华书局1985年版，第4767页。
③ （宋）司马光：《司马文正公传家集》卷48《乞罢保甲状》，商务印书馆1937年版，第615页。
④ （宋）苏轼：《东坡全集》卷64《乞增修弓箭社条约状二首》，台湾商务印书馆1983年版，第68页。
⑤ 陈俊民：《蓝田吕氏遗著辑校》，中华书局1993年版，第567页。

度。明末清初黄宗羲在其《宋元学案·吕范诸儒学案》一文中对吕大钧给予了高度评价："吕大钧，字和叔，与横渠为同年友，心悦而好之，遂执弟子礼，于是学者靡然知所趋向。横渠之教，以礼为先。先生条为乡约，关中风俗，为之一变。"

据安广禄先生考证，《吕氏乡约》的根本原则与《周礼》"十二教"[①]的教化精神一致，同时，它继承发展了《礼记》中的乡饮酒礼。因此，《吕氏乡约》同时受到古代儒学经典《周礼》和《礼记》的双重影响。[②] 首先，《吕氏乡约》开宗明义提出了建立乡约的四个基本原则："凡乡之约有四，一曰德业相劝，二曰过失相规，三曰礼俗相交，四曰患难相恤。"在这四个基本原则基础上，又细化为具体的条款，以此来约束和规范乡民的个人行为，规定了他们在婚丧嫁娶、迎来送往等活动中应该遵循的礼节礼仪。毫无疑问，这种相劝相规、相交相恤的思想是对秦汉以来传统乡礼思想中"相保""相受""相葬""相救""相赒""相宾"主张的继承，和传统的儒家思想是一脉相承的。其次，《吕氏乡约》中对于违反约条的约众，根据犯约情节的轻重程度，分别给予众议（相当于今全体会议上当众批评）、书籍（相当于今之记过）、罚金一百、罚金五百乃至开除约籍等不同层次的处罚，但这些处罚仅仅是维护道德规范的辅助手段，和传统儒家思想"重教化""轻责罚"的宗旨是基本一致的。

不同于以往的乡规民约，《吕氏乡约》为了保证其顺利执行和实施，还建立了严密的乡约组织。按照《吕氏乡约》规定，乡约组织一般由一个自然村落的乡民自愿组成，其领导者约正一般为一至二人，由全体约民推举产生，即"众推正直不阿者"。约正的主要职责是裁决是非、主持公道、平息纠纷、实施赏罚。约正依靠所拥有的权威来行使职

---

① 所谓《周礼》"十二教"具体是指：一曰以祀礼教敬则民不苟；二曰以阳礼教让则民不争；三曰以阴礼教亲则民不怨；四曰以乐礼教和则民不乖；五曰以仪辨等则民不越；六曰以俗教安则民不偷；七曰以刑教中则民不虣；八曰以誓教恤则民不怠；九曰以度教节则民知足；十曰以世事教能则民不失职；十一曰以贤制爵则民慎德；十二曰以庸制禄则民兴功。

② 安广禄：《我国最早的乡规民约》，《农村发展论丛》1998年第4期。

能,并对违反乡约的乡民,根据其违反约条的性质和轻重,强制性地给予不同程度的处罚。此外,设有"值月"一人,由粗通文笔的约众担任,以一个月为任期,按照年龄长少轮流充任,其主要职责在于管理记录、聚餐、集会等一切杂事。

(三)《吕氏乡约》推行的状况与原因分析

《吕氏乡约》是吕大钧基于地方安宁而创立的一个道德约束机制,其出发点是劝民为善,目的在于以道德教化的方式维持乡村社会秩序的稳定。因此,客观地讲,它的出现应该是有利于封建社会长治久安的。但正如杨建宏所指出的,由于《吕氏乡约》是乡村社会中以士绅为核心的权力场域对地方的自我控制,体现的是地方士绅的自治权力,故深深触动了以皇帝为首的国家权力场域,造成了二者之间的权力冲突。因此,其一出台,就不可避免地受到了各方面的质疑和强烈反对。①

反对之声首先来自吕大钧在朝为官的两位兄长。我们在检阅《蓝田吕氏遗著辑校》之《乡约乡仪·答伯兄》时发现,吕大钧在其家乡推行乡约之时,即熙宁九年(1076),其长兄吕大忠正在河北转运使判官、宝文阁直学士任上,其二哥吕大防也时任龙图阁侍制之职,他们不仅没有向当朝皇帝推荐乡约,反而认为这种民间全面教化性质的活动属于"非上所令",是一种没有历史和社会基础的"异事"。在这封书信中,吕大防将在乡结约与汉之"党事之祸"相提并论,并建议将乡约改为家仪,以"欲令保全,不陷刑祸"。两个在朝为官的哥哥对乡约的态度,从某种程度上也暗示了国家政权对乡约的看法,即对于绝对集权制的国家政权来说,并不欢迎这一类人民自动结合组织的公开出现。另外,对《吕氏乡约》的反对之声,并非仅来自吕大钧的兄弟,我们在《蓝田吕氏遗著辑校》之《乡约乡仪·答刘平叔》中看到,其他同僚对此也颇有微词。刘平叔指出乡约"强人之所不能,似乎不顺;非上所令而辄行之,似乎不恭"。李纯之则与吕大防意见一致,同样把乡约与

---

① 杨建宏:《〈吕氏乡约〉与宋代民间社会控制》,《湖南师范大学社会科学学报》2005年第5期。

汉之党争相联系。

此外，由于《吕氏乡约》是吕大钧以乡村士绅阶层的行为标准作依据，妄图在普通乡民身上施以绅士的教育，过多的关注礼仪道德教化，对民众最为关心的利益互助问题关注不够，加之乡约的许多约束标准偏于严格，因此，这一套对于知书识礼、衣食无忧并有闲暇时间的绅士所适用的做人标准和礼仪规范，并不适合作为大多数目不识丁且食不果腹、衣不蔽体的农民的生活准则。故在当时，乡民的参与热情较为有限。[①]

在各种质疑和建议下，吕大钧对乡约做了一些调整，并顶着各方面的压力在蓝田推行乡约长达五年半之久。经过吕大钧多年的努力，《吕氏乡约》的影响力不仅泽被乡里，蓝田辖地民风淳朴，而且辐射到更为广袤的关中地区，史称"关中风俗为之一变"。"秦俗化之，和叔有力"[②] 即为吕大钧的老师、北宋著名理学家和教育家张载之赞誉。可见，《吕氏乡约》在当时对"广教化，厚民风"，创造和谐有序的乡村生活秩序，起到了一定的积极作用。后来吕大钧病逝，《吕氏乡约》在北宋的执行也就此告一段落。

二 朱熹对《吕氏乡约》的贡献

南宋时期，理学大师朱熹对《吕氏乡约》作了一些有益的删减，修成《增损吕氏乡约》。首先，为了换取国家政权的认可和支持，朱子把"畏法令，谨租赋"增加到《吕氏乡约》"德业相劝"条款中，将奉公守法、完粮纳税上升到德业的高度加以强调和推崇，力图在乡规民约与国家法令之间保持对接与一致。其次，考虑到农民大多家贫，无以缴纳罚金，也为了进一步突出乡约的道德自律性质，朱熹特别强调自省的重要性，要求乡民如有过失，应"各自省察，互相规戒。小则密规之，

[①] 胡庆钧：《从蓝天乡约到呈贡乡约》，《云南社会科学》2001年第3期。
[②] （宋）张载：《张子全书》卷14《近思录拾遗》，清文渊阁《四库全书》697，上海古籍出版社1987年版，第313页。

大则众戒之。不听则会集之日值月以告于约正，约正以义理诲之。谢过请改，则书于籍以俟。其争辩不服与终不能改者，皆听其出约"。且在《增损吕氏乡约》中"削去书过行罚之类"。再次，朱熹在其修订的乡约中，设置了月旦读乡约、纠过、旌善、会食等各种仪节，并将尊老爱幼、尚齿尚德、抑恶扬善、和睦共处等原则贯穿其中，以达到"以礼教化约众、以礼约束约众"的道德境界。遗憾的是，朱熹虽然对《吕氏乡约》做了诸多有益的修改，但或许是受到其"知先行后"思想的影响，他并没有在有生之年践行过乡约，乡规民约在南宋的发展在推行的地域、数量、规模上均未形成大的气候。

宋代《吕氏乡约》及朱子对其所做的增删中包含了在封闭状态下的社会环境中亲族邻里互相帮助、互助友爱、和谐共存的一面，它以"正风俗、尊亲长、重教化、善劝导、惩恶行、倡孝悌"的儒家正统伦理思想为其主流思想，成为以后乡规民约的范本，对后世产生了很大的影响。杨开道先生在其《中国乡约制度》一书中写道："由人民主动主持，人民起草法则，在中国历史上，《吕氏乡约》实在是破天荒第一遭。"① 萧公权先生亦云："《吕氏乡约》于君政官治之外别立乡人自治之团体，尤为空前之创制……"②

通过对史料的梳理，可以看出，北宋嘉祐年间《吕氏乡约》的出现，是乡规民约发展史上具有划时代意义的事件。一方面，它几乎涉及乡村生活的各个方面，极大丰富了乡规民约的内容。另一方面，为了保证规约能够顺利执行，它还建立了具体、有形、严密的乡约组织，以"组织"保障"制度"的推行。因此，它的出现，开创了一种包括制度建设和组织建设在内的新型乡规民约类型。南宋时期，著名理学家朱熹对《吕氏乡约》的内容进行了诸多有益的修改。通过这次修改，一方面为明清两代地方自治与中央集权统治的相融合、相统一提供了较为坚实的思想基础。另一方面，也为乡约类乡规民约在明清的推行准备了条

---

① 杨开道：《中国乡约制度》，山东省乡村服务人员训练处1937年影印，第112页。
② 萧公权：《中国政治思想史》下册，台湾联经出版社1981年版，第570—571页。

件。《吕氏乡约》对后世产生了深远影响，宋代其他乡规民约的制定，大多以《吕氏乡约》为蓝本。但终两宋之世，乡规民约由于没有得到中央政权的认可和支持，在推行的地域、数量、规模上均未形成大的气候。

第三节　明清时期：乡规民约在支持中失去自我

一　明朝统治者对乡规民约的推行

明朝建立后，明太祖朱元璋认为"天下初定，所急者在衣食，所重者在教化"，[①] 即社会教化应为治国之先务。为此，他在即位之初，即下诏要求："臣民之家，务要父子有亲；率土之民，要知君臣之义，务要夫妇有别；乡里亲戚，必然长幼有序，朋友有信。"[②] 洪武三十年（1397），朱元璋颁布了《圣训六谕》，并"命户部下令天下民，每乡里各至木铎一，内选年老或瞽者，每月六次持铎徇于道路宣读《圣训六谕》，又令民每村置一鼓，凡遇农种时月，清晨鸣鼓集众，鼓鸣皆会田所，及时力田。其怠惰者里老督责之，里老纵其怠惰不勤，督者有罚。又令民凡遇婚姻死丧吉凶等事，一里之内互相周给，庶使人相亲相爱，风俗厚矣。"[③] 永乐年间，明成祖"取蓝田《吕氏乡约》列于性理成书，颁降天下，使诵行焉"。[④] 于是，各地纷纷展开了以《吕氏乡约》为蓝本并且加入了朱元璋《圣训六谕》精神的乡约类乡规民约（以下简称乡约）建设运动。值得一提的是，这时的很多地方官也纷纷加入对乡约的推广中，如潮州知府王源就"刻《蓝田吕氏乡约》，择民为约正、约副、约士，讲肄其中，而时谐寮宗董率焉"。[⑤] 后来，在其离任后，

[①] 黄彰健校注：《明太祖实录》卷96洪武八年春正月丁亥条，上海古籍出版社1983年版，第1655页。
[②] （清）陈梦雷编：《古今图书集成》第27卷《乡里部汇考》，文星书店1983年影印本，第163页。
[③] （清）陈梦雷编：《古今图书集成》第27卷《乡里部汇考》，第189页。
[④] （明）王樵：《金坛县保甲乡约记》，（清）陈梦雷编《古今图书集成》第28卷《明伦汇编·交谊典》，中华书局1988年影印版，第375页。
[⑤] （清）张廷玉等编：《明史》卷281《循吏传》，中华书局1974年版，第7185页。

又在邑中倡行乡约。不过，就整体而言，这一时期的乡约，尤其是民办乡约，因为受到"今不在其位而操其柄"①的质疑，发展可谓步履维艰。到明代中后期，随着里甲制度的毁坏和社学的日渐失修，明朝统治显示出危机，一些饱读经书，以修齐治平为己任的士绅、官吏，开始重新寻找济世安民之良策。特别是到明正德年间，王阳明创立了"心学"，解除了中央政权与乡村社会和地方官吏之间在推行乡规民约方面的种种顾虑，为乡规民约的发展提供了理论上的依据和实践的样板，乡规民约作为济世安民之良策得到大力推广。方孝孺、吕坤、王阳明、陆世仪、唐灏儒、李春芳等一大批地方官员都对乡规民约大加提倡，乡规民约在这一时期无论是规模还是内容上都得到了大发展。

二 明代乡规民约的推行发展状况

（一）乡约类乡规民约的发展

在明代中后期为数众多的乡约中，作为民办乡约代表的潞州《雄山乡约》和代表官府倡办乡约典范的《南赣乡约》影响尤著。

1511年，即明正德六年，居住在山西潞州南雄山乡东火村的仇楫与其兄弟仇森、仇桓、仇栏，为使本村乡民"居家有家范，居乡有乡约，修身齐家以化乎乡人"，便在《吕氏乡约》基础上，参照仇氏家范，制定了较具地方特色的乡规民约——《雄山乡约》，其初衷和内容与以前之乡约有着一定的区别。《雄山乡约》不但订有"自冠婚丧祭即事物细微、训后齐家之则"，而且还实行了诸如"营义房一区于家，敦请乡先生以教宗族子弟，免其束修，再起义学一所于乡里，以训乡党童稚，资其薪水，设医药以济穷乡，有疾病者置义家"②等一系列利民、惠民措施，因此，吸引了众多乡民加入。《雄山乡约》入约者最多时竟达260余家，最少时也有176家，在推行的三十年间产生了较大的影

---

① （明）章懋：《枫山集》卷2《答罗一峰书》，（清）永瑢、纪昀等编《钦定文渊阁四库全书》第1254册，台湾商务印书馆1986年版，第60页。

② （明）何瑭：《柏斋集》卷10《宿州吏目仇公墓志铭》，（清）永瑢、纪昀等编《钦定文渊阁四库全书》，线装书局2010年版，第625—626页。

响，由此而先后确立的乡约不仅限于本乡，且扩展到府内邻县甚至是邻近州县。①

王守仁是我国明代著名的文学家、哲学家、思想家、政治家和军事家，是二程、朱、陆后的另一位大儒，"心学"流派的重要代表人物。1518年，即明正德十三年，王守仁任南（安）赣（州）巡抚，面对当地盗贼蜂起、社会秩序紊乱的局面，在分析当地实际情况基础上，制定并颁行了一种新型的官办乡约，即《南赣乡约》，是他"知行合一"的"心学"思想的体现和实践。②其颁行的目的是希望同约之民，"皆孝尔父母，敬尔兄长，教训尔子孙，和顺尔乡里，死丧相助，患难相恤，善相劝勉，恶相告戒，息讼罢争，讲信修睦，务为良善之民，共成仁厚之俗"。③《南赣乡约》共计15条，其中第一至第四条讲的都是乡约的组织建设问题，内容包括乡约的人员构成、文簿的设置、入约的会费、聚会的日期和约所的选择等。第五条讨论通约难事，第六条讨论寄庄完粮，第七条讨论放债收息，第八条讨论斗殴争执，第九条禁止军民人等阴通贼情、贩卖牛马，第十条禁止吏书、义民、总甲、里老、百长、弓兵、机快等人下乡要索，第十一条劝诫各寨居民和新民，第十二条劝诫新民改过自新，第十三条劝告男女及时婚嫁，第十四条告诫要根据家庭情况条件办理丧葬，第十五条讨论集会礼仪步骤。仅从上述约条的内容即可感受到《南赣乡约》浓浓的官办气息，但也正因为如此，其在南赣及福建龙岩、江西吉安、广东揭阳等地才得以较大范围和较长时间的推广。

在创建综合性乡约组织及其规约之外，由于受到"劝善惩恶、广教

---

① 朱鸿林：《明代嘉靖年间的增城沙堤乡约》，《燕京学报》2000年第8期。
② 王守仁的心学思想，主要包括三大部分，即"心即理"说、"致良知"说和"知行合一"说。所谓"心即理"即认为心与理是一个，心外无物、无理、无善，只有心才是世界的本源，是唯一的真实存在。所谓"致良知"是指"至善是心之本体，只是明明德到至善至一处便是，然亦未尝离却事物"。所谓"知行合一"是指"知之真切笃实处即是行，行之明觉精察处即是知。知行功夫本不可离"。
③ （明）王阳明：《王阳明全集》卷17《别录九》，上海古籍出版社1992年版，第600页。

化厚风俗"精神的影响,明代各地还产生了一些出于某种特定目的而建立的专门性乡约。如安徽祁门三四都侯潭、桃墅、灵山口、楚溪、柯里等村为了保护山林资源免遭破坏,分别于弘治年间和嘉靖年间成立了专门的护林乡约会。首先,它把各村人户共编为十二甲,每甲设立约总一人,并制定了十二扇簿约,由各甲的约总代为掌管。其次,还规定每年在四个季的月终聚会一次。为了寻求官府力量的认可和支持,增强乡约的权威性,这个护林乡约会还将"议约规条由众人联名俱状,赴县呈告",由县衙告示印钤,四处张挂,以求人人知晓,自觉遵守。① 再如,福建莆田县乡间因为长期以来"有惯习屠牛,阴通盗贼,行凶逞暴,作过为非",以致造成"凡有失盗之家,便来此寻觅,叫号喧闹,无日无之,鸡犬为之不宁,乡里被其污蔑"的恶劣影响。因此在前御史朱欣的倡导和号召之下,遂于嘉靖十四年(1535)成立了禁屠牛乡约,其中规定:"今乡中父兄子弟同兴善心,共立约会,就于天日之下,重发誓愿,除老疾暂时以外,断绝此味……今立此簿,与各人笔,自书名姓,岁时朔望,告于里社,呈于乡众,期于共守,以还淳风。"② 同时,为防御盗匪、倭寇的入侵,明代中后期各地纷纷建立了带有保家性质的乡约组织,并制订了相应的乡规民约。嘉靖二十三年,安徽歙县岩镇在本乡致仕乡居官员郑佐的倡议之下制定了带有保家性质的岩镇乡约,将"一镇分为十八管,有纪有纲,每管各集数十人",意欲通过此举达到"使强暴知所警而潜消;使良善有所恃而无恐"之目的,最终实现"庶患难相恤之义,复敦而仁厚相成之俗"。③ 嘉靖三十四年,由于受到小股倭寇的入侵,该乡又在方元桢的倡导和组织下,模仿嘉靖二十三年创建的《岩镇乡约》,订立了《岩镇备倭乡约》。该约"益损大

---

① 嘉靖《祁门三四都护林乡约会议约合同》,原件藏中国社会科学院历史研究所,转引自曹国庆《明代乡约推行的特点》,《中国文化研究》1997年第1期。
② (明)朱淛:《天马山房遗稿》卷6《誓禁屠牛乡约》,(清)永瑢、纪昀等编《钦定文渊阁四库全书》第1285册,台湾商务印书馆1983年版,第225页。
③ (清)佘华瑞:《岩镇志草》贞集《岩镇乡约叙》,《中国地方志集成·乡镇志专辑》,江苏古籍出版社1992年影印本,第228页下栏至第229页上栏。

参双溪郑公之旧,固严闸栅,庶缓急守卫有基;推举骁勇,备临事当关足恃。用告十八管首领,相率上下街。吾人请合志同心,各效谋而宣力。"① 号召约内诸人,同仇敌忾,共同协力御倭。很显然,无论是之前的《岩镇乡约》,还是随后制订的《岩镇备倭乡约》,都是带有军事防御性质的乡约。不过,有明一代,由于官方力量对乡组织的介入,乡约类乡规民约在其制订到执行过程中均出现了国家政权的身影。

(二) 宗族类乡规民约的发展

伴随着乡约类乡规民约的兴盛,明代的宗族类乡规民约也趋于繁盛。其原因一方面在于宗族组织内部,以乡绅阶层为核心力量的意识的觉醒。如明万历年间江苏镇江府丹阳县乡绅姜宝即认为,宗族类乡规民约能够"化行俗美,盗息民安,刁讼不严而渐少,逋负不严而易完,无论民间受益,即官长不烦心力可卧而待治矣"。② 清人陈宏谋在为明《王孟箕讲宗约会规》所加的按语中也分析指出,"按一乡之内,异姓错处,尚且有约,交相规劝,况于同宗,以其尊长,约束子弟,临以宗族,训诫后裔,较之异姓,事情更亲,观感尤易,则合爱同敬,谨身寡过,均不外于宗祠焉得之"。③ 另一方面原因是地方官的大力推动,他们试图将宗族与乡约结合起来,通过在宗族内部设立约长,宣讲圣谕,订立宗规的方式,将宗族组织纳入乡约系统中,从而加强对宗族组织的管理。如明弘治年间曾任温州知府的文林在《族范序》中说:"成化甲午予知永嘉,永嘉士民力田乐教化,不习商贾游说。厥令匪明德曷为作新,爰命立乡约于城邑,冀贤者由于道以为民望。未几去任,余甘载,乃弘治戊午复守温。向在约者尚循循不舍,因檄下诸邑咸为约,用协于道。然而大家豪族,险决万山,安能月诣邑中为约;又族之大者聚不下千人,足自为约。夫何犷不闻教,质不闻礼,或崒

---

① (清) 佘华瑞:《岩镇志草》贞集《题岩镇备倭乡约》,《中国地方志集成·乡镇志专辑》,江苏古籍出版社1992年影印本,第229页上、下栏。
② (明) 姜宝:《姜凤阿文集》卷20《议行乡约以转移风俗》,季羡林主编《四库全书存目丛书》集部第128册,齐鲁书社1996年版,第64—65页。
③ (清) 陈宏谋:《五种遗规》卷1《训俗遗规》,中国华侨出版社2012年版,第1页。

孽之生至有相戕如路人者，又安能如近者之易为约哉！不能约则所以健词讼繁刑，玩法逋赋，罔不繇是。是故立族范所以一而归之礼焉。先儒谓宗子法立，天下易治，范之有族长，虽不专主宗子，然不出外姓，因其本源为联属之，用笃恩礼，盖亦由宗子法而以义起之也。夫乡约所以秩德，族范所以敦礼，秩德则风俗可醇，敦礼则法守鲜败。人邑而闻约，归族而守范，远近将同，途贤不肖当有间矣。吾民其勉之哉！"[1] 正是在两方力量的倡导和推动之下，宗族类乡规民约在明代嘉靖末至隆庆时期得到了长足发展，其中颇为著名的是隆庆年间位于安徽祁门西部山区的文堂陈氏以宗族名义制定的《文堂乡约》。《文堂乡约》不仅组织严密、宣讲定期，而且陈氏宗族还将乡约与宗族的家法族规结合起来，编成著名的《文堂乡约家法》，并呈请祁门知县廖希元告示印钤，以"俾子姓有所凭依"。延至明末，全国各地县设立了为数不少的宗族类乡规民约。

（三）会社类乡规民约的发展

在乡约类乡规民约的影响和带动之下，明代的会社类规约也得到了长足的发展，各地涌现出了诸如"葬亲社""老实社""孝和会""浮图会""女人会"等一大批民间组织，它们各有旨趣，其要义却都在强调内部团结，互相规劝，互相帮助，约束内部成员，使组织更具凝聚力。例如，明末人唐灏儒看到很多人由于贫困或其他原因，不能及时为亡故的亲人下葬，特意发起创立了葬亲社，倡议"醵金相助"，如此才能"虽极贫寒，得此亦可以举棺矣"[2]。再如，桃源居民以做老实人相砥砺，成立了老实社，并制订了社约，称《老实会约》，其宗旨在于"夫存心老实则心有余闲，持身老实则身有余乐，治家老实则家有余财，处人老实则人有余爱，于事老实则事有余稳，是故五谷必老实而后可食，材

---

[1] （明）文林：《文温州文集》卷9《族范序》，季羡林主编《四库全书存目丛书》集部第40册，齐鲁书社1996年版，第350页。

[2] （清）陈宏谋：《五种遗规》卷3《唐灏儒葬亲社约》，中国华侨出版社2012年版，第1765页。

才必老实而后可用。是会也崇真尚朴,务质守廉,以此而居乡则情厚,以此奉祀则鬼神享"。① 又如明末天灾未几、米价腾贵,乡村农民忍饥挨饿,奄奄待毙。倪元璐、钱肃乐等人创设了"一命浮图会",以"为此功德,胜于浮图"为诱,鼓励人们布施赈济,每人"认救一命",其实是借释教浮图之说,行儒家赈济、互相之实,弥补社仓之不足,患难相恤。② 再如流行于明代民间社会的孝和会,也是发扬一种互助精神,解决"老亲之后事"。"惟老亲之后事忧,相与会钱以待其费,计一岁所积若何。亲先终者,先给,不足,则尽数给,彼此无论也。且一家丧,一会为衰奔走,当孝子半。"③

三 清代乡规民约性质的蜕变及其原因

清代,乡约类乡规民约进一步被封建统治者左右和控制,在内容上逐渐趋于统一,原有的不同地区和不同宗族之间的个性化特征逐渐消失,而均以服从皇帝统治、接受官方教化为主要目的,已经失去了原来的"乡民自治"的性质。④ 造成这种结果主要源于两方面的原因。一方面,清朝统治者经过几次政策调整,将带有其明显主观意志的各种圣谕、圣训渗透到乡约制度的建设当中,并使之成为乡约类乡规民约的主要内容。顺治十六年(1659),国家责成乡约等人,每月朔望日聚集公所,宣讲清世祖的"圣训六谕"。康熙九年(1670),国家又颁布"圣谕十六条",要求各省府州县乡村人等切实遵行。雍正二年(1724),再颁布《圣谕广训》,要求"直省各州县大乡大村人口稠密之处,俱设立讲约之所,于举贡生员内拣选老成者一人,以为约正;再选朴实谨守者三四人,以为直月。每月朔望,齐集乡之耆老、里正及读书之人,宣

---

① (明)吕坤:《去伪斋文集》卷5《老实会约序》,《四库全书存目丛书》集部,齐鲁书社1997年版。
② 陈宝良:《中国的会与社》,浙江人民出版社1996年版,第189页。
③ (明)吕坤:《去伪斋文集》卷3《孝和会序》,《四库全书存目丛书》集部,齐鲁书社1997年版。
④ 谢长法:《乡约及其社会教化》,《史学集刊》1996年第3期。

读《圣谕广训》，详示开导，务使乡曲愚夫共知鼓舞向善"。① 另一方面，为了强化乡规民约的权威性，一些乡村和各类民间组织还主动"邀请国家进入，并提供资料或对方要求的帮助"。② 因此，这一时期出现在乡村社会的各种乡约组织以及规约，大多仅仅是披着乡规民约外衣，并不具备乡规民约"民间自治"属性的国家掌控民间社会的御用工具罢了。③

此外，清代的乡规民约呈现出类型交叉的特征。首先，在宗族势力较发达的福建、广东、安徽等乡村社会，因为宗族和村落呈现出彼此重叠的格局，宗族所制定的宗族类乡规民约和行政或自然村庄的乡规民约往往是合为一体的。④ 譬如在徽州，聚族而居是民众长期的基本居住形态，"千年之冢，不动一坏；千丁之族，未尝散处；千载谱系，丝毫不紊"⑤ 的现象在当地相当普遍。清道光四年（1824）五月初一日，婺源县洪村所订立的《洪村光裕堂公议茶规碑》，开首即指明此系全村公议："公议茶规：合村公议演戏勒石，钉公秤两把，硬钉贰拾两。"⑥ 可见，这个规碑既是光裕堂宗族性的乡规民约，也是洪村全村性的乡规民约。其次，会社组织在乡村社会发展迅速，其规约往往既是宗族的也是村庄的。如徽州祁门善和村是程氏宗族聚居势力最为强大的村庄之一，其在清代即创建了33个会社组织，毫无疑问，这个宗族聚居村庄的会社组织的会规兼有宗族和村庄的双重性质。不但如此，有的会社组织，如休宁县十三都三图，在明末崇祯年间成立的以祭祀为目的的祝圣会，是一个以休宁西南旌城汪氏宗族为中心，联合吴姓、王姓等宗族跨越若干个

---

① （清）昆岗：《钦定大清会典事例》卷398《礼部·风教·讲约二》，《续修四库全书》第804册，商务印书馆1908年版，第331页。
② 张静：《乡规民约体现的村庄治权》，《北大法律评论》1999年第2卷第1辑。
③ 段自成：《清代前期的乡约》，《南都学坛》（哲学社会科学版）1996年第5期。
④ Maurice Freedman, *Lineage Organization in Southeastern China*, Athlone Press, 1958, p. 2.
⑤ （清）赵吉士：《寄园寄所寄》卷11《泛叶寄·故老杂记》，黄山出版社2008年版，第872页。
⑥ 该碑现嵌于婺源县清华镇洪村光裕堂外围墙上。

村庄的民间会社组织，其会规即会社乡规民约，显然也是跨宗族和跨乡村地域范围的。①

总体而言，明清时期，乡规民约尤其是乡约类乡规民约，在历代统治者的大力倡导和积极参与下日渐兴盛，并呈现出如下几个方面的特点。首先，由于明清统治政府的强行介入和乡约组织对国家力量的"主动邀请"，乡约的性质已从宋代的纯粹的"民间自治"性质蜕变为晚清政府控制乡村社会的工具，其"自治性"已在发展演变过程中逐渐丧失。其次，由于明清政府的大力倡导和推动，乡约类乡规民约得到了长足发展，并出现了宣讲的新形式。同时，宗族类乡规民约、会社类乡规民约以及专门性的乡规民约也受此影响得到了较大发展，并呈现出类型交叉的特征。

毋庸置疑的是，明清时期乡规民约虽然受到了国家权利的介入和干预，其"自治"性质逐渐减弱，不过它对维护当时乡村社会既有社会秩序，维系国家与乡村社会的良性互动关系，进而保持乡村社会的稳定，还是起到了重要的作用。

第四节　民国时期：乡规民约在"西学"中的现代嬗变

一　"西学"风潮下的乡村建设运动

清末民初，随着西方各种思潮和制度的传入，一些乡村士绅、知识分子、实业家以及部分地方军阀试图结合传统和西方制度两个方面，改进乡规民约，为乡村自治探索新的出路。总体上讲，这一时期的乡规民约的发展，不但有数量上的大突破，而且其内容和性质也与前代有所不同。

民国时期，率先发起乡规民约改革的是河北翟城村的米氏父子。他

---

① 此段部分观点参考了卞利先生《明清徽州乡规民约论纲》一文，在此表示感谢。

们通过对本村乡规民约的改良和推广，综合治理乡村社会，取得了颇为有效的成就。继而，一批关注农村发展的知识分子也开始以其特有的方式从事乡村建设工作。其中包括主持中华平民教育促进会（以下简称"平教会"），并在河北省定县从事乡村建设实验约十年的晏阳初；创办河南村治学院、山东乡村建设研究院，在山东省邹平县从事乡村建设实验约七年的梁漱溟。此外，以卢作孚为代表的民族企业家也纷纷积极投身到乡村建设的洪流中。值得一提的是，山西军阀阎锡山也在1917—1928年在山西省推行"村政"，动员、引导国家组织之外的各种新旧社会势力参加"村治"运动。

（一）翟城村村规民约建设

翟城村隶属直隶定县（今河北定县），清末民初，该村在米春明、米迪刚父子等人的带领下，分设了各类专门机构，分管财产、教育、风俗、农业生产等乡村社会事务，并以《吕氏乡约》为鼻祖，结合政府自治的规章制度，沿革当地的习惯做法，加之参考模仿国外的现成办法，建立了村公所并制定了《翟城村村治组织大纲》，同时制定了《共同保卫章程》《筹办义仓之议定暨办法》《教育费贷用储金会会约》《查禁赌博规约》《看守禾稼规约》《保护森林规约》及《平治道路规约》等乡规民约，内容涵盖教育、卫生、治安、交通、社会保障、税务、财产、金融合作、农业生产合作、改良风俗等各个方面。[①]

到了民国后期，翟城村的自治章程按照当时南京政府的统一规定做了如下修改。（1）设村民会议为全村最高权力机关。（2）村民会议下设村政会议。村政会议由村治创办人——米氏兄弟、村长佐及各街长、间长、学校校长、邻长等组成，每月开会一次。一切村务均由该会议决，再交村公所施行。（3）村公所由村长佐及村政会议主席等九人组成，除了执行村政会议议决的事以外，还指挥各间邻长进行各项自治事务。（4）村公所附设教育协会、建设协会、因利协会、农林协会、公

[①] 李德芳：《近代翟城村自治述论》，《河北大学学报》（哲学社会科学版）2001年第1期。

安协会等机构和财政专员。(5) 设监察委员会,监督村公所及其附设机构。(6) 设调解委员会(原称息讼会),调解村民的争议。

在米氏父子的大力倡导和推动之下,翟城村的村治建设取得了较大成绩,并得到中央和地方政府的承认,不但被赐以模范村之名,各县还纷纷派员参观、考察,教育部、内务部更是要求"将该模范村组织大纲,及规约章程等,刊书公报,通咨各省,以资仿行"。[1]

(二) 晏阳初、梁漱溟的乡村建设运动

1926年,晏阳初带领他所领导的中华平民教育促进会来到河北省定县农村,高举"平民教育"的旗帜,进行了一系列旨在顺"民心"、发"民力"的乡村建设。晏阳初认为,"中国的问题千头万绪,但最根本的问题还在于人,从事人的改造的教育工作,成为解决中国整个社会问题的根本关键"。因此,"要建国,先要建民;要富国,先要富民",而富民的核心在于医治农民身上长期存在的"愚""贫""弱""私"四大病症,唯有如此,方能改变"民族衰老、民族堕落、民族涣散"的历史局面。[2] 对此,晏阳初提出了以"四大教育"(即"文艺教育""生计教育""卫生教育""公民教育")和"三大方式"(即学校式教育、社会式教育和家庭式教育)为主体的乡村建设理论。在实践中,晏阳初首先带领大家根据定县农民的文化情况,先后编写了《千字课本》《基本字表》《通用字表》和《词表》等多种通俗易懂、实用性强的教材,并通过开展民间话剧、戏曲、秧歌等多种多样的文艺活动,来丰富农民的文化生活。其次,为了培养农民的生产能力,他们积极倡导建立合作组织,传授农业科技,兴办农场,推广先进技术与良种,并创设了实验巡回生计训练办法。再次,为了提高农民的医疗水平、增进卫生保健知识,晏阳初领导的中华平民促进会在定县大力宣传卫生知识,建立了村、区、县三级医药卫生保健组织和制度。他们还设计了最早的"赤脚医生"制度,具体做法是:先由各村毕业于中华平民教育促进会

---

[1] 米迪刚、尹仲材:《翟城村志》,中华报社1925年版,第172—178页。
[2] 宋恩荣编:《晏阳初全集》(一),教育科学出版社1989年版,第175页。

平民学校的同学会选举产生"赤脚医生";继而这些"赤脚医生"在区保健所接受十几天的训练;然后,他们开始以"保健员"的身份工作,主要职责是宣传卫生常识、进行简易和救急治疗、报告出生死亡情况和普及种痘等。最后,为了增强农民的团结力,他们还编写了《公民道德根本义》《公民道德纲目》等公民教育材料,从道德层面对乡民的活动进行指导和约束。晏阳初"四大教育"思想的提出和《公民道德根本义》《公民道德纲目》等教育材料的编写和实施,与传统乡规民约可谓一脉相承,体现了其"广礼仪而厚风俗"的道德教化功能。

经过晏阳初及其所领导的中华平民教育促进会近十年的努力,定县实验区在扫盲教育、农技推广方面都取得了较为显著的成效。到1934年,平教会已经在定县的476个村庄里开办了3844个识字班,平民学校毕业人数总计在10万人以上,扫除文盲成绩居全国1900多个县之冠。在农技推广方面,棉花、小米、高粱、小麦和玉米等新品种的推广使实验区农产品获得了较大的增产;全县初步建立了村区县三级卫生保健系统,天花已经绝迹。[①] 遗憾的是,在最为关键的治穷方面却收效甚微。1935年平教会负责人之一李景汉,在描述经历了十年乡村教育和建设运动的定县的情况时说:"民国二十二年内,生计困难之程度超过于前,因此离家谋生者数目亦呈空前的陡增,竟超过一万人……农村破产之状况可见一斑。"[②] 从李景汉的描述可以看出,晏阳初试图通过综合的教育运动达到乡建之目标,但并没有取得预期的成果。1936年,由于日本侵略者的步步进逼,晏阳初领导的平教会撤离定县。

除了晏阳初之外,梁漱溟也于1931年到山东省邹平县开展乡村建设实验。在梁漱溟看来,近百年中国的失败,是文化上的失败。[③] 确切

---

① 宋恩荣、熊贤君:《晏阳初教育思想研究》,辽宁教育出版社1994年版,第374页。
② 李景汉:《定县农村经济现状》,《民间》(半月刊)1935年1月。
③ 盛邦和:《梁漱溟"乡村建设"思想及其发展观叙论》,《江苏社会科学》2007年第3期。

第三章 传统乡规民约的历史演变

的讲，是西方文化的入侵迫使中国人"抛弃自家根本固有精神"，丧失"伦理本位，职业分途"的社会固有的礼俗秩序与组织构造。因此，中华民族要复兴，其关键在于文化之重建，因此，中国人应当以孔孟为代表、以儒家为根本、以伦理为本位，以古代乡规民约的"标准礼俗"为道德基础和精神动力，"认取自家精神，寻取自家的路走"，这样，方能在中国文化的"老根"上培育"新芽"，即"创造新文化"，"建设一个新的社会组织构造"。[①] 基于以上理念，他在山东邹平的乡村建设实验，一个重要的内容就是办学兴教。其乡村教育分为成人教育、妇女教育和儿童教育三个部分，并开办了主要讲授各种新知识的短训班和识字夜校。同时，为了教育村民贯彻"伦理情谊为主、互以对方为重"的东方文化精神，他还通过乡村学宣传传统道德规范，如亲爱和睦、礼贤恤贫、协作互助、勤劳朴素等，并成立增进道德的地方组织，如"乡村改进会""忠义社"等，以乡规民约的形式进行农村风俗的改良，取缔了吸食鸦片、买卖包办婚姻、早婚、女子缠足等陋习，倡导节制生育理念。此外，梁先生认为乡村建设的第一要务，是引导农民改变千百年来各顾自家和疏离散漫的陋习，引导他们组织起来，走合作的道路。因此，他充分利用村学、乡学培养乡民的合作习惯，指导乡民进行乡村合作事业，并最终形成具体的、切实可行的美棉运销合作社、蚕业合作社、林业合作社、信用合作社、信用庄仓合作社、购买合作社等一系列健全的合作系统。

应该说，梁漱溟在山东邹平等地的乡建实验是取得了一定成效的。首先，合作实验成绩斐然。据记载，邹平的合作社，发展到1936年底，其种类计有棉花运销、蚕业、林业、信用、庄仓、购买6种，社数共计307所，社员共有8828户。[②] 这些合作社组织在邹平实验和推广了大量动植物新品种，提高了当地农业生产水平，改善了当地农民的生活质量。如1932年在邹平引进并种植脱利斯美棉（通俗称"脱字棉"）874

---

① 梁漱溟：《乡村建设理论》，乡村书店1937年版，第26页。
② 罗子为：《邹平各种合作社二十五年度概况报告》，《乡村建设》（半月刊）1937年第6卷第17、18期合刊。

亩，次年推广到23266亩，第三年达到41283亩。① 其次，净化了当地社会风气。由于距离交通枢纽——周村较近，邹平县每年都有大量的鸦片毒品从周村流入，乡村中的一些人也因此染上吸毒恶习，给乡村社会风气造成不良影响。为此，1933年，邹平县政府专门颁布了《禁烟治罪条例》，以法令的形式明令禁止贩毒吸毒行为。同一时期，梁漱溟所领导的乡学也采取宣传教育和行政查禁相结合的方式来纠正乡村社会吸食、贩卖毒品的恶习，并收到了显著效果，两年中有300多名吸毒者戒除了烟瘾。② 另如，在邹平乡村建设期间，各乡学村学普遍成立了妇女部，在妇女中开展启蒙教育，一方面传授其生产生活常识，另一方面动员其参与对缠足、早婚、买卖婚姻、无节制生育等的改良。随着各项改良措施的逐步推行，乡村妇女的社会地位得到一定程度的提高。

但是，我们也注意到，邹平的乡村建设实验也是存在着一些问题的。譬如，合作社组织虽然提高了农业生产水平，改善了农民的生活质量，但因为苛刻的入社门槛③，能够参加合作社组织的成员几乎全为拥有大量土地的地主富农，其受惠群体仅为邹平农户总数的25%，受惠人群极为有限。

（三）卢作孚的乡村建设实践

20世纪20年代至40年代末，在中国西南嘉陵江三峡地区，曾开展过一场成效显著的乡村建设运动。它是民国时期众多乡村建设实验中唯一在中国西南部，且时间最长、成就最大的一个。其主持者，就是著名爱国实业家、教育家、改革家，被誉为"中国船王"的卢作孚，也是被毛泽东称赞为中国实业界四个"不能忘记"的人之一。④ 可以说，在民国时期的乡村建设运动中，他是中国最早从"现代化"和"都市

---

① 秦亦文：《邹平实验县合作指导委员会报告》，《乡村建设》（半月刊）1937年第5卷第4期。
② 徐秀丽：《民国时期的乡村建设运动》，《安徽史学》2006年第4期。
③ 譬如庄仓合作社，其章程就明文规定："各庄有地之家，除一户有地不足三亩，所收仅可自给，或不敷用度，又无其他生产，经管理委员会认为情形特殊者得免于加入。"话虽说得很婉转，但实际上明确地把贫苦农民排斥在合作社之外。
④ 郭剑鸣：《试论卢作孚在民国乡村建设运动中的历史地位——兼谈民国两类乡建模式的比较》，《四川大学学报》（哲学社会科学版）2003年第5期。

化"的视角思考乡村建设,并取得突出成就的人。

卢作孚认为,"中国的根本办法是建国不是救亡,是需要建设成功一个现代的国家,使自己有不亡的保障"。而"国家现代化需要有乡村现代化为基础",因此,"要赶快将这一个乡村现代化起来",以供中国"小至于乡村大至于国家的经营的参考"。① 其实,早从1927年开始,卢作孚即开始积极实践他的"乡村现代化"的主张,他将四川巴县北碚乡作为"试验田",开展了影响较大的乡村建设运动。首先,卢作孚强调以经济建设为中心推动乡村现代化,并在北碚陆续建立了铁路、煤矿、纺织、水电等一大批交通工矿企业,使村民能依赖这些工矿企业找到职业。其次,创造文化事业和社会公共事业。卢作孚在北碚训练了士兵和学生各一队,用于北碚的社会治安和公共秩序的维护,兴修了医院、公园、动物园、运动场等公共设施,创办了中国西部科学院、图书馆、报馆、博物馆和各类学校等文化教育机构,通了水电和电话,真正实现了"村民依赖社会找到职业,依赖社会得到抚恤,依赖社会接受教育,依赖社会分享快乐的愿望"。② 另外,卢作孚认识到,在传统中国乡村社会,由于受到传统文化的影响,从而形成了"两重集团生活"。此"两重集团生活"指的是:第一,家庭生活;第二,由家庭生活扩展而成的、具有血缘和地缘关系的亲戚邻里朋友社会网络。这种"两重集团生活"成为中国社会前进的障碍性因素。在这种思想影响下,大多数人"只知有家庭,不知有社会,只知道忙着为个人找出路,不肯为社会——一桩事业或一个地方——找出路",其结果导致了"民族是散漫的民族,社会是散漫的社会,农民更是散漫的农民"。为了改变这种局面,卢作孚又建设了新型的"现代集团生活",让乡民走出以家庭和亲友为核心的狭隘生活圈,在遵循各种公共道德准则的基础上,融入社会的公共生活之中。

---

① 卢作孚:《四川嘉陵江三峡的乡村运动》,凌耀伦、熊甫编《卢作孚文集》,北京大学出版社1999年版,第353页。
② 卢作孚:《建设中国的困难及其必循的道路》,《卢作孚集》,华中师范大学出版社1991年版,第323页。

在卢作孚的正确引导下，北碚的乡村建设运动获得了极大的成功，其影响范围逐步扩展到巴县、合川、璧山、江北等县，且时间持续二十余年，大体达成了卢作孚的初步乡村治理与建设的设想。到此考察的许多知名人士给予了高度的评价和赞誉。其中，梁漱溟在1944年所作的《怀念卢作孚先生》文中，不无感慨地说"北碚已经从一个原是盗匪猖獗，人民生命财产无保障，工农业落后的地区，改造成后来的生产发展，文教事业发达，环境优美的重庆市郊的重要城镇和文化区"。不仅如此，这一实验也得到了国家政权甚至世界权威机构认可和肯定。北碚实验区在1948年获得了"模范实验区"的称号，并被联合国教科文组织定为"基本教育实验区"。1949年，中国农村复兴委员会高度概括了北碚试验区的成绩，并用"远非普通中国城市所能望其项背"的语句来称赞这一成就。

（四）阎锡山推行的"山西村政建设"

1917年，作为山西督军兼省长的阎锡山开始在全省境内推动以乡村政治制度改革为中心的村政建设。以实现其"用民政治"的政治理想。

首先，为适应清末以来兴起的地方自治运动，阎锡山采用西方现代民主思想，以权力的制衡为核心，并考虑了当时中国农村实际，在山西进行了大刀阔斧的乡村自治制度改革。在其设计和推动之下，山西各地农村成立了村民会议、村公所、息讼会、监察会等不同功能的乡村自治组织，改进了村制条例，修订了《乡村编制章程》《村间邻长选任简章》《村民会议简章》《村公所简章》《息讼会简章》和《村监察委员会简章》，制定了《村禁约之规定及执行简章》《清查村款条例》，修正了《禁赌条例》。至此，山西乡村社会基本具备了立法、司法、行政三权分立体系，同时对行政设立监督体系，形成体系健全的地方自治机关。

其次，阎锡山制定了以"六政三事"为纲领的乡村经济建设的计划（六政包括两个方面，即兴"三利"、除"三弊"。水利、种树、养蚕为兴"三利",禁烟、剪发、天足称之为除"三弊"。除此之外,还有种棉、造林、牧畜业"三事")。同时,在全省境内,修建新的水利工程,推广种植引进的优良品种,调整农作物种植结构,改造传统农业,从而全面推进了山西农村传统农业生产现代化变革。在棉花品种改良和推广中,临汾县于1918年第一个建成棉花试验场,继而一些向来不植棉的地方如雁门道、冀宁道等也开始试种棉花并逐步推广,其所引进的棉花品种主要有美国长绒棉和平阳早熟棉两种。从1918年到1921年,全省兴修水利,开渠1562道,灌田5300亩,种植生桑998203株,湖桑934203株。[1]农作物种植结构的调整和农业生产条件的改善,在一定程度上增加了农业生产效益,改变了山西原有乡村经济基础,这也为后续的村制建设提供了经济支持。

再次,阎锡山认为,"国家的盛衰,社会的好坏,全看人民程度的高低,要想人民程度高,必先有良好的小学教育"。[2]因此,在办理村政中,他始终把义务教育放在重要地位,积极开展义务教育的舆论宣传、思想发动工作。在其"义务教育"思想的影响和引导下,山西各地农村普遍出台了一些促进适龄儿童就学的规约。1923年,介休县规定:"因极贫困残疾,实在不能上学者,均可免之。"天镇县要求各地国民学校在其课余时间为无力上学的儿童教授认字、习字、珠算三科课程,并要达到能认白话文的标准方允许其毕业。当年10月,《救济贫弱失学儿童办法》由祁县颁行。办法中明确要求:对于那些由于家庭贫困而无法求学的儿童,无论男女,都应每天去国民学校去学习至少两个汉字。同时,为了提高儿童的学习效率,还要求国民学校教员每日在村口、祠堂墙壁等显眼处把失学儿童所认之字大书于上,供儿童随时识记。在筹措办学经费方面,一些地方还多有创意。如霍县赵家庄二郎庙,经时任村长高国士倡议,决定本村不再举办演戏等群众娱乐

---

[1] 中国第二历史档案馆:《中华民国史档案资料汇编·第三辑·农商卷》,江苏古籍出版社1993年版,第334页。

[2] 山西村政处编:《山西村政汇编·修正人民须知》,山西村政处1928年铅印本。

活动，将这部分用项计230多吊钱拿来拨付给国民学校，以备学校办学不时之需。①

另外，阎锡山通过整理村范，督促乡民制定乡规民约，来发挥乡规民约的道德教化及其社会保障功能，不过其内容却偏重惩恶。如1925年所制定的《村禁约之规定及执行简章》第三条即规定：违反禁约议处之种类或"缴纳村费十五元以下一角以上"或"就公庙罚跪、跪香"，对"凡沿用习惯足资儆戒不涉凌虐行为者，不妨酌用"，但对"从前纠首社首相沿之吊打恶习，绝对严禁"。②

总之，阎锡山所领导的山西村政运动，将以民为本位体现到日常乡村治理活动之中，在一定程度上，达到了启民德、长民智、立民财的目的，部分地改变了乡民愚钝、乡村经济落后、生活窘迫的处境。但毋庸置疑的是，其村政建设的最终落脚点仍是出于巩固其政治统治的需要，以便在山西建立他的独立王国。当然，在具体实施过程中，这种以省政府为主导的"自上而下"式的基层组织自治运动，客观上对山西乡村社会的村民自治运动的发展还是起到一定推动作用的。

（五）其他地区的乡规民约变革

除了晏阳初、梁漱溟、卢作孚以及阎锡山等人进行的"外输"式的乡村建设运动之外，包括宗族在内的各地乡村社会基层组织，也紧跟时代发展，积极进行"内省"式的变革。1915年，湖南上湘龚氏在其所订立的《族规》中，就引入了当时最流行的"自治""自由""平等""变法图强"等字眼，并制定了包括模仿西式学堂，改良家塾，提倡女子入学读书，支持妇女放足等在内的一系列新规约，以适应社会发展的需要。广东南海荷溪乡垂裕堂何氏于1929年底新订立的《族规》，更是从形式到内容都发生了很大变化。整个族规参照西方国家宪法，全文共分为《总则》《议会》《选举》《职权》《祭祀》《颁胙》《劝惩》7章66条，以及2条《附则》，其形式如同一个小宪法。而传统家法族

---

① 虎丙：《热心公益之村长》，《山西日报》1919年6月19日。
② 祖秋红：《浅析民国初期山西"村政"运动》，《晋阳学刊》2007年第2期。

规中所包含的很多内容，尤其是像"罚跪""押游""共攻""笞""杖""勒死""沉潭""活埋"等一些带有明显羞辱性质的体罚乃至剥夺生命权的惩罚措施，在该《族规》中已经不见踪影。对违反族规者所施加的惩罚，除革胙仍被保留之外，也增加剥夺选举权和被选举权两种当时最新潮的办法。

二 民国时期乡规民约的特点及其性质

从乡村建设运动实践来看，民国时期乡村建设及其乡规民约存在着明显的时空差异，即区域发展不均衡、建设时间或长或短。究其原因，主要有军阀混战、资金筹措困难、政令无法统一且时常受阻以及经办人员素质参差不齐等方面。大体上，我们可以将其细分为两个阶段。第一阶段是民国成立至20世纪30年代，这一时期随着西方的个人本位、民主思想的传播和影响，各地在乡村建设和制定乡规民约时均对现代西方民主制度有所借鉴。据资料显示，除了河北翟城村和山西各地农村还在乡规民约的制定中使用保甲法之外，其余各地保甲制度在表面上已被废弃。在村级机构中，设置了村民会、村公所、村监察委员会等机构，依次为村民议事机构、村政的执行机关、村级监察机关。另外，还创制了像山西村禁约那样的乡村小宪法。这些都标志着无论是乡村治理活动，还是乡规民约制定，都略具近代民主自治色彩。第二个阶段是1930年之后到中华人民共和国成立之前，这一时期，国民党出于对工农红军进行军事"围剿"的需要，保甲制度再次被提出。国民党政府先后在1932年、1934年、1937年、1939年、1940年，分别颁行了《鄂豫皖三省剿匪司令部施行保甲训令》《剿匪区内各编查保甲户口条例》《保甲条例》《川黔两省各县保甲方案》《县各级组织纲要》《各县保甲整编办法》等政令条例。这些条例均对战时保甲制度有具体规定，全国各地乡村再次处于国民政府的严密监管之下，至此，民国乡村自治实践和乡规民约建设基本终止。[1]

---

[1] 张明新：《从乡规民约到村民自治章程——乡规民约的嬗变》，《江苏社会科学》2006年第4期。

统而观之，民国时期，伴随着全国如火如荼的乡村自治建设的开展，各地乡规民约的发展也进入了一个新的阶段，并呈现出一些新的特征。首先，民国时期乡规民约的制定主体已不仅仅局限于乡村士绅，许多有识的知识分子包括部分民族企业家和地方政要也纷纷加入乡规民约的整理和修订中。其次，民国成立之初到1930年的乡规民约虽然在主流上仍沿袭着以往的儒礼教化之风，但因为其制定主体受到西方民主思想的影响，这一时期的乡规民约多少反映出一点"自治"思想，这也无疑给传统乡规民约的内容注入了新元素。但是，1930年以后，伴随着国民党政权在乡村社会权力的延伸，乡规民约更多地体现出国家政治权力的意志，出现了不断"官治化"的过程。

第四章 传统乡规民约的思想渊源

中国传统乡规民约历史悠久，源远流长。在其发展演变的进程中，中国儒家思想、宋明理学思想以及西方民主思想，都为传统乡规民约提供了丰厚的思想文化养分。其中，儒家思想是传统乡规民约的精神内核，宋明理学成为传统乡规民约的思想基石，近代以来西方民主思想的引入，则催生了传统乡规民约的现代转型。

第一节 儒家思想：传统乡规民约的精神内核

一 儒家思想的产生背景

中国上古的人类从原始社会进入阶级社会以后，便逐渐建立起森严的等级制度。为了维护这种等级制度，贵族统治者制定出许许多多诸如朝觐、盟会、锡命、军旅、巡猎、聘问、射御、宾客、祭祀、婚嫁、丧葬等礼，并通过对这些礼的严格执行，来贯彻其政治意图，维护其建立在等级制度基础上的社会秩序。这些"本非一时一世而成，积久服习，渐次休整而臻于大备"[①]的仪礼，除了一些是从氏族社会时期沿袭下来的礼俗演变而来的之外，更多的是由包括周公在内的周朝历代执政者定制的。随着礼的数量不断地增多，礼仪也日益烦冗起来，以至于《礼记·礼器》中甚至发出了"经礼三百，曲礼三千"的感叹。这些不断

---

① （清）邵懿辰：《礼经通论·论孔子定礼乐》，国学扶轮社1911年铅印本，第6页。

增多和日益烦冗的礼,通称为周礼,它们由当时的统治阶级制定并仅在统治阶级内部实行。

到了春秋时期,随着生产力的发展,新的阶级力量开始崛起,旧的等级制度和等级关系动摇,而维护旧的等级关系的一系列的礼,自然也就遭到破坏,于是出现了"八佾舞于庭""三家者以《雍》彻"等"僭越"行为和所谓"礼崩乐坏"的局面。与此同时,周室衰微,诸侯力政,强劫弱,众暴寡,百姓靡安,莫之纲纪,礼仪废坏,人伦不理。面对严重的社会危机,以孔子为代表的先秦儒家学派,坚持用道德原则来矫正混乱的社会秩序和颠倒的人伦关系。他们继承了周礼中的传统道德观念,并吸取了春秋时期新的道德观念,在此基础上进行了新的思考,建立了以"仁"为最高原则,以"孝悌"为基本规范的伦理体系,即儒家思想。他们把这种思想推广到包括统治阶级和一般平民阶级在内的社会的各个层面。因此,以《周礼》为理论渊源的先秦儒家思想逐渐深入乡村社会,并逐步内化为乡民的价值取向,在各个方面约束规范着乡民的行为。

二 儒家思想在传统乡规民约中的体现

查阅大量的传统乡规民约文本,笔者发现,尽管其内容包罗万象,几乎涉及乡村社会生活的各个方面,但其所倡导的"德业相劝,礼俗相交,过失相规,患难相恤"的理念却和先秦儒家思想所提倡的"孝、恕、礼、仁、天道"等思想是基本吻合的。现作一简要分析。

儒家思想以仁学为核心,强调天地、自然、社会、人事,以仁德为本源本质。它认为,"仁者,人也",即"爱人"是"仁"的本质力量的体现,是理想社会关系的概括,是一切善的概括。在先秦儒家思想看来,爱人首先要爱亲,爱亲是仁之始与仁之本。因此首先应该孝顺父母,友爱兄长;继而在爱亲的基础上,将之扩大到爱众,比如邻人、乡党、朋友、君王、仆役,等等。在传统乡规民约文本中,爱人思想随处可见,具体体现为对孝悌、敬老、睦邻以及救助等行为的赞赏和提倡。

第四章　传统乡规民约的思想渊源

（一）孝悌思想被广为推崇

作为人类的最高伦理规范和封建社会的基本道德准则，孝悌思想得到了儒家思想的认可和大力推崇。儒家思想认为："君子务本，本立而道生，孝悌也者，其为仁之本欤！"① 而事亲"有三道焉，生则养，没则丧，毕则祭。养则观其顺也，丧则观其哀也，祭则观其敬而时也。尽此三道也，孝子之行也"。② 即只有做到生前奉养，死后服丧与祭祀，才算是真正做到了孝。这种孝悌思想也得到了民间基层组织尤其是宗族组织的认可，几乎所有的宗族类乡规民约中均强调了对孝悌思想的推崇和倡导。绩溪县华阳邵氏宗族《家规》孝亲条明确记载说："孝为百行之原，人子所当自尽者，大而扬名显亲，小而承颜顺志，皆孝也。"③ 歙县《金山洪氏家谱》卷一《家训》敦伦纪条云："孝为百行之先，孝弟乃仁之本。故人能立身行道，显亲扬名，此固孝之大者；即不然，服劳奉养，昏定晨省，以无忝所生，亦不失为人子。"④ 婺源《武口王氏统宗世谱·庭训八则》曰："生我者谁？育我者谁？择师而教我者谁？虽生事葬祭，弹力无遗，未克酬其万一。苟其或缺，滔天之罪，尚何可言。"⑤ 衢州《孔氏家规》亦明确规定："祖云，子生三年然后免父母之怀，欲报其德，昊天阁极。既不能视无形，听无声，以志养亲，而问寝、视膳、夏清、冬温、所当急讲，不得忤逆二人，有玷祖训。"⑥ 在这些乡规民约中无一例外的将孝与顺结合起来，认为顺从父母即是尽孝，因此孝顺成为子辈必备的道德素养，并强调子辈要绝对地服从、孝顺父辈，即使受到其最苛刻的对待，都应该毫无怨言。白苧《朱氏宗谱》即规定："子孙受训责，当深听其罪，使可哀怜，不得辩论是非，分剖曲直。"⑦ 清朝光绪年间安徽寿州《龙氏家规》规定："父母即欲以

---

① （清）阮元校刻：《十三经注疏·易经·家人卦》，中华书局1980年影印本，第50页。
② （汉）戴圣编，王学典译：《礼记·祭统》，哈尔滨出版社2008年版，第46页。
③ 绩溪《华阳邵氏宗谱》卷18《家规》，清光绪三十三年叙伦堂刊本。
④ 歙县《金山洪氏家谱》卷1《家训》，清同治十二年刻本。
⑤ 婺源《武口王氏统宗世谱·庭训八则》，清乾隆四十五年刻本。
⑥ 衢州《孔氏家规》，转引自谢晖主编《民间法》第1卷，山东人民出版社2002年版，第396—397页。
⑦ 白苧《朱氏宗谱》卷2《奉先公家规》，转引自费成康主编《中国的家法族规》，上海社会科学院出版社1998年版，第269页。

非礼杀子，子不当怨，盖我本无身，因父母而后有，杀之，不过与未生一样。"① 对于不孝顺父母的宗族子弟，乡规民约同时给予了严格的规定。宜兴卢氏《宗祠戒约》规定："倘有子孙忤逆父母者，重笞逐出，永不入祠。"② 绩溪《明经胡氏龙井派祠规》规定："父母之恩，欲报周极，乃有博弈，纵饮好货，私妻夙夜，既忝所生，朝夕不顾亲养；甚且妇姑不悦，反唇相稽，此等逆子悍妇，一经投纸入祠，即行黜革。"③ 歙县东门许氏宗族《家规》规定："不孝不悌者，众执于祠，切责之，痛治之，庶几惩治已往之悛、恶不可贷者，众鸣于公，以正典刑。"④ 寿州《龙氏家规》规定："凡我族人，有不孝父母，肆行忤逆者……初犯，责三十；再犯，责四十；三犯，户长与父母将本人送官重处。若触犯祖父、祖母与伯叔婶母及兄嫂等，分别责惩，概不宽贷。"⑤ 江南宁国府太平县《馆田李氏宗谱》规定："如有子媳忤逆，初犯时，分长带入祠，令跪祖宗神位前，轻则罚、重则责。"并且规定子弟"如有不孝情事，无论嫡继，一例治罪"。⑥ 在古代乡村社会封闭的农业经济环境中，"不予祠"和"逐出族"这样的处罚就等于剥夺了被处罚人宗族种姓救济的可能，并使其陷入孤立，失去了在当地生存的基本条件。毫无疑问，这样的处罚是相当严厉的。

除了强调对父母生前应该尽心赡养之外，孝悌思想同时要求孝子应该在父母离世之后，为其举办体面、隆重的丧葬仪式，这种厚葬思想在传统乡村社会普遍存在。如唐穆宗长庆三年（823）十二月，李德裕奏曰："缘百姓厚葬，及于道路，盛设祭奠，兼置音乐等，闾里编氓，罕

---

① 寿州《龙氏家规》，转引自费成康主编《中国的家法族规》，上海社会科学院出版社1998年版，第320页。
② 宜兴《卢氏宗谱》卷1《宗祠戒约》，清光绪十八年影印本。
③ 绩溪《明经胡氏龙井派祠规》，1921年刊本。
④ 《重修古歙城东许氏世谱》卷7《家规》，明崇祯七年刻本。
⑤ 寿州《龙氏家规》，转引自费成康主编《中国的家法族规》，上海社会科学院出版社1998年版，第331页。
⑥ 太平《馆田李氏宗谱·家法》，转引自朱勇《清代宗族法研究》，湖南教育出版社1987年版，第220页。

知报义,生无孝养可记,殁以厚葬相矜。"① 然而,事实上,不同于生前行孝的个人行为,这种厚葬离世父母所需的人力、物力、财力,往往并不能由其子女单独来承担,它更多地需要依靠邻人"相资互助"的方式来完成。因此,传统乡村社会普遍存在带有结社葬亲性质的民间互助组织,并就丧葬互助的具体事宜制定了详尽的规约。如唐五代宋初敦煌地区的社邑规约S6537背社条即规定:"诸家若有凶祸,皆须匍匐向之,要车齐心成车,要举须递举。色物赠例,勒载分明。奉帖如行,不令见少,荣凶食饭,众意商量,不许专擅改移,一切从头勒定。"

(二) 敬老、睦族思想备受提倡

作为孝悌思想的延伸和发扬,敬老、睦邻等爱众思想也在传统乡规民约中得到了大力推崇和倡导。衢州《孔氏家规》就敬老作出了专门的规定:"族中有高年者,必须进揖退让,礼以优之,若以年迈并兼贫贱,决不介意,其尊尊之道何,此所当知。"② 绩溪《明经胡氏龙井派祠规》敬耆老条规定:"年之贵乎,天下久矣。朝廷尚有敬老之礼,乡里可无尚齿之风?今酌立定制,年登七十者,春冬二季,颁其寿祚;八十以上,渐次加倍,其式详载规例谱。且筋力就衰,举动艰苦,入祠拜祖,初祭时四拜,跪毕退坐西塾,值事仆奉茶水以安之,敬曹老也。"③ 休宁《宣仁王氏族谱·宗规》宗族当睦条记载:"尝谓睦族之要有三,曰尊尊、曰老老、曰贤贤。名分属尊者,尊也。则恭顺退逊,不敢触犯。分属虽卑,而齿迈众,老也。则扶持保护,事以高年之礼。有德行可采,贤也。贤者乃本宗桢干,则亲炙景仰,每事效法,忘分忘年以敬之。此之谓三要。"④ 同时,不少乡规民约都要求其约众之间务必和睦

---

① (宋) 王溥:《唐会要》卷38《葬》,中华书局1955年版,第812—813页。
② 衢州《孔氏家规》,转引自谢晖主编《民间法》第1卷,山东人民出版社2002年版,第396—397页。
③ 绩溪《明经胡氏龙井派祠规》,1921年刊本。
④ 转引自朱勇《清代宗族法研究》,湖南教育出版社1987年版,第220页。

宽容，缓急相济，有无相通，不以小岔而生嫌隙，不以微音而致睚眦，不以言语之猜疑辄相垢淬，不以鸡犬之凌贱动即参商。黟县环山《余氏家规》即规定："邻里乡党，贵尚和睦，不可恃挟沿气，以启衅端。如或事尚辩疑，务宜撰之以理，曲果在己，即便谢过；如果彼曲，亦当以理谕之。彼或强肆不服，事在得已，亦当容忍；其不得已，听判于官，毋得辄逞血气，怒誉斗殴，以伤和气。违者议罚。"① 同治九年（1870）桐城刘氏家族制定乡规曰："凡我同宗要彼此相维，情义相孚，有无相济，患难相周，毋得尊凌卑、辱长、富欺贫、贫害富、知弄愚、刁害良，以致怨恫祖宗。被害者果有证明，投祠，公较轻重，责罚。"② 光绪二十一年（1895）合江李氏族规规定："若有不肖子孙，恃强恃诈；或依仗族人之势，欺侮乡党者，长辈宜戒责。"③ 湘阴狄氏则规定："倘有不孝子孙，不守本分，恃强凌弱，饰智欺愚，一味横行，扰乱乡里，犯此者带祠立予重罚。"④ 婺源江湾江氏，也要求其子孙"和睦乡里"，"无分异姓同姓，与我同处，田土相连，守望相依，各宜谦和敬让，喜庆相贺，患难相救，疾病相扶持，彼此协和，略无顾忌，不可因著小岔闲气宿怨挟谋，交相启口，亡身破家。虽佃仆佣赁之人，亦必一体待之，是谓和睦乡里"。⑤

（三）爱众思想得到继承和发扬

物质领域的救济、救助等爱众思想，也在传统乡规民约中得到了推崇和发扬。唐五代敦煌社条绪言部分就写有"结义相和，脤（赈）济急难，用防凶变""遇危则相扶，难则相救"和"凡论邑义，济苦救贫"等字样。北宋《吕氏乡约》在此基础上更是明确规定对水火、盗贼、疾病、死丧、孤弱、诬枉、贫乏七类紧急情况要根据程度的不同进

---

① 黟县《环山余氏宗谱》卷1《余氏家规》，1917年木活字本，第5页下。
② 桐城《刘氏宗谱·家规》，清光绪四年刊本。
③ 合江《李氏族谱》卷8《族规·族禁》，清光绪二十一年刊本。
④ 湘阴《狄氏家谱》卷5《家规》，1938年本。
⑤ 江旭奇：《萧江全谱·仁集》卷1《祠规》，明万历三十九年刻本。

行相应的救济。元代的《龙祠乡社义约》开篇即言:"……救灾恤难,厚本抑末,周济贫乏,忧悯茕独。"而明代的《仇氏乡约》亦通过"敦请乡先生以教宗族子弟,免其束修"的"义房"、"训乡党童稚资其薪水"的"义学"、"济穷乡有疾病者"的"医药"、"葬逃屋无墓地者"的"义冢"等,为约众提供较多的社区福利。一些财力雄厚的宗族,对族内救济更是作出了详细的规定。如光绪二十九年(1903)常熟丁氏即规定:"一、族中凡丧嫡室者而遗有子女俱幼者,于应给月米外,加给月米壹大口,制钱伍百文,俾失恃子女,稍得体恤。俟满拾陆岁停给。二、族中娶妇,给钱柒千。无子续娶,给钱伍千。嫁女给钱伍千。丧葬力乏者拾伍岁以上,不论男女,丧费给钱伍千,葬费给钱叁千玖。岁至拾肆岁,丧葬共给钱伍千伍。岁至捌岁,共给钱叁千。三、子弟赴考,县试给钱壹千文,府试叁千文,院试贰千文,均临行支取。四、族中陆旬外鳏独,及拾六岁以下孤子女,除月米应给外,每年俱给钱七百文。鳏寡给钱一千文,俟其子孙年及二十岁停给,无子孙则常给。"[1]江夏《义庄规条》中"贩恤"条亦规定:"天行无常,间有水旱,如遇大灾之年,或连年被灾,虽素丰之家亦不免饥寒。族中如有因灾贫乏、不能自为存活者,十五岁以上男妇(日)给米一升,十五岁以下日给米三合,未三岁者不给。"[2]然而,对于大多数民间组织来讲,由于其缺乏固定而充足的资金来源,因此,像上述这样对族人的直接救济和救助,往往显得心有余而力不足。所以,他们更多的是动员有财力的族人慷慨捐输,从而对族内鳏寡孤独者实行必要的救济。如雍正休宁茗洲吴氏宗族在其《茗洲吴氏家典·家规》中即曰:"族内贫穷孤寡,实堪怜悯,而祠贮绵薄,不能周恤……或贾有余财,或禄有余资,尚祈量力多寡输入,俾族众尽沾嘉惠,以成钜典。"[3]

---

[1] 转引自费成康主编《中国的家法族规》,上海社会科学院出版社1998年版,第288—292页。
[2] 江夏《陈氏义庄规条》,清光绪十四年本。
[3] 吴翟:《茗洲吴氏家典》卷1《家规》,刘梦芙点校,黄山书社2006年版,第17页。

（四）仪礼文化得以体现

儒家思想还认为，要实现"仁"，必须以"礼"作为其外在表现形式，即"仁"和"礼"是维持社会稳定所必需的两个方面。这里的"礼"既指"君臣朝廷尊卑贵贱之序"，亦含"黎庶车舆衣服宫室饮食嫁娶丧祭"之节。[①] 关于"礼"的重要性，《礼记·曲礼》中有精彩的论述："道德仁义，非礼不成；教训正俗，非礼不备；分争辩讼，非礼不决；君臣上下，父子兄弟，非礼不定；宦学事师，非礼不亲；班朝、治军、莅官、行法，非礼威严不行；祷祠祭祀，供给鬼神，非礼不诚不庄。是以君子恭敬、撙节、退让以明礼。鹦鹉能言，不离飞鸟；猩猩能言，不离禽兽；今人而无礼，虽能言，不亦禽兽之心乎！夫唯禽兽无礼，故父子聚麀。是故圣人作，为礼以教人，使人以有礼，知自别于禽兽。"[②]《荀子·修身》中亦云："人无礼则不生，事无礼则不成，国家无礼则不宁。"[③] 在他们看来，社会的正常运转是建立在一系列规则和秩序基础上的，没有秩序，社会必将出现混乱，而维护稳定和谐的社会秩序，就必须用礼仪规范作为基础。因此，对"礼"的追求即成为儒家思想的另一主要内容。这些"礼学"思想也大量的存在于传统乡规民约中。如北宋蓝田《吕氏乡约》在其《乡仪》篇中就明确规定了约众应该遵守的宾仪、吉仪、嘉仪和凶仪四种礼节，并将这四种礼节细化为若干条目，这其中既有家庭的礼节，也有社交的礼仪。但或许因为吕氏乡仪是由家仪扩大而成，所以关于家庭礼节的规定颇为不少，而社会礼仪只占其中较少的比例。南宋时期，朱子对《吕氏乡仪》中的称谓、行辈、宴饮、庆吊四个方面的礼节又做了一些具体而有益的增删，要求其族人接客待人、祭祀祖先、家里座次，尤其是宗族祭祀，皆应依照上下尊卑嫡庶亲疏之别，严格进行，不得有丝毫马虎。除了乡约类乡规民

---

① （汉）司马迁：《史记》卷23《礼书》，中华书局1959年版，第1167页。
② （汉）戴圣编，王学典译：《礼记·曲礼上》，哈尔滨出版社2008年版，第202页。
③ （战国）荀况：《荀子·修身》，杨琼注译，上海古籍出版社2014年版，第98页。

第四章 传统乡规民约的思想渊源

约之外，众多的宗规族约中也纷纷强调了礼节的重要性和维护礼节的必要性。如浙江《顾氏宗族规约》中即强调："礼者，人之大端也，得之则为君子，失之则为小人。有礼则安处善，无礼则失常度、陷危机。此皆出于自然。"① 番禺简氏宗族亦声称："人生自有定份，尽其在我，以命与天，苟不安分循例礼而曲意求盈，欺人欺天有所不顾，为非至此，则利未的而害且随之。……因此，子弟营生，必须安分循礼，不可非为。"② 婺源《武口王氏统宗世谱·庭训八则》关于礼的规定说："人之有礼，犹物之有规矩，非规矩不能成物，非礼何以成人？故凡一身之中，动息作止，慎勿以细行忽之。"③ 休宁《茗洲吴氏家典》记载："礼原于天，具于性，见一人伦、日用、昏、冠、丧祭之间。"④ 休宁宣仁王氏宗族《宗规》四礼当行条记载说："先王制冠、婚、丧、祭四礼，以范后人，载在《性礼大全》及《家礼仪节》者，皆奉国朝颁降者也。民生日用常行，此为最切。惟礼则成，父道成，子道成。夫妇之道，无礼则禽鼠耳。"⑤ 歙县泽富王氏宗族《宗规》规定："子弟当冠，虽延有德之宾，庶可责成人之道，其仪式并遵文公《家礼》。"⑥ 黟县环山余氏宗族《余氏家规》规定："婚姻人道之本，亲迎、醮悴、奠雁、授绥之礼，人多违之，今一袪时俗之习，烙遵《家礼》具在，遵而行之足矣。"⑦ 歙县《岩镇百忍程氏本宗信谱》规定："凡族内有丧之家，须依文公《家礼》仪节举行。富厚者不必过制，贫乏者量减行之。其有贫困之甚者，各助银三分或五分；如富厚者愿多助银三五钱或上两，听行之。"⑧

---

① 会稽《顾氏宗族规约》清光绪二十年本。
② 番禺《简氏宗谱》卷3《族约》，转引自费成康主编《中国的家法族规》，上海社会科学院出版社1998年版，第335页。
③ 婺源《武口王氏统宗世谱·庭训八则》，清乾隆四十五年刻本。
④ 休宁《茗洲吴氏家典》卷1《家规》，清康熙五十二年本。
⑤ 休宁《宣仁王氏族谱》，明万历三十八年刊本。
⑥ 歙县《泽富王氏宗谱》卷1《宗规》，明隆庆六年刊本。
⑦ 黟县《环山余氏宗谱》卷1《家规》，1917年木活字本。
⑧ 歙县《岩镇百忍程氏本宗信谱》卷11《族约》，明万历十八年刻本。

此外，传统乡规民约还通过对贵贱、长幼、亲疏、贫富等差别的强调，要求民众各有其次序，各自遵守其规矩，以此来维护封建等级制度。毗陵长沟朱氏《祠规》规定："少年每日见尊长，拱手致敬，坐则起立，行则让道，虽宴饮合欢，不许戏谑。"① 歙县《岩镇百忍程氏本宗信谱》卷11《族约》篇规定："凡族人相遇于道，尊长少立，卑幼进揖，仍立路旁，以候其过，毋得傲忽疾行先长，以蹈不恭。"② 歙县潭渡黄氏宗族规定："子孙受长上呵责，不论是非，但当俯首默受，毋得分理。"这个宗族家法族规还规定："子侄虽年至耄耋，凡侍伯父，俱当隅坐，随行不得背礼贻讥。"③ 休宁《宣仁王氏族谱·宗规》名分当正条记载："同族者实有名分，兄弟叔侄彼此称呼，自有定序。近世风俗浇漓，或狎放裹昵，或狂阿承。乃有号混名相称者，意虽亲而反疏之，非礼也。我族龄趋拜，必祈放恭，言语必祈龄逊，座次必祈依龄先后，不论近宗远宗，俱照名分序列，情实亲洽，心更相安。故家巨室之礼，原自如是。又有尊庶母为嫡，跻妾为妻者，大乖纲常，远遗垢笑。又女子已嫁而归，辄居客位，甚非古道。……若同族义男，亦必严遵约束，不得凌犯疏房长上，有失族谊。"④ 而不遵守上下、尊卑、长幼之礼规定的宗族成员，都要受到惩处。上虞雁埠章氏即规定，敢于不遵"尊者还尊，卑者还卑"之规定的族人，将受到"合族惩治"的处罚。⑤ 歙县东门许氏宗族规定，对族长"有抗违故犯者，执而笞之"。⑥ 浦江《郑氏义门规范》中规定："卑幼不得抵抗尊长，其有出言不逊，制行悖戾者，姑诲之。诲之不悛，则重棰之。"⑦ 绩溪上川明经胡氏宗族新定《祠规二十四条》规定："凡派下子孙，有恃强逞暴无礼于其亲长

---

① 长沟《朱氏宗谱》卷2《祠规》，清光绪三十三年本。
② 歙县《岩镇百忍程氏本宗信谱》卷11《族约》，明万历十八年刻本。
③ 歙县《潭渡孝里黄氏族谱》卷4《家训》，清雍正九年刻本。
④ 休宁《宣仁王氏族谱·宗规》，明万历三十八年刊本。
⑤ 上虞《雁埠章氏宗谱》卷14《家训二十四则》，1925年本。
⑥ 歙县《重修东门许氏族谱》卷8《家规》，清乾隆六年刊本。
⑦ 浦江《郑氏义门规范》，成都文伦书局宣统二年本。

者，革出，毋许入祠。"① 这也是对以下犯上、以卑凌尊、以幼抗长者最严厉的惩治。

（五）生态伦理思想的渗入

除了"仁""礼"思想之外，先秦儒家思想还非常重视人与自然的和谐相处，处处强调"仁民爱物"，要求节制人类的欲望，按照大自然的节奏、万物生长的节律来安排人类行为。《礼记·祭义》记载："夫子曰：'断一树，杀一兽不以其时，非孝也。'"《大戴礼记·卫将军文子》亦载孔子说："开蛰不杀当天道也，方长不折则恕也，恕当仁也。"《荀子·王制》中亦云："圣王之制也，草木荣华滋硕之时，则斧斤不入山林，不夭其生不绝其长也；鼋鼍鱼鳖鳅鳝孕别之时，罔罟毒药不入泽，不夭其生不绝其长也……污池渊沼川泽，谨其时禁，故鱼鳖优多，而百姓有余用也；斩伐养长不失其时，故山林不童，而百姓有余材也。"《孟子·梁惠王上》中也曾记载过孟子对梁惠王说的一段话："不违农时，谷不可胜食也；数罟不入洿池，鱼鳖不可胜食也；斧斤以时入山林，材木不可胜用也；谷与鱼鳖不可胜食，材木不可胜用，是使民养生丧死无憾也；养生丧死无憾，王道之始也。"由此可见，儒家思想认为自然界是互相联系、互相作用的有机整体，因此，作为有机整体中的重要一分子，人类的行为应该遵循自然规律，"以时禁发"，唯有如此，方能达到"天人合一"的理想境界。儒家的这种生态伦理思想也广泛存在于传统乡规民约中。如祁门县彭龙乡环砂村清嘉庆二年（1797）正月祁门告示及十一月《永禁碑》中即规定："该山挖桩及私砍树木纵火等情，概依合文例禁。倘敢故违，许业主人等协合地保查明，赴县具禀，以凭拿究，决不姑宽。该业主亦不得藉端滋诉，各宜凛遵毋违。……准七月议期一日采取……准八月议期一日采取……除坟山庇荫及二尺围成材之料不砍，仍准按期节取。"祁门县闪里镇文堂大仓原祠堂所立清道光六年（1826）《合约演戏严禁碑》中亦明确规定："一、禁茶叶迭年

---

① 绩溪《上川明经胡氏宗谱》卷1《祠规二十四条》，清宣统三年刻本。

立夏前后，公议日期，鸣锣开七，毋许乱摘，各管各业；二、禁苞芦、桐子，如过十一月初一日，听凭收拾。"祁门县滩下村道光十八年《永禁碑》中也规定："禁茶叶递年准摘两季，以六月初一为率，不得过期。倘故违偷窃，定行罚钱壹仟文演戏，断不徇情。"

总之，儒家思想产生于由奴隶社会向封建社会的转型时期，它是以孔子为代表的先秦儒家学派在继承周礼的基础上建立的一种以"仁爱"为最高原则，以"孝悌"为其基本规范，以"礼"为外在表现形式的伦理体系。在这一庞大的思想体系中，主要包含"仁"和"礼"两个方面的内容，其中仁是礼的基础，礼是仁的外在形式。它将"仁爱"从体现血亲之爱的"亲亲"，推及"尊尊"，并借助血缘关系和宗法制度，要求人们个体服从整体。同时，在对"礼"这一思想的追求和实践中，它既注重对生活礼节的遵循，也提出应该遵守和维护社会等级秩序，并将之作为协调人际关系的"五伦"。这些建立在调整人与人关系基础之上的伦理道德思想在儒家学派的推动和倡导下，逐渐深入乡村社会中，并逐步内化为乡民的价值取向，在各个方面约束规范着乡民的行为，并深刻影响了后来传统乡规民约的制定。

第二节 宋明理学：传统乡规民约的思想基石

一 宋明理学出现的背景及其主要思想

宋王朝的建立，结束了长期混乱、分裂的政治局面，重新确立了大一统的中央集权体制。但在发展的道路上，宋王朝却面临着两大难题。一方面，由于长期的分裂和混乱，传统的儒家伦理道德规范遭到极大的摧残和破坏，"重整伦理纲常、重塑道德名教"成为社会各个阶层的普遍呼声；另一方面，由于隋唐科举制的建立，社会政治结构发生了深刻变化，社会各阶层的政治地位随之发生了较大的波动。一大批庶族地主通过参加科举考试获得了进入官僚阶层的机会，相反地，许多旧的士族地主却日益衰败凋零，甚至出现"不能保其地"的危险境地。这种状况引发了旧式士大夫阶层的不满和恐慌。同时,这一时期,农业生产获得了前所未有的大发展,耕地面积增加了几乎一倍,土地租佃制在各地普遍实施。但不可避免的是,农民对于地主阶级的人身依附关系也日益松弛,阶级矛盾加剧,统治阶级迫切希望强化对农民及乡村的控制。正是在这样的社会背景之下,作为宋学核心体现的理学应运而生。

理学思想是经历了宋明两代长达数百年的时间,由周敦颐、邵雍、张载、程颢、程颐、朱熹、陆九渊以及王守仁等众多的理学家逐步发展成熟起来的,是儒学发展的一个新阶段,在很多方面发展了以往的儒学。一方面,它提出了"礼"即"理"的思想(这里所谓的"理",既指自然规律,又指社会规范),并从哲学的高度证明了"理"最大,由是证明了以礼建构国家与社会秩序的合法性。这就将"礼"由形而下之器,提升为形而上之道,把礼升华到本体论的高度,即将"礼"从乡村生活尤其是家族生活中的常行礼仪扩大为治理国家和社会的道理。另一方面,理学思想认为,"人之一心,天理存,则人欲亡;人欲胜,则天理灭,未有天理人欲夹杂者"。因此,"学者须是革尽人欲,复尽天理,方始为学",继而提出了"立天理""灭人欲"的伦理标准。[①] 此外,理学思想认为,作为封建社会基层组织的基本细胞,宗族不仅能有效维持中央政权对基层社会的控制,还能承担封建基层组织的许多功能。它十分强调宗族、家族及其礼仪对乡村控制的作用,并认为对宗法血缘性的家族礼仪的重建,对人人遵循封建伦理规范,国治天下平,有极大的益处。在宋明理学的影响下,宋代以后的乡规民约无论是在目的、宗旨,还是在具体内容上,都发生了一些显著的变化。

二 宋明理学在传统乡规民约中的体现

(一)"效忠"思想的广泛渗透

宋明理学特别强调对封建政府的"效忠"思想,并将这一主张通

[①] (宋)黎靖德:《朱子语类》卷13,中华书局2004年版,第200页。

过一系列严格的礼仪行为规范向乡村社会民间组织内部渗透，使传统乡规民约成为教化民众"效忠"国家的工具。这种"效忠"思想主要体现在以下两个方面：首先，对于入仕的组织成员来说，要力求做到"尽职尽责""恪尽职守"。譬如，绩溪《明经胡氏龙井派祠规》训忠条要求入仕的宗族子弟，"在位而烙供乃职，始不负于朝廷，乃有光于宗祖"。① 婺源武口王氏宗族《庭训八则》忠字条要求入仕的宗族子弟，"公尔忘私，国尔忘家"，这个宗族的《西皋祠训》要求入仕的宗族子弟，"事君，则以忠，当无二无他以乃心王室，当有为有守，当忘我家身；为大臣，当思舟楫霖雨之才；为小臣，当思奔走后先之用；为文臣，当展华国之漠；为武臣，当副干城之望"。② 绩溪华阳邵氏宗族家规忠上条要求宗族成员，"忠上之义，担爵食禄者，固所当尽；若庶人不传质为臣，亦当随分报国，趋事输赋，罔敢或后，区区蝼蚁之忱，是即忠君之义。《传》曰，嫠不恤纬，而忧王室；野人献芹，犹念至尊"。③ 其次，对于普通的组织成员来讲，必须做到按时完粮纳税。如江西武宁大洞乡彭坪村保存的清光绪三十三年（1908）《奉宪严禁碑》中即有"国课务宜早完，以免催追"的字样。④ 温州盘古高氏也要求："践土食毛，富有纳税之义务。凡吾子姓，不分贵贱，须知国课之早完，非独免追呼之扰，亦为下不倍之道，当然也。"⑤ 从上述规条中，我们可以看到，这里对"忠"的要求和传统儒家所宣扬的"忠"是有所区别的。传统儒家没有绝对的君权观念，因此其尽忠是相对的，是建立在"君使臣以礼，臣事君以忠"的前提之下的，失去了这个前提，臣可不忠于君。而这一时期的理学思想则宣扬"君叫臣死，臣不敢不死"的臆说谬论，臣对君的独立人格丧失殆尽，"忠君"已经完全表现

---

① 绩溪《明经胡氏龙井派祠规》，1921年刊本。
② 婺源《武口王氏统宗世谱》卷3《庭训八则》，清乾隆四十五年刻本。
③ 绩溪《华阳邵氏宗谱》卷18《宗规》，清光绪三十三年叙伦堂刊本。
④ 此碑现立于江西武宁县大洞乡彭坪村港子口。
⑤ 盘古《高氏贵六公房谱·盘古新七公家训》，1935年本。

第四章　传统乡规民约的思想渊源

为一种"愚忠"。

(二) 封建伦理纲常思想的强力宣扬

由于受到宋明理学封建伦理纲常思想的影响，宋代以后的传统乡规民约，十分注意用封建伦理纲常来改造当地风俗，纠正乡间社会习俗中违背封建礼仪的行为，尤其注重对"男女有别"观念的强调和妇女行为的约束。如婺源县武口王氏宗族《王氏家范十条》别男女条记载说："《易》之家人卦曰，'男正位乎外，女正位乎内，男女正，天地之大义也。'至哉，圣人之言。盖天地之风化始于闺门，若不先正以男女，则家风何以厚哉？男子出入宜行左，女子从右，违者罚在本房族长。"① 休宁宣仁王氏宗族《宗规》闺门当肃条规定说："男正位乎外，女正位乎内，圣训也。君子正家取法乎此，其闺间未有不严肃者。"② 黟县环山余氏宗族《家规》辨内外第六则十分详细的规定："一、闺门内外之防，最宜严谨。古者，妇人昼不游庭，见兄弟不逾阈，皆所以避嫌而远别也。凡族中妇女，见灯毋许出门，及仿效世俗往外观会、看戏、游山、谒庙等项，违者议罚。二、男不言内，女不言外，礼出。凡男子言辩有议及闺内，妇人有出堂言及间外之事，议罚。"③ 歙县潭渡孝里黄氏《家训》中则对族内妇女的行为作出了具体而严格的规定："风化肇自闺门，各堂子姓当以四德三从之道训其妇，使之安详恭敬，俭约操持。奉舅姑以孝，事丈夫以礼，待娣姒以和，抚子女以慈，内职宜勤，女红勿怠，服饰勿事华靡，饮食莫思饕餮，毋搬斗是非，毋凌厉婢妾，并不得出村游戏，如观剧玩灯，朝山看花之类，倘不率教，罚及其夫。"④ 歙县泽富王氏宗族《宗规》亦记载说："家之和与不和，皆系妇人之贤否。其贤者，奉舅姑以孝顺，事夫主以恭敬，待姑嫂以温和，抚子侄以慈爱，御奴仆以宽恕，如此之类是也；其不贤者，恃强欺

---

① 婺源《武口王氏统宗世谱》卷3《庭训八则》，清乾隆四十五年刻本。
② 休宁《宣仁王氏族谱·宗规》，明万历三十八年刊本。
③ 黟县《环山余氏宗谱》卷1《家规》，1917年木活字本。
④ 歙县《潭渡孝里黄氏族谱》卷4《家训》，清雍正九年刻本。

弱，摇唇鼓舌，面是背非，争长竞短，任意所为，以坏家政，如此之类是也。福善祸淫，天道昭昭，为妇人者可不鉴此。"① 休宁《茗洲吴氏家典·家规》规定："妇人必须安详恭敬，奉舅姑以孝，事丈夫以礼，待姊姒以和，无故不出中门，夜行以烛，无烛则止。如其淫狎，即宜屏放。若有忌长舌者，姑诲之；诲之不悛，则出之。"又规定："妇女宜恪守家规，一切看牌嬉戏之具，宜严禁之。违者，罪家长。"② 正是这些片面的、歧视性的道德准则，强化了妇女在社会、家庭中的不平等地位。

在宋明理学"无欲""少欲"思想理念的影响之下，传统乡规民约大多提倡和宣扬"一女不事二夫"的封建伦理思想，以维护国家封建纲常在乡间社会的权威。如宣仁王氏宗族《宗规》规定：妇女"不幸寡居，则应丹心铁石，白首冰霜"。③ 绩溪《明经胡氏龙井派祠规》记载说："妇人之道，从一而终，一与之齐，终身不改。泛柏舟而作誓，矢志何贞？歌黄鹄以明情操，其心何烈？"④ 不仅如此，这一时期的乡规民约中还对节妇、烈女行为制定了诸如"谱表立传""公举旌奖""为公呈请"等奖励措施。如锡山《邹氏家乘》规定："凡妇女有守节自誓者，为宗主当白诸有司，旌表其节，庶可以励薄俗。有司未行，即当备入于谱表立传，以载家乘外篇。"⑤ 绩溪《明经胡氏龙井派祠规》云："倘有节孝贤妇，不幸良人早夭，苦志贞守，孝养舅姑，满三十年而没者，祠内酌办祭仪，请阖族斯文迎祭以荣之；其慷慨捐躯殉烈者亦同，仍为公呈请旌，以表节也。"⑥ 孔氏家族宗族规条亦规定："……贞节守义，千古垂芳。族长当加意访问，有年少孀居，不轻出闺门，举动礼法自闲，而能孝敬公姑，教子成人者，公举旌奖。团拜举饼二对，春

---

① 歙县《泽富王氏宗谱》卷1《宗规》，明隆庆六年刊本。
② 休宁《茗洲吴氏家典》卷1《家规》，清康熙五十二年本。
③ 休宁《宣仁王氏族谱·宗规》，明万历三十八年刊本。
④ 绩溪《明经胡氏龙井派祠规》，1921年刊本。
⑤ 锡山《邹氏家乘》卷首《旧谱凡例》，清光绪二十一年本。
⑥ 绩溪《明经胡氏龙井派祠规》，1921年刊本。

秋举肺。事败除退。若年过四十子长,不在公举之列。"① 余姚《江南徐氏宗谱》中记载:"宗妇不幸少年丧夫,清苦自持,节行凛然,终身无玷者,族长务要会众呈报司府,以闻于朝,旌表其节。或势有不能,亦当征聘名卿硕儒,传于谱,以励奖。"② 相反地,那些触犯家法族规,尤其是违背"一女不事二夫"封建伦理思想的妇女,将受到极其严厉的处罚。例如,休宁宣仁王氏宗族《宗规》规定,对"冥顽化诲不改、夫亦无如之何"的妇女,"轻则公堂不齿,重则告祠除名,或屏之外氏之家。祠中据本夫告词询访的确,当于祖宗前合众给以除名,帖付证,庶闺门有矣"。③ 徽州的宗族规约中也普遍有"再嫁者不得入祠"的规定。在这样的层层进逼之下,妇女的各项权利被一一剥夺,并通过乡规民约等正统意识形态的灌输和熏陶,女性在思想上、潜意识中将"男尊女卑、三从四德"作为天经地义的信条,将"为夫守贞"作为自己人格的主体,各地遗留下来的为数众多的贞节牌坊或许就是很好的证明。也正是从这时起,妇女的独立人格彻底丧失。

(三)宗法制度的重建

在宋明理学恢复重建宗法制度的倡议下,不少宗族组织认识到重新建立宗法制度的重要性,清康熙三十九年(1700),安徽歙县人吴苑即在《方氏族谱序》中谈到了建立宗子的必要性:"夫族无宗子,莫为之纠率,其势不得相亲,甚至于父子异居而兄弟相讼,邻里多告讦之风,乡党无亲睦之道,以故族愈繁则支愈棼,宗愈远则人愈伪,无惑乎分离乖散,不至于途人而不止。"④ 许多宗族组织开始在族内重新设立宗子。为了确保宗子的神圣地位不受侵犯,保证其权威性不被挑战,很多宗族组织专门就宗子的职权制定了一系列的宗族规约。那么,除了主祭是所有宗子共有的职权之外,宗子还拥有哪些职责呢?对此,各个宗族规定

---

① 衢州《孔氏家规》,转引自谢晖主编《民间法》第1卷,山东人民出版社2002年版,第396—397页。
② 余姚《江南徐氏宗谱》卷8《族谱宗范》,1916年本。
③ 休宁《宣仁王氏族谱·宗规》,明万历三十八年刊本。
④ 歙淳《方氏柳山真应庙会宗统谱》卷2《方氏族谱序》,清乾隆十八年刻本。

并不完全一致。休宁陪郭程氏《族规》规定："凡先墓金业已定，族中有私售者、有盗葬者，众以告于小宗子及族长，会众执令改正，不服者以不孝闻官，削名于谱。"从这一条款，我们不难看出，裁断惩罚"私售"或"盗葬"族墓地的族人，也是休宁陪郭程氏宗子的职权之一。[①]绩溪黄氏《族规》规定："凡属配享能干之子孙与祭者，与宗子、族长、老人、礼生、司值并上班司值，及本班保人，祠内散席。"可见，除了族内祭祀之外，这个宗族的宗子还承担着祭祀后"祠内散席"的职责。[②]华阳邵氏在其新增《祠规》中规定："士大夫家皆以始迁及有功德者为始祖，其嫡长世世继之为大宗，以准古之别子。凡族人五世外，皆合之祠堂，序以昭穆，则始祖常祀，同姓常亲。倘宗族有事，宜尊之宗长，会于宗祠，当兴者从众议行。设有忿争，听从处分，不可径自告官，以伤祖宗一体之义，所谓家之事宗为政是也。"[③] 这个族规不但规定了宗子产生的程序为"嫡长世世继之"，而且强调了宗子除了承担祖宗祭祀的主持仪式之外，还须出面解决、处理族内成员之间的纠纷和纷争。同时，各地宗族组织还通过订立宗规族约的方式，赋予宗子程度不同的特权。绩溪黄氏《宗约》规定：宗子本人如若亲自主持宗族祭祀，在冬至、春分大祭结束后，可以享受"给胙二斤，给包四对，入席"的待遇；如若请人代为主持祭祀活动，也可享受"给胙一斤，给包二对，入席"的优待。从这一规定可以看出，与其他族人相比，宗子享有较为明显的福利特权，这种福利特权甚至在遭遇宗族财务状况紧张、支出缩减的情况下，也没有受到丝毫的影响。这一点在绩溪黄氏的《宗约》中同样可以找到清晰的规定和说明："吾祠出息甚微，所需浩大，一切事仪有增无减，不敷公用，二祭包胙难均给发。今集众议权定章程，冬至发包不给胙，春分给胙不发包。惟宗子、族长、分长、老

---

① 休宁《陪郭程氏本宗谱》卷3《重定拜扫规约》，明弘治十年刻本。
② 绩溪《黄氏家庙遗据录》卷1《祠制·与祭燕饮》，清咸丰元年刊本。
③ 绩溪《华阳邵氏宗谱》卷首《凡例》，清光绪三十三年刻本。

第四章 传统乡规民约的思想渊源

人、礼生、值年,二祭均发包给胙。"①

由于宗子承担着"上承宗祀,下表宗族"的重任,因此,各地宗族组织对于宗子的选拔都极为重视。一般来讲,宗子是由大宗按照血缘长幼次序关系继承的,但同时,考虑到宗子"持匕鬯,所责非轻"的特殊身份,各地宗族也对宗子的选任进行了一些变通。一方面加强对宗子的培养和教育,以提升其个人能力和素质,做到"培祖宗元气"。宗子若顽劣不肖,由长辈"引入祠堂,责以大义"。另一方面,对那些确实无法胜任宗子之职的人,可以进行替换,从而维护宗族的整体利益。如祁门清溪郑氏约定:"或宗子不肖,当遵横渠之说,择次贤者立之,尚贤也"②;休宁商山吴氏约定:"倘宗子幼稚及有过、礼貌不扬者,则以族长主之"③;休宁茗洲吴氏约定:宗子"如或不肖,遵横渠张子之说,择次贤者易之"。同时,对于宗子有"不率教"者,则由"长副攻之祖庙,严戒饬以示惩"。④ 宋明理学对宗法制度的重建和维护,不仅表现为对宗子地位的确立和宗子职权的强调,也表现为对以婚姻礼法为首的封建等级制度的强化和维护,具体来说,即良贱不婚。所谓贱民,宋神宗曾在诏令中专门做过详细的解释:"诸舅曾为人奴仆,姑曾为娼,并父祖系化及见居缘边两属之人。"⑤ 可见,良贱不婚所包含的范围相当广泛。关于"良贱不婚"这一点,在诸多乡规民约中有更为详细具体的规定。具体有以下两类:一是强调婚配关系中的门当户对。如径川万氏《家规》第十二条规定:"婚嫁不拘贫富,惟择阀阅相当。若贪财贿以淆良贱,有玷门户多矣。吾族除以往不究,今后凡议婚纳配,须鸣族商议,果系名门,方许缔姻。如不鸣众,或门户不当者,合族共斥,谱削不书。"歙县潭渡黄氏《家训》中亦云:"婚姻乃人道之本,

---

① 绩溪《黄氏家庙遗据录》卷1《祠制·给发章程》,清咸丰元年刊本。
② 祁门《清溪郑氏家乘》卷4《规训》,明万历十一年刻本。
③ 休宁《商山吴氏宗法规条》,明抄本,国家图书馆藏。
④ 歙县《潭渡孝里黄氏族谱》卷4《嘉靖二十八年五月十七日邑父母公示稿》,清雍正九年刻本。
⑤ 《宋户令》,转引自李焘《续资治通鉴长编》,中华书局2004年版,第6959页。

必须良贱有辨，慎选礼仪不想温良醇厚有家法者。不可贪财慕色，妄偶滥配，聘娶优伶减获之女为妻。违者，不许庙见。"[1] 婺源严田李氏宗族也规定："婚女不计良贱者"，在宗族修订族谱时，要"泯其名号、行等、卒葬，示黜之以垂戒也"。[2] 而江西临川县孔氏家族宗约则规定："正婚姻。婚姻之道之始，岂可不正，凡娶妇嫁女，必择忠厚有德之家，切不可与娼优、皂卒、奴仆出生之人为婚。娶妇不择配，不许名登团拜。嫁女不择配，其父母削饼，父母不在，兄弟叔伯削饼。若娶妾难得良户女子，则又不在此论。生子后仍诏（照）例与子同入团拜。若未生子，则不得入。至年过六十，有子有孙，继娶老妇，原非为宗族嗣续之计，不得登团拜。"[3] 徽州众多宗约中，也大都有"徽俗重门族，凡仆隶之裔，虽显贵，故家皆不与缔姻""婚姻论门第，辨别上中下等甚严""婚姻论门第，治装具重其家为厚薄"以及"婚礼重门阀，轻聘纳，无重帛侈筵"的字样。[4] 二是在保持大体"门当户对"的基础上，强调"男强女弱"的婚配模式。如临安钱氏、上虞雁埠章氏均规定："娶妇须不若吾家者，则女之事舅姑，必执妇道；嫁女须胜吾家者，则女之事夫子，必敬必戒。"从上述乡规民约的相关规定可以看出，在宋明理学思想的影响下，各地宗族普遍看重婚姻关系中对方的门第身份，而对经济财产的要求则相对宽松，并对违反规定的族人，不惜给予家法中最严厉的惩罚，即开除族籍、革出祠堂，以保证宗族内部稳定、纯粹的婚姻关系。

总体来看，宋明理学是宋明两代众多理学家经过数百年的时间，在继承传统儒学思想的基础上，充分吸收儒、释、道三教理论精华而创立的新的哲学思想。它是对传统儒家思想的发展，是一种新儒学。首先，

---

[1] 歙县《潭渡孝里黄氏族谱》卷4《家训》，清雍正九年刻本。
[2] 婺源《严田李氏族谱》。
[3] 江西《临川孔氏支谱家规条例》，载曲阜师范学院历史系编《曲阜孔府档案史料选编》第3编第1册，齐鲁书社1981年版，第49页。
[4] 陈瑞：《以歙县虹源王氏为中心看明清徽州宗族的婚姻圈》，《安徽史学》2004年第6期。

第四章　传统乡规民约的思想渊源

它提出了"礼"即"理"的思想，将"礼"从传统儒学所认为的乡村生活尤其是家族生活中的常行礼仪，扩大为治理国家和社会的道理，把礼升华到本体论的高度。其次，由于受到佛教"禁欲"思想的影响，宋明理学提出了"立天理""灭人欲"的新的伦理标准。此外，理学思想十分强调宗族、家族及其礼仪对乡村控制的作用，认为要保持国家与民间的动态性平衡，就必须形成一套国与家贯穿一致的立法性原则，即以"天理"为指导思想的家族、宗族制度及以"家礼"为中心的家族礼仪及民约乡规，并倡导家礼乡规随时势而变易。值得注意的是，从传统儒学到宋明理学，其伦理标准、原则都发生了些许变化，从强调人与人之间的关系维护转而强调自身修为的培养，由对他人讲"仁、义"变为自我的"无欲""少欲"。自南宋后期始，理学思想被统治者奉为官方思想，在官方力量的推动下，其维护封建纲常的价值形态获得了更多更广泛的认同，并逐渐成为广大乡村社会制定民间规范的理论基础和根本依据。

第三节　西方民主思想：促使传统乡规民约转型的外来元素

一　西方民主思想的产生和主要内容

民主思想在西方作为一种制度实践，是经过漫长的历史时期的积淀与洗练最终确立下来的。[1] 早在公元前4世纪，古希腊理想主义思想家柏拉图就指出："人性总是驱使他注意到他自己的利益和他自己的钱袋，一种非理性的避苦趋乐的心理将统治着他的性格，使他把这两个目的放在更为正义和更美好的东西之前，因此，为了防止让自己变为最野蛮的野兽，人们必须为他们自己制定法律并在生活中遵守他们。"[2] 亚

---

[1] 陶琳：《西方宪政思想流变及其制度演进中的政府权力制约》，《理论月刊》2003年第8期。

[2] [古希腊] 柏拉图：《法律篇》，张智仁等译，上海人民出版社2001年版，第309页。

里士多德进一步指出:"法律应在任何方面受到尊重而保持无上的权威,执政人员和公民团体只应在法律所不及的'个别'事例上有所抉择,两者都不应该触犯法律。"① 他们应该是西方民主思想的最早萌芽。到了欧洲中世纪,伴随着教会权力的兴起,神权逐渐占据主位,民主思想遭到遏制。直到17世纪,伴随着英荷两国议会制共和制的建立,民主思想重新受到重视,并在格劳斯秀、柯克、哈林顿、洛克、孟德斯鸠、潘恩、杰斐逊等人的推动下,获得了较大发展。西方传统民主思想主要包括三个内容:第一,它是以个人权利为本位,以保障"消极自由"为核心价值,其最鲜明的特征就是张扬人的个性,追求个人的权利和自由。② 洛克对于个人权利的内涵首先作出了解释,他指出:"个人的权利主要有生命权、财产权和自由权。生命权是指与生俱来的生存权;财产权则是自然权利的核心权项;而自由权,则指在理性的自然法约束或制定法明文禁止之外,人人可以随意地处理和保护自己的人身、财产以及从事无损于他人权益的一切事情。"③ 同时,这种自由因为是以人身和财产权为核心内容的"私域"的自由,是免于强制或政府不当行为侵害的自由,它并不主张谋求个人的积极权利,因而这种自由是一种"消极自由"。④ 第二,为了防止"有权力的人滥用权力",也为了防止"国家成为暴虐的压迫者"⑤,西方传统民主思想提倡将国家权力按照它们的特性划分为立法权、行政权和司法权,要求由不同的社会群体掌握,以使得这三权彼此相对独立,同时强调"以权力制约权力",以保障人民的安全、财产、自由和尊严。第三,提出了"有限政府模式"(所谓"有限政府",是指一个政府自身在规模、职能、权力和行

---

① [古希腊]亚里士多德:《政治学》,吴寿彭译,商务印书馆1965年版,第168页。
② 徐大同总主编:《西方政治思想史》第3卷,天津人民出版社2005年版,第109页。
③ John Locke, *Two Treatises of Government*, Cambridge University Press, 1967, p.17.
④ 石元康:《当代西方自由主义理论》,生活·读书·新知三联书店2000年版,第6页。
⑤ [法]孟德斯鸠:《论法的精神》上册,张雁深译,商务印书馆1961年版,第153—158页。

为方式上都受到宪法和法律的制约)①,并把"有限政府"视为政府权能的最高原则,认为公民权利的范围就是政府权力的边界。在民主思想的影响和推动下,包括美国、英国在内的西方诸国以及日本等国,都进行了程度不同的体制改革,并取得了较好的实践效果。正是看到了民主思想在西方诸国发展道路上所起到的巨大作用,19世纪中叶,当面临严重的内忧外患时,擅长学习的中国社会的精英阶层,纷纷把目光转向了西方民主思想,并试图将之作为医治恶疾的良药。

二 西方民主思想在中国的传播及其对乡规民约的影响

最先将西方民主思想介绍到中国的人是林则徐。他在其主持编译的《四洲志》中,第一次向中国人介绍了英美等资本主义国家的社会政治制度。对英国议会的介绍,《四洲志》里是这样描述的:凡有政事,"王及官员具至议会,公议乃行","设有用兵和战之事,虽王裁夺,亦必由议会议允"。此外,《四洲志》还对美国的总统制做了简单的介绍:"四年为一任,期满更代。如综理允协,通国悦服,亦有再留一任者,总无世袭终身之事。"②林则徐的这些介绍虽然过于简单,但已接触到了西方民主思想中一些最核心的东西,他给受数千年封建专制制度窒息的中国社会吹入了一股新鲜空气。紧随其后,魏源在其多达一百卷的《海国图志》这一巨著中,对西方的民主制度进行了更为详细的介绍,并作了更贴近西方制度实际的评价和论说。首先,他详细介绍了英国的议会制度,特别是对议会的地位、议会与国王的关系以及议会、国王等的权力界限等问题都做了详细的论述。他指出,在英国"用兵、和战之事,虽国王裁决,亦必由议会议允。国王行事有失,将承行之人交议会议罚。凡新改条例、新设职官、增减税饷及行楮币,皆王颁议会,转行甘文好司而分布之,唯除授大臣和刑官,则权在国王。各官承行之事,得失勤怠,每岁终会合于议会,而行其黜陟"③。其次,他强烈的

---

① 白钢、林广华:《宪政通论》,社会科学文献出版社2005年版,第94页。
② (清)林则徐:《四洲志》,华夏出版社2002年版,第75页。
③ (清)魏源:《海国图志》,岳麓书社1998年版,第1384页。

表达了对西方政治制度特别是对美国和瑞士制度的好感。在他看来，美国制度不仅"公"而"周"，而且是美国之所以强大繁荣的原因。在谈到瑞士时，魏源更是流露出无比的向往之情，并将其比喻为"西土桃花源"。第二次鸦片战争后，中国的惨败和形势的危急迫使更多中国人警醒和省思。1861 年，冯桂芬在其《校邠庐抗议》一书中，虽然没有明确提出要取法西方的民主制度，但却表达了"法苟不善，虽古先，吾斥之，法苟善，虽蛮貊，吾师之"[①]的思想取向。同时，冯桂芬还提出了"公黜陟，复乡职，复陈诗"等缓解君民相隔的措施。冯氏的这些主张，是近代民主思想和自由观念的萌芽，闪烁着近代民主理念的异彩。[②]随后，郑观应和王韬进一步提出了"君民共主，上下相通，民隐得以上达，君惠亦得以下逮"[③]的主张。然而，最终将西方民主思想内化为具体实施方案的是以康有为、梁启超、严复和谭嗣同为代表的"维新派"。日本明治维新的成功，使他们坚定了对西方民主思想的引入，并把挽救民族危亡的希望寄托在建立西方式的政治体制上。因此，他们以日本明治维新为蓝图，设计了变革中国的政治体制，即"立宪法—开国会—三权鼎立"。遗憾的是，他们的主张遭到了以慈禧为首的封建统治阶级的强烈反对和血腥镇压，改良最终以谭嗣同的被杀、康有为的出逃海外而宣告失败。值得庆幸的是，经过上述有识人士的努力推动和长期宣传，西方民主思想在中国知识分子、封建官僚阶层中得到了很大程度上的认同和普遍推广。民国成立后，在中央政府的支持和推动下，地方自治受到重视，部分乡村士绅、知识分子，包括地方官吏，转而将民主思想引入乡村社会的自治中，并将其融入对乡村社会的管理和秩序维护中，这一时期的乡规民约也因此发生了一些根本性的改变（见表 4）。

[①]（清）冯桂芬：《校邠庐抗议》，广仁堂 1883 年刻本，第 32 页。
[②] 栾爽、邵钧：《西方宪政思想在近代中国的传播》，《常熟理工学院学报》（哲学社会科学版）2008 年第 3 期。
[③]（清）王韬：《弢园文录外编·重民下》，郑州古籍出版社 1998 年版，第 62 页。

第四章　传统乡规民约的思想渊源

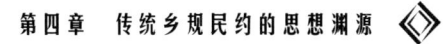

表4　民国时期（1911—1949）部分村规民约及其主要内容

名称	时间	主要内容
翟城村村规民约	清末民初	本村村治，由全村村民组织；全村村民公选村长一人，村佐二人；全村划为八个自治区，各区公举区长一人；本村组织村公所，办理本村一切事务；本村事务分庶务和财务二股，其事务由各股股员分任；本村村公所组织村会，公议本村重要事务，村会开会时，以村长为议长，以村佐、各股股员及各区区长为会员；凡本村一切自治之基本经费，由本村人民担负，自治经费的预算、决算，由村会议决，呈县备案核查。 ——《翟城村村制组织大纲》 本村为谋公共治安起见，特仿照古保甲法，编全村为五组，实行保卫。 ——《共同保卫章程》 当经群相赞成，乃议定办法，除五十亩以下者酌免外，余则分为上中下三等捐助谷粮。 ——《筹办义仓之规定》 由本村学校给在本村学校毕业，材堪造就，家计贫寒之学生每人每年贷与银十八元，使升入高等小学。俟将来能力自立，除偿还贷借之数，并须照章程纳利以为公家之酬报。 ——《学生贷费章程》
	20世纪20年代	设村民会议，以之为全村最高权力机关。 村民会议下设村政会议，在村民会议闭幕后，由村政会议代行其一切职权，村政会议由村治创办人、村长佐及各街长、闾长、男女高小校长、各邻长（只参加扩大会）等组成，以上人员互推主席一人，总理会务，每月开会一次，一切村务均由该会议决定，再交执行机关施行，如遇有临时事件，由主席召开临时会商定。 村政会议下设执行委员会（村公所），由村长佐及村政会议主席等人组成，除执行村政会议议决的案件外，还指挥各闾邻长进行各项自治事务。 执行委员会附设因利协会、公安协会、教育协会、建设协会、农林协会等机构和财政专员。 设监察委员会，监督执行机关及附属机关。 设调解委员会（原称息讼会），调解村民的争议。
山西村政规约	1927年	编村内按事务之性质，设村民会议、村公所、息讼会和村监察委员会各部。 ——《改进村制条例》 村民年在二十五岁以上，现未充当教员及在外别有职业备具下列资格者（一参与村民会议，一朴实公正村通文义），得选为村长副。村长副应由村民会议加倍选出，有区报县择委。委定后呈报总司令部备案。村长副选举时，区长或助员得到场监视。 ——《修订村闾邻长选任章程》

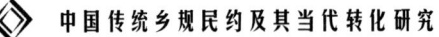

续表

名称	时间	主要内容
山西村政规约	1927 年	村内居民年在二十岁以上者，均得参与村民会议，如村中习惯以每户出一人亦可，但有下列行为者（品行不端营私舞弊、吸贩鸦片、窝赌及赌博、窝盗及盗窃、有精神病、曾受刑事处分尚未复权），不得参与会议。 ——《村民会议简章》 村民会议办如下事项（选举村长副及村监察委员息会公断员；省县法令规定应议事项；行政官厅交议事项；村监察委员会提交事项；议定及修改村禁约及一切村规事项；村长副请议事项；村兴利除弊事项；村民二十人以上提议事项），开会时须有应当到会之村民过半数之到场，始得开议。 ——《村民会议简章》 村公所为执行村务机关，其执行人员，以村长副闾长组织之。如村长副闾长不足七人时，有村民选补之。村公所处理事务，应以合议制多数决行之，遇有特别重要村务，须提交村民会议决后执行之；村公所办公费，由村民会议定之。 ——《村公所简章》 监察委员会由村民会议于村民中选举五人或七人组成，其主要职责为清查村财政及举发执行村务人员之弊端行为；监察员任期一年，但得连举连任。 ——《村监察委员会简章》 村内居民二十五家为闾，设闾长一人。五家为邻，设邻长一人。 ——《修订乡村编制简章》
山东K村村规民约	1930 年	村里的权力组织主要由村（保）民会议组织和村行政两个机构组成。 任何年满 20 岁的村民都为村民会议的成员。但是有下列任何一种行为的村民（有不良行为和腐败行为；贩卖鸦片；赌博；偷窃；有精神病；被村民会议禁止），不能参加村民会议。 村民会议有如下几种职能：第一，村长、村长助理和闾长的选举；第二，村务管理条例的制定与修改；第三，处理上级政府机关委托的事务；第四，处理闾长提出的建议；第五，处理村长、村长助理提出的建议；第六，采取一些有助于村庄的行动；第七，处理由 20 个村民会议成员所提出的建议与措施。需要多数村民会议成员到会，会议方能进行。 村公所是村级的执行机构，它由村长、村长助理和六个闾长共八个人组成；其主要职责包括完成由上级政府下达的任务、村民会议委托的事务、其他有利于村庄的事务以及报告村务的状况和任何特别的事项等等；村公所的决策由其组成人员按多数原则作出，重要的事项交村公所执行前，应当提交到村民会议来决定；村公所的费用须经村民会议同意。 只要参加村民会议、诚实可靠、识文断字且年满 25 岁不在外地谋生的村民都有资格成为村长或村长助理的候选人，但教师除外；村长和村长助理的职位由村民会议选举，报请县政府认可；闾长由该闾的居民在新村长就任后十天内选举产生，应当将闾长的名单向上级政府报告并将当选的证书发给每一位新当选者。

第四章 传统乡规民约的思想渊源

从表4可以看出，这三个乡规民约主要体现了以下思想：其一，强调和保护村民的选举权、被选举权，以及参会权等各项政治权利，以凸显其所谓"民主、平等"思想。其二，强调全民参与村务管理，主张建立村民会议制度，以实现由传统绅治向近代自治的转变。在河北翟城村，原先参与村务的人员仅有米氏父子与村正、村副等少数人，但是，自从清末民初订立了新的村规民约以后，以各种名义参与村务的人员明显增多，从原来以米氏父子为核心的数人逐步扩展为整个乡村的10个大姓人士，计40人之多。20世纪20年代，在国家力量的推动下，他们抛弃了原来的村会制度，建立了村民会议制度，规定年满20周岁、行为端正的村民均为村民会议的成员。他们享有对包括村长副在内的村行政人员的选举、监督及罢免权；享有县区政府交办的各种事项的议决权；享有议定和修改村禁约及村规的权力；享有由村长副、村监察委员会以及20人以上村民提交的事项的议决权。尽管，真正的执行权力掌握在由乡村士绅阶层组成的村政会议及其执行委员会（村公所）手中，但从表面上看，村民会议制度无疑是增强了村民参与村务管理的能力，彰显了其所谓"全民政治"色彩。其三，强调和提倡建立村务管理监督机制，以体现其所谓"民治主义"思想。山西军阀阎锡山即认为村长副办理村务，仅凭官厅监察不行，必须给人民以监察之合法权利，并设监察机关使人民行使监察之职责。在阎锡山的倡议和推动之下，山西各地农村社会首先设立了村监察委员会（其成员由村民会议选出5—7人），专司清理村中公款有无浮滥，纠察执行村务人员能否尽职，负监督之职权。当然，对包括乡里制度、义仓制度、保甲制度、社学制度在内的中国传统乡治理论的继承和发扬，依然是其重要内容之一。

可见，无论是翟城村村规民约，还是后来的山西村制条例，它们在继承中国传统乡治理论的基础上，都不同程度借鉴了西方民主思想，属于中西结合的"混合物"。需要特别指出的是，在民国政府的推动下，作为中国近代乡村自治先声的翟城村村规民约和山西村制条例，在全国范围内受到了推崇和仿效，一时之间甚至成为各地乡村社会制定乡规民约的蓝本，1930年山东K村制定的村规民约就是很好的证明。

应该说，西方民主思想是基于西方的文化传统所内生的一种现象，它深植于西方文化土壤中，体现的是西方基本的价值准则和观念，蕴含着他们对人与社会、人与国家关系的理解，对诸如自由、民主、平等、法治等价值的体认。西方民主思想最早在清末传入中国，很快就受到了包括封建知识分子、封建地方官僚以及其他社会精英的重视和追捧，并将其运用到对农村社会的治理中，期望通过"如此直接间接监察，横的竖的调剂"，从而达到"自然利兴弊除，根本修明"的目的，最终实现"任何政治，无不顺利"的目标。虽然，由于受到政治、经济、文化、社会等诸多因素的制约，清末民初的乡村自治运动大多归于失败，其所制定的一系列村规民约在实践中也多流于形式，但"民主""自由""平等""监督"等西方民主思想，已经深深印入了中国人的脑海中，并在以后的乡村地方自治中发挥了重要的作用。

第五章 传统乡规民约的制定执行

如前所述，传统乡规民约按制定者的不同，可以划分为由建立在自然村落基础上的地缘性民间社会组织所订立的乡里规约，由以血亲为纽带的乡村宗族组织所订立的宗族类乡规民约，由超越了血缘界限、以一定的地缘为纽带、以道德教化为主要目的乡约组织所订立的乡约类乡规民约，以及由某一特定社会群体或组织制定的、以维持农业生产或日常生活正常秩序为主要目的乡村会社类乡规民约。这些种类繁多的乡规民约是如何制定的？采用了什么样的措施加以执行？又收到了什么样的效果呢？

与国家法不同的是，传统乡规民约的发起者主要是来自古代乡村社会的某一地域组织或人群，其制定过程呈现出"自下而上"的特点，且以委婉温情的道德教化为主要手段而实施对社会的"软控制"。具体的讲，在北宋以前，传统乡规民约主要依托乡里、会社、宗族等基层组织制定并执行；北宋后，在上述组织之外又出现了专门的道德教化组织——乡约组织，乡约类乡规民约随之出现。下面将按照上述乡村社会组织出现的时间先后为序，对乡规民约的制订执行及其效果做一详细的介绍。

第一节 乡里组织及其规约的制订执行

一 乡里组织——地缘性乡村基层组织

关于乡里组织的起源，大多数学者认为其源起于西周时期，如臧知非根据《逸周书》《尚书》《周礼》等先秦历史史料的记载，认为"里"作为居民区，最早出现于西周时期，"乡"晚于"里"而出现，最早是一种军事划分。① 因此，西周时代虽有乡里之名，但并没有构成后世的乡里系统。直到春秋战国时期，乡里制度开始向地方基层政权转化，乡里组织随之作为乡村社会基层组织出现。赵秀玲认为，虽然根据《文献通考》的相关记载，乡里制度可能萌芽于黄帝时代，但因为《文献通考》是由宋代人著录，因此，此观点的真实可信性还有待商榷。她继而强调，最迟到西周时代，乡里制度已经大量存在，但它与后来的乡里制度存在着较大的差异，主要表现为"乡""里"的概念和范畴存在着较大出入。最后，她指出，作为县以下的地方基层组织形式，"乡里"初步定型于春秋战国时代。② 卜宪群则根据考古发现的金文史料及《周礼》一书的记载，认为西周时期已有"乡""里"等名称出现，但它们仅仅代表了当时的地域组织，并非后世意义上的国家基层行政组织。③ 春秋战国之际，"乡""里"开始并称，并开始从地域组织向国家基层行政组织转化。对乡里组织起源于西周时代的说法，也有学者提出了异议。如杜正胜认为"根据今日所见的西周史料，尚无任何关于乡里之'乡'的痕迹"。④ 晁福林则认为，"西周时期并没有《周礼》所云的乡遂制度。不仅如此，而且连'乡'、'遂'两个字也可能是不作居住单位名称来使用的"。⑤ 对于"乡""里"的起源，虽然学术界的观点并不统一，但对于其初步定型于春秋战国时代的说法却是普遍认可的。

春秋战国时期，"乡""里"已经并称，正式成为乡里基层组织的一级单位，并设有里正、乡正、乡长等官职。此外，"三老"作为乡里

---

① 臧知非：《先秦什伍乡里制度试探》，《人文杂志》1994年第1期。
② 赵秀玲：《中国乡里制度》，社会科学文献出版社1998年版，第1—4页。
③ 卜宪群：《春秋战国乡里社会的变化与国家基层权力的建立》，《清华大学学报》（哲学社会科学版）2007年第2期。
④ 杜正胜：《编户齐民》，联经出版事业公司1980年版，第115页。
⑤ 晁福林：《先秦社会形态研究》，北京师范大学出版社2003年版，第426页。

第五章 传统乡规民约的制定执行

组织的重要角色，也在这一时期出现。秦汉时代，在乡里组织中增加了"亭"，乡村基层组织呈乡、亭、里三级制，乡"三老"由于深得皇帝的重视，日益位尊权大声隆。三国魏晋南北朝时期，不少地方的乡里组织废置，即使保留也要么因袭汉制，实行乡官制，要么取法《周礼》，实行"三长"（邻长、里长、党长）制。值得注意的是，这一时期，"亭"作为乡村组织逐渐废弃，"乡"的管辖范围逐渐缩小，其地位也逐渐下降，相比之下，里一级组织设置比较普遍，也备受重视。此外，"村""村落"作为乡里组织的单位之一开始出现，如北魏孝文帝延兴二年（472）四月诏曰："比丘不在寺舍，游涉村落，交通奸猾，经历年岁。令民间五五相保，不得容止。无籍之僧，精加隐括。"[1] 南朝宋臣谢方明云："囚逡巡墟里，不能自归，乡村责让之，率领将送，遂竟无逃亡者。"[2] 隋唐时期，乡的功能进一步弱化，"里""村"成为乡里组织的重要层级，不仅设有村正之职，而且对村正员额编制也有具体的规定，一般是依村之大小有所变动。也正是在这一时期开始，乡里组织开始从乡官制向职役制转变。两宋初期仍实行乡里制，但在其中后期，"乡""里"组织中的里正和户长之职先后被罢免，乡里制基本废止，取而代之以"保甲制"和随之而成立的保甲组织。元代，乡里制度有所恢复，此外开始了"都""图""社"制的设置和推广，如《萧山志》载："改乡为都，改里为图，自元始。"[3] 至元七年，"复颁农桑之制一十四条……县邑所属村庄，凡五十家立一社，择高年晓事者一人为之长。增至百家者，别设长一员。不及五十家者，与近村合为一社。地远人稀，不能相合，各自为社者听。其合为社者，仍择数村之中，立社长官司长以教督农民为事"。[4] 明代，在统治阶层的推动之下，乡里组织除保留有前代的"乡""里""村""都""图""保""社""甲"等

---

[1] （北齐）魏收：《魏书》卷114《释老志》，中华书局1974年版，第3030页。
[2] （梁）沈约：《宋书》卷53《谢方明传》，中华书局1974年版，第1523页。
[3] （清）赵翼：《陔余丛考》卷27《乡都图》，河北人民出版社1990年版，第454页。
[4] （明）宋濂：《元史》卷93《食货一》，中华书局1976年版，第2553页。

组织之外，还新增加了"区"一级的乡里组织，并设置了粮长一职，专门监督乡里赋税纳粮等事宜，乡里组织呈现出层级复杂、名目繁多的特点。组织紧密、层级繁多的乡里组织结构，一方面强化了统治者对乡里百姓的控制，另一方面也削弱了乡里组织的自治性质。清代，乡里制度基本因袭旧制，并无多少创新。①

乡里组织设立的目的，最初只是为了征收赋役，后来都负有劝农、教化及维持治安的任务，其人员有称乡老、亭长、保长、里正、誉长（誉老）、甲首的，不一而足，其选任在不同朝代有不同的标准。西周时期，"六乡六遂之职，虽名为设官，实皆佐理民事之衣食住行育乐诸端。且执事者，多由乡老举荐之于官，而后服役"。② 可见，这一时期对乡里官长的选拔主要采取由乡老荐举的办法。春秋战国时期，乡老及里正的选任一般遵循举德、荐贤、任能的原则，《管子》《公羊传》中载有"择其贤民，使为里君"③ "选其耆老有高德者名曰父老，其有辩护伉健者为里正"④ 的字样。秦汉，继承了先秦重视父老年高德行的传统，如汉代要求，"年五十以上""有修行""能帅众"⑤ "被称美"⑥ 的乡民方能被推举做"三老"。魏、晋、南北朝时期，乡里组织领袖的选任基本继承前代。但北魏时期却对里尉、里正的当选资格提出了新的要求，如北魏宣武帝景明元年（500）甄琛为河南尹，"请取武官中八品将军已下干用贞济者，以本官俸恤，领里尉之任，各食其禄。高者领六部尉，中者领经途尉，下者领里正"。⑦ 从上述材料可以看出，这一时期，一般乡民已经无法染指里尉、里正等职位，只有那些拥有"八品将军以下"官职且兼具"干用贞济"之人，方有机会担任此职。不

---

① 赵秀玲：《中国乡里制度》，社会科学文献出版社1998年版，第23页。
② 闻钧天：《中国保甲制度》，商务印书馆1935年版，第70页。
③ 李山译注：《管子》卷8《小匡第二十》，中华书局2009年版。
④ （战国）公羊高：《公羊传·宣公十五年条》，黄铭译注，中华书局2016年版。
⑤ （汉）班固著，颜师古注：《汉书》卷1《高帝记第一上》，中华书局2000年版。
⑥ （宋）范晔、（唐）李贤注：《后汉书》卷32《樊宏阴识列传》，中华书局2000年版。
⑦ （北齐）魏收：《魏书》卷68《甄琛传》，吉林出版社2005年版。

第五章 传统乡规民约的制定执行

但如此,北魏(设立三长制)三长之选任也开始重权势与财力,如《魏书·常景传》记载:"顷来差兵不尽强壮,今之三长,皆是豪门多丁为之,今求权发为兵。"①《周书·柳庆传》亦云:"将选乡官,皆依倚贵势,竞来请托。"② 可以看出,北魏时期,乡官的选任资格已经开始发生变异,由原来重人的德行、才能等内在因素转向重人的财势、权力、职务等外在条件,这为后世乡里组织领袖的选任重财、力、权、势等开了先河。隋唐时期,随着乡里制度由乡官制向职役制的转变,乡里组织高层领袖的选任也相应地从乡里选举、郡县定夺的"荐任制"改变为完全由县令掌握控制的"轮差制"。譬如里正的充任,即是由"县司选勋官六品以下,白丁清平强干者充之"。③

不难看出,这一时期,里正的选任资格已经较大程度受到了北魏乡官特别是里正、里尉选拔标准的影响,注重对候选人身份的要求和强调。而对乡里组织领袖中地位较低者如村正的选用,其标准也发生了一些变化,据《文献通考·职役一》中记载:"村正取白丁充,无人处,里正等并通取十八岁以上中男,残废免充。"可以看出,只要具备"年满十八岁"、身份为"白丁"、无明显身体残疾等简单条件者,均有机会选任村正一职。总体说来,唐代里、村级组织领袖的选任标准是比较低的,德才、文化素质等内在条件往往不被重视,财力、身份等外在条件转而成为选任与否的主要标准,这也从一个侧面反映了唐代乡里制度地位的下降。宋代,随着"保甲制"和"乡约"制度的出现,"乡""里"的重要性江河日下,"乡""里"组织领袖也随之变得不为人重,人们甚至到了避之唯恐不及的地步,在这样的事实面前,"乡""里"组织领袖的选任已经不可能像过去那样严格,品行、才智、名望甚至权势,已经不再是"乡""里"组织领袖人选的必备条件,而改由地方政府根据"人丁物力"等条件选任或者直接派定了,表现出了明显的

---

① (北齐)魏收:《魏书》卷82《常景传》,吉林出版社2005年版。
② (唐)令狐德棻:《周书》卷22《柳庆传》,中华书局2000年版。
③ (宋)马端临:《文献通考》卷12《职役一》,中华书局1986年影印版,第132页。

"差役化"性质。如宋太宗淳化五年（994），诏："两京、诸道州府等监管内县，自今每岁以人丁物力定差，第一等户充里正，第二等户充户长，不得冒名应役。"① 对于保甲长、乡约长等职的选任标准则提出了"为众所服""有干力""壮勇""家赀最厚""年高德劭"等诸多要求。可见，这一时期，乡里组织领袖的职责不同，其选任标准也有所区别。元代，乡里组织领袖的选任多沿用宋制。如关于里正的选任，即主要以财产多寡为标准。"役法：元各都设里正、主首，后止设里正，以田及顷者充。"② 明代，在乡里组织领袖的选任上，对粮长、里正和甲首等比较重视其经济状况的"殷实"，而对老人、保甲长、约正副、社首副等则比较重视其品德才干和实际能力。到了清代，里、甲长的选任与明代类似，也比较重视外在条件，而且其标准简单划一，没有多少变化。对保甲长的选任条件与明代较为接近，只是要求较为全面，既要有外在的条件，又要有内在的因素，即要有财产、体力、精力、才能和德行等多个方面的内容。

二 乡里规约的制订和执行

乡里规约的制定，一般是由该地域共同体内的乡村精英阶层在协商基础上达成一致认识之后完成的，这些乡村精英阶层主要包括了如保长、乡约长、里甲长、老人等乡里组织领袖和乡绅阶层。③ 如清乾隆十九年（1754）闰四月，徽州某县十八都四图订立的一份关于轮派甲长差役事务的《轮充均役合同》就是由吴德嗣、朱允公、戴才志、蔡思志、范吉振、叶在田等16位乡绅代表联同保甲长等当地基层组织最高长官共同完成的。当然，为了增强乡民对规约的认同感，确保其执行的畅通无阻，多数乡里规约在草拟之后都会履行一个"合村公议"的程

---

① （宋）李焘：《续资治通鉴长编》卷35，淳化五年三月戊辰，中华书局2012年版，第775页。
② （明）解缙等编：《永乐大典》第7册，中华书局1986年版，第6259页。
③ 卞利：《明清徽州地区乡规民约论纲》，《中国农史》2004年第4期。

序，似乎唯有这样，方能体现其"乡村公共事务、家户集体参与"的特点和"乡村自治"的本质。在得到"全村公允"之后，部分乡里组织还会将其所制定的规约送至地方政府，以获得地方政府的认可和支持，目的在于增强乡里规约执行过程中的合法性和权威性。如清雍正二年（1724），山西河津市樊村镇魏家院村针对村内日渐猖獗的赌博之风，特意设立了《阖庄公立禁赌碑》，并将之"具禀县老爷案下"，获得了"照准禀行"的权力。清光绪三十三年（1907），江西武宁县大洞乡彭坪村也将所定的乡里规约"联名呈请禁示"，并以"奉宪严禁令"的形式刻碑告示全乡。同时，作为自然村落组织的最高长官，里甲长、乡约、保长等因为其威信和手中所握有的权力，又是乡里规约的具体执行者，他们对因为违反乡规民约的规定所引起的民事纠纷及轻微刑事行为有完全的调解处理权。另外，他们在面对那些不服管教和处罚的乡民时，还具有直接呈官理治的权力。譬如，清乾隆十六年，徽州《排年合同》就规定："合同十排集议，嗣议之后，各甲排年催管各甲完纳，不得遗累现年。立此合同存据，永不拖累。倘有抗欠、不依合同反悔者，甘罚白米叁石。如有不遵，十排呈官理论。"

相对而言，乡里规约因为是建立在地缘基础上的乡村社会基层组织规约，因此，更多地强调地域范围内成员之间的关系和谐，强调对组织内部整体社会秩序的维护，而对成员自身修养和修为的关注较少。同时，因为缺少了血缘之间的联系，而只受到松散的地域范围的约束，乡里规约在具体约条的制订和执行力度上更加宽松，往往并不涉及对组织内部成员过多、过重的惩罚，以此来求得共同体成员对乡里组织的追随。

第二节 乡村会社组织及其规约的制订执行

一 乡村会社组织——跨越血缘界限、主旨单一的乡村社会组织

乡村会社组织，从广义上讲，是指超越地缘、血缘关系，以拥有共

同信仰、志趣、职业甚至是性别为纽带的人群所组成的团体。本书的研究仅限于那些以维持正常的农业生产和日常生活秩序为主要目的的乡村会社组织。这些是乡村基层社会中的一种自设性与自愿性组织，在传统的中国乡村社会中是普遍存在的社会现象，也是乡土社会中很重要的"社会圈子"。[①]

乡村会社组织，最早起源于西汉时期的"单""田社""街弹"等以生产生活互助为主要目的的私社组织。据俞伟超统计，两汉时期，"单"是广泛而普遍存在的，目前已知的"单—僤—弹"印及其各分职之印，总数有67或68个。从其名称上看，其创立目的包括养老、防老、互救互助、民间协作生产等多个方面。[②] 1973年在河南偃师县出土了一方历史上最早的成文化的乡规民约——东汉明帝永平十五年（72）《汉侍廷里父老僤买田约束石券》，这也是一方典型的会社规约。此后许多年里，由于国家政权的禁断和限制，乡村会社组织虽然有所发展，但并未形成太大气候。直至元代，"社制"被设置和推广，民间结社行为被合法化，情况才发生了根本性的变化。史载："世祖即位之初，诏天下，国以民本，民以食为本，衣食以农桑为本，于是颁《农桑辑要》，俾民崇本抑末。"至元七年（1270），"复颁农桑之制一十四条……县邑所属村庄，凡五十家立一社，择高年晓事者为之长。增至百家者，别设长一员。不及五十家者，与近村合为一社。地远人稀，不能相合，各自为社者听。其合为社者，仍择数村之中，立社长官司长以教督农民为事。……凡种田者，立牌橛于田侧，书某社某人于其上，社长以时点视劝诫……凡为长者，复其身，郡县官不得以社长与差科事"。[③] 在"社制"政策的推动下，元代北方一些地方建立了被称为"锄社"的会社组织，史载："其北方村落之间，多结锄社，以十家为率，先锄一家之

[①] 丁华东：《会社在徽州区域社会研究中的意义——以明清之际的徽州民间会社为分析中心》，《探索与争鸣》2004年第12期。

[②] 俞伟超：《中国古代公社组织的考察——论先秦两汉的"单—僤—弹"》，文物出版社1988年版，第178页。

[③] （明）宋濂：《元史》卷93《食货一》，中华书局1976年版，第2354—2355页。

第五章 传统乡规民约的制定执行

田,本家供其饮食,其余次之,旬日之间,各家田皆锄治。自相率领,乐事趋功,无有偷惰,间有病患之家,共力锄之,故苗无荒秽,岁皆丰熟,秋成之后,豚蹄盂酒,递相犒劳,名为锄社,甚可效也。"[1] 明清时期,乡村会社组织的发展达到了兴盛。从保存至今的会书、社条来看,会社组织的类型多样、名目繁多:有祝圣会,牛王圣会、世忠会、关帝会、观音会等祭祀性会社组织;有养山会、锄社、渠社、牛马会、青苗会一类的生产互助性会社组织;有合会、钱会一类的经济互助性会社组织;有葬亲社、父母会、孝义会、花筵会、棺笼会一类的生活互助性会社组织;有水龙会、桥会、路会、一命浮图会、育婴会等公益性会社组织;有保正会、牌甲会一类的共同轮充乡里差役的会社组织;有一些地方甚至还出现了诸如女人社、老人社、老实社等依据性别、年龄乃至性格建立的会社组织。这些名目繁多的会社组织大多是由家族或乡村成员集资或捐资组建,在管理和经营上很少看到官府的影子,其主要目的在于以互相周济、患难相恤的方式,来维护乡村社会正常的生产生活秩序。

传统乡村社会中的会社组织大多订有会规,置有会簿,立有头领,实行严密的管理。对会社组织头领的称谓,各个会社组织各有不同,如倪无职创设的"一命浮图会"的会书上即云"注认之后,不必关会首事,径自举行",可见此会的首领称"会首"。而在隋唐社邑中,首领一般称为"社头""社长"或称"社禄"。在会社头领之外,会社组织往往还设有"司会""典座""月值""席录""虞候"等职,来负责会社组织的具体事务。如唐宋时代敦煌的民间社邑中,就在社长之外,又设立了社官、录事两种职务。其中,社官辅佐社长,由年龄次于社长的人担当;录事负责处理实际事务,相当于其他会社的司会、典座。此外,在吐蕃统治时期,敦煌社邑还设立了月值一职,接受社人纳物,并负责经办宴会。另外,还有主持宴会的席录以及分掌社会的虞候等

---

[1] (元)王祯:《农书》卷3《农桑通诀·锄治篇》,中华书局1956年版,第1274页。

干事。

会社组织头领的产生,也因会社组织形成原因及过程的不同而各异。有些会社,召集者本身就是社长,如明嘉靖至万历年间,曾任南刑部郎中的董燧为了"正人心,一教化",在其家乡江西乐安县流坑村,"邀父老子弟每月二会"于村中的圆通阁,宣讲明太祖圣训及忠义亲长、尊严逊让等封建纲常,是为"圆通会",并亲自出任会中领袖。有些会社是地方守令为奖掖后进、改变民风而设,这些守令实际上也就成了会社的领袖。有些会社的头领是根据年龄和资历而定,如唐宋时代敦煌的民间社邑中,社长一职就是由社内年龄最长者担任的。而大部分会社组织会首的选任则采用轮流充当的方式,如祁门善和村的利济会规定:"迭年阄定二人为首,经收会谷,务要逐号开明,收谷若干。除交用外,仍存余之谷,谷每秤十八斛,作米八升,照市折价,交钱入匣,公仝生贩,务要现钱,不押欠,不拖迟,违者罚。"[①] 明江苏吴江田里小民腊月里所组织的"酿会",其中的会首也是轮当的,即由参加者每年轮流充当。

在对那些以维持农业生产和日常生活为主要目的的传统乡村社会会社组织的研究过程中,笔者发现,其对地域的跨越,因为农业生产较强的季节性特点以及古代中国不很便利的交通和联络条件,注定了只能是小范围内的突破,是相对的突破,远远达不到绝对意义上的突破。同时,由于在古代中国,家族村落是乡村社会的基本单位,聚族而居是乡村社会的常态,这种客观现实,也决定了在此基础上结成的民间结社组织,大多带有显著的血亲宗族性质。譬如,徽州作为一个聚族而居的宗族社会,许多会社组织就是由宗族主办的,像清代祁门善和的33个会社,其会首和成员基本来自程氏宗族内部,或者说这些会社基本上是程氏宗族内部成员结成的会社团体。

[①] 刘淼:《清代祁门善和里程氏宗族的"会"组》,《文物研究》第8辑,黄山出版社1993年版,第89页。

第五章 传统乡规民约的制定执行

二 乡村会社组织规约的制订及其执行

乡村会社组织根据其性质和组成成员的不同，其规约的制定情况也不尽相同。在那些地域跨度较小但血缘联系又不太紧密的会社组织内部，其规约的制订大多是在会社首领的倡议和主持下，由全体会社组织成员以"合议"的形式完成的。如唐宋时期敦煌的民间结社组织，就大多采取"众意商量"的方式来共同订立社条。至于那些依据血缘关系建立的宗族性会社组织，其规约的订立过程则与宗族规约类似，多是在宗族实际的管理者和监督者，即族长的主持下，由宗子、各房房长等组成的"缙绅集团"来共同完成的。如清初康熙年间，詹氏宗族聚居地——婺源庆源村有近十个带有宗族性质的会社组织，其会社规约的制定和调整，无疑主要是依靠宗族的族长来完成。对于那些已经超越了某个具体行政区划范围、地域跨度较大的会社组织，其社条的订立大多是由乡村各类基层组织的领导以及乡村其他精英人士共同发起制订的，如休宁县十三都三图祝圣会《会约》即规定，"议祝会事"，必须由"住居十三都三图里长吴文庆、保长汪宗公及士农工商各户人等"一同参与。[①]

不同于其他乡村社会组织，会社组织的建立，大多是以社员的自愿参与和加入为前提的，并不带有非常浓厚的强制性，而会社规约的制定也大多是在社员"众意商量"的基础之上产生的，因此，在正常情况下，违背社条的情况并不多见。但实际情况是，因为种种原因，并非每个社员都能够自觉地按照社规会约，严格约束自己的行为，在这种情况下，必要的监督和强制执行就显得极为重要了。一般来讲，会社组织规约的执行大多是在会社首领的领导下，由会社组织的管理阶层具体实施和贯彻执行的。如清道光三十年（1850），休宁县十三都三图祝圣会社条规定，对于"抗租不交司年"的入会佃户，由"上下会首，前往催

---

① 休宁《崇祯十年——康熙四十九年祝圣会簿》，南京大学历史系资料室藏，编号000055。

讨",若有人敢"刁佃梗顽,颗粒不交",则由会首"邀全在会诸公商议公允,再行公举"。① 不过,对于建立在血缘基础上的会社组织,由于管理领导层与宗族组织之间存着较大的同构性,会社的首领往往就是宗族的族长,因此,其规约的具体执行和裁断者则是以族长为核心的房长缙绅集团。如清嘉庆十九年(1814),祁门箬溪王履和堂养山会规要求,"兴山之后,各家秩丁必须谨慎野火"。如果不慎烧毁山林,"无论故诬,公同将火路验明"。一旦查出具体的纵火人,就要对其作出"罚银十两,演戏十部"的处罚,对于不遵守处罚的人员,"即令本家房长入祠,以家法重责三十板。元旦,祠内停饼十年"。纵火者如若为女性,惩罚减半。若有家室,则对其丈夫和成人的孩子给予具体的惩罚,以惩其"监管不力"之责;若无家室,"咎归房长,公同处罚"。②

值得关注的是,乡村会社组织除了对社员的行为进行约束和监督之外,还对社官等会社组织领袖的行为提出了监督和惩罚的要求,这不但体现了会社组织"社人自办"的性质,也体现了会社组织领袖和普通成员之间具有一定程度上的平等性。③ 元代西夏的《龙祠义约》第12条即规定:"夫社举、社司所举之事,务在公当。若管社人当罚而不罚,与不当罚而妄罚者,罚钞二两。合举不举及举不当,亦罚钞二两。当罚者不受罚,除名。社内俱与绝交,违者罚绢一匹。"④

第三节 宗族组织及其规约的制订执行

一 宗族组织——血源性乡村社会组织

宗族,是由原始社会后期父系家长制的氏族与部落转化而来,它是

---

① 休宁《道光廿四年——三十年祝圣会簿》,南京大学历史系资料室藏,编号000057。
② 祁门《环溪王履和堂养山会簿》,安徽省图书馆藏。
③ 金滢坤:《论唐五代宋元的社条与乡约(二)——以吕氏乡约、龙祠乡社义约为中心》,《敦煌研究》2008年第1期。
④ 焦进文、杨富学校注:《元代西夏遗民文献〈述善集〉校注》,甘肃民族出版社2001版,第16页。

第五章 传统乡规民约的制定执行

以拥有同一祖先的血亲关系为核心、以配偶和姻亲关系为补充,所有成员均处在一定长幼尊卑地位的一种人群集合体。① 宗族最早起源于数千年前的中原地区,经过魏晋南北朝时期三次大的南迁之后,许多士家大族为避战乱纷纷从中原地区南迁到安徽、浙江、江苏、江西、福建、广东等地。但在当时,这些宗族既没有代表宗族利益的族长,也没有合族祭祖的祠堂,甚至没有任何族产,除律、礼所规定的家族、宗族制度外,也尚未见族规之类的有关家族、宗族的特殊制度,具有"无组织""无秩序"的特点。宋代以后,特别是明清时期,伴随着乡约制度的大规模推行,宗族乡约化在上述很多地方均有发生,而且程度加深了。② 通过宗族乡约化在上述地区的全面展开,宗族组织化、制度化在这些地方也开始形成和成熟,各地宗族纷纷修编族谱、选立族长(一些地方亦称"户长""家长""族正""宗正""主事"等)、设置义田、奉祀始祖,并宣讲圣谕、设立族约、制定族规,宗族自治性加强,也促进了宗族与官府的互动作用。

族长是族权的代表,拥有对本宗族经济财产、成员之间纠纷和打架斗殴等事务的处置权和裁判权,负责主持宗族的各类祭祀,负责制定族规家法,劝化教导族众奉规守法,并且负责处理本宗族对外交往与交涉事务,他代表了本宗族成员的共同利益。③ 因此,族长的选拔任命直接影响到全族的兴旺发达,各个宗族组织对族长的选拔标准都作出了严格的规定。如江州陈氏《义门家法》中规定:"立主事一人,副事二人,管理内外诸事。……此三人不以长少拘之,但择谨慎才能之人委之,不限年月。"④ 河北交河李氏则规定:"为族长者,必须品端心正,性情和平,乃可服人,亦可拿事。"⑤ 安徽休宁商山吴氏宗族于《族规》中规

---

① 程维荣:《中国近代宗族制度》,学林出版社2008年版,第3页。
② 常建华:《明代江浙赣地区的宗族乡约化》,《史林》2004年第5期。
③ [日]井上彻:《中国的宗族与国家礼制》,钱杭译,上海书店出版社2008年版,第172页。
④ 江西《陈氏大成谱》卷首《义门家法》,1924年本。
⑤ 交河《李氏八修族谱》第一本《谱例》,1937年本。

定:"须会族众共同推举志行端方、立心平直者四人——四支内每房推选一人——为宗正、副,经理一族之事。遇有正事议论,首家邀请宗正、副裁酌。如有大故难处之事,会同概族品官、举监生员、各房房长,虚心明审,以警人心,以肃宗法。"① 安徽祁门《平阳汪氏宗谱·家规》即云:"宗子主祀,礼也。或年幼分卑,不能表率。一族必择才德兼优、为族所重者,立为户长,又于各房择年长者为赞焉。合族有事,主持有人。即子弟有不肖者,亦得循规惩戒,庶公举有成,家法得申。……然族之立,不必徒以年份,须择平素为人端正、刚直不阿,可以统驭一户、协服人心者,以之为长。事有关宗祖、合族利害,彼自会众商榷,不退缩推诿轻败。"② 民国时期的安徽《济阳江氏统宗谱》对族长的地位、作用以及选拔标准,有着极其详细而具体的阐述,云:"族长为一族之尊,其责任视家长尤重。今《家训》十数条,惟赖族长家喻而户晓之。但身正则不令而行,不正则虽令不从,整躬率物,又别有道,族长免乎哉。凡为族长者,年必高,行必尊,尤须公而不私,正而不偏,廉而不贪,明而不昧,宽而不隘,耐而不烦,刚而不屈。七者兼备,乃能胜任。若名实相远,怀私徇情,唯唯诺诺,而不能服人者,众共退之,别立齿德俱尊者为族长。"③ 民国《歙县志》云:歙县聚族而居,族必有祠,"祠各有规约,族众公守之。推辈行尊而年齿高者为族长,执行其规约"。④ 从上述宗规族约中,我们可以清晰地看到,虽然各族对族长的选任标准在年龄要求上存在着一些细小的差别,但总体原则是一致的:即必须是经过族众推选的德才兼备之人方能胜任。虽然对担任族长之职的身份未作专门的要求,但事实上基本以缙绅地主为主,平民族长只是极少数。在族长之外,大多宗族还以类似的标准推选出了族副,一同参与对宗族事务的管理。

---

① 休宁《商山吴氏宗法规条》,明抄本,北京图书馆藏。
② 民国《平阳汪氏宗谱》卷1《家规》,安徽省图书馆藏。
③ 民国《济阳江氏统宗谱》卷1《江氏家训》,1919年刻本。
④ 民国《歙县志》卷1《舆地志·风土》,载《中国地方志集成·安徽府县志辑》,江苏古籍出版社1998年版,第51册,第39页。

第五章　传统乡规民约的制定执行

族长之下是各房的房长，他们出席由族长召集的讨论和商议族中重大事务的会议，拥有对某人、某事的发言权。房长和家长的产生大多完全依据长幼顺序，并不采取推选的方式进行。但其中也有少数例外。如安徽黟县环山余氏宗族就在《家规》中明确规定："家规议立家长一人，以昭穆名分有德者为之；家佐三人，以齿德众所推者为之；监视三人，以钢明公正者为之。每年掌事十人，二十以上、五十以下子弟轮流为之。凡行家规事宜，家长主之，家佐辅之，监视裁决之，掌事奉行之，其余家众，毋得各执己见，拗众纷更者，倍罚。"① 这样，族长、族副与各房的房长和各家的家长，就共同组成了以族长为核心，族副、房长、家长共同参与决策的两级缙绅管理集团。

二　宗族规约的制订和执行

宗族规约的制定大多是由以"族长为核心的房长缙绅集团"② 共同商议制订完成的。如光绪二十一年（1895），虞东戚氏为保护村中前头池的水源而订立的禁止大小车具落池抽水以及放水引鱼的禁单，便是由宗长戚企东与族中四房的房长、董事共计九人一起制定的。③ 但还有一些特殊情况，大体可以分为以下数类：

（一）由尊长、族长或威望极高的族人个人订立

在一些宗族内部，族长较有威望或是有势力，也会发生族长一人订立规章的情况。如西清王氏的《坟祠祭典条规》即由其族长王圣谋一人于清道光十年（1830）订立。④ 也有些族人并非族长或房长，但他们或出将入相或考取功名，在族众中获得了发号施令的地位，订立族规之责，也就非其莫属。如浔海施氏在清初出了率兵平定台湾的施琅后，该族的族长便不敢擅自或请族中他人执笔订立规则，只能借助施琅。等到

---

① 民国《古黟环山余氏宗谱》卷1《家规》，1917年本。
② 赵华富：《两驿集》，黄山书社1999年版，第308页。
③ 虞东《戚氏宗谱》卷1《议规》，1928年本。
④ 西清《王氏族谱》卷1《坟祠祭典条规》，1934年本。

施琅去世后,该族长又请施琅之子施世纶来订立规范。①

(二) 由族众共同订立

在部分宗族中,当族中尊长的威信甚低时,族众就会要求共同参与对家法族规的制定。如1918年,川沙张氏所订立的宗祠规约,即是"由族人共同议定"的。当然,规约的草拟应该仍然是由族中尊长等士绅阶层主持完成的,而且,对于大多数文化程度不高的族众来说,所谓"公议"仅仅意味着履行一个"唱诺"的程序,"首倡与唱和"②的结构关系并未发生根本性的改变。

(三) 由族外文人代为订立

这种情况又可粗略地分为两类:对于一些文化水准较低的宗族来说,上至族长下至一般族众,均缺乏粗通文理、略知国法者,于是当其需要订立家法族规时,族长等人只有请人捉刀代笔。如宜兴卢氏的宗谱就载明,该族《宗祠戒约》的作者是同邑庠生吴仰之。而对于一些强宗大族来讲,虽然族众中不乏精通文法之人,但并无修纂谱牒的专门性人才,对于修订一份较高标准的家法族规的要求来讲,他们还是寻求族外高手的帮助。

无论以上述何种方式订立,宗族规约的执行者仅限于宗族的族长、由宗族族长委托的管理人员和宗族中的缙绅集团。如浦江《郑氏义门规范》中即规定:"家长总治一家大小之务,凡事令子弟分掌。然须谨守礼法,以制其下。其下有事,亦须咨禀而后行,不得私假,不得私与。"③ 河北交河李氏则规定:"立总族长一位,管理合族事务。"④ 明万历休宁《茗洲吴氏家记》在其族规《家典》中,就明确了族长为族规家法的执行人,"倘有户婚田土,事不得已,尊长不恤以至抱屈,亦当禀请族长以分曲直"。⑤ 明代休宁商山吴氏,则专门强调宗正、副为

---

① 费成康主编:《中国的家法族规》,上海社会科学院出版社2003年版,第33页。
② 按照日本学者寺田浩明对这个词语的用法,"首倡和唱和"关系指的是在缔约时,通常有一个或一些人首先提出主张,然后其他人群起而相和之。
③ 浦江《郑氏义门规范》,成都文伦书局清宣统二年本。
④ 交河《李氏八修族谱》第一本《谱例》,1937年本。
⑤ 休宁《茗洲吴氏家记》卷7《家典记》,安徽省图书馆藏。

第五章 传统乡规民约的制定执行

宗族规约的执行人。"祠规虽立，乃虚文也。须会族众，公同推举制行端方、立心平直者四人，四支内每房推选一人为正、副，经理一族之事。遇有正事议论，首家邀请宗正、副裁酌。"① 明万历《窦山公家议》则规定宗规族约的执行，必须由全体族众一同商议办理。"凡属兴废大节，管理者俱要告各房家长，集家众商榷干办。如有徇己见执拗者，家长家众指实，从公纠正，令其即行改过。如能奉公守正者，家长核实奖励，家众毋许妄以爱憎参之，以昧贤否。各房如有不肖子孙，将众共田地、山场、祠墓等件盗卖家外人者，管理者访实，告各房家长会众即行理治追复。或告官治以不孝论。"②

同时，为了防止族长等宗族组织领袖在执行规约的过程中"以公报私"，许多宗族规约都对行为失当的宗族组织领袖给予了一些必要的限制，以维护宗族组织内部的稳定性与和谐。如河北交河李氏规定："凡定族长……如行诣有愧，触犯规条，合族齐集，公讨其罪。如稍有改悔，聊示薄惩，以警其后。不然，则削去族长名字，永远不许再立。"③ 余姚江南徐氏则规定："族长齿分居尊，统率一族子姓，评论一族事情，公平正直，遇事辄言，乃其职也。……若委靡不断，依违是非，或私受嘱托，或恃尊偏执，皆不称职，何以服众？族反不睦，纪纲废而讼端起矣。许各房会集公议。"④ 浦江郑氏对于行为有失的"家长"也作出了"举家随而谏之"的规定。⑤ 绩溪黄氏宗族要求族长对及时动态地掌握宗族人口的真实信息、督查举保司值工作等事项负有重要的监督责任。倘若出现"举保""司值"侵蚀，或"斯文""司值"等人"徇情互隐"，除了将犯事之人"责革"之外，族长也要受到"罚跪""罚胙"等处罚。⑥

---

① 商山《吴氏宗法规条》卷1，明抄本，国家图书馆藏。
② 祁门《窦山公家议》卷1《管理议》，明抄本，国家图书馆藏。
③ 交河《李氏八修族谱》第一本《谱例》，1937年本。
④ 余姚《江南徐氏宗谱》卷8《族谱宗范》，1916年本。
⑤ 浦江《郑氏义门规范》，成都文伦书局清宣统二年本。
⑥ 陈瑞：《清代徽州族长的权力简论》，《安徽史学》2008年第4期。

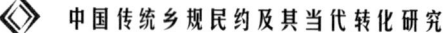

在所有的传统乡规民约类型中，宗族规约因为是建立在浓厚的家族血亲基础之上，因此，更强调宗族组织内部的和谐与整体繁荣，它对宗族成员的要求更细、更高、更严，对违反宗规族约的宗族成员的惩罚力度更大，以此来维护宗族组织的纯洁性和凝聚力。

第四节　乡约组织及其规约的制订执行

一　乡约组织——以道德教化为主要目的的乡村社会组织

所谓乡约组织，是自宋代以来历经明清而被普遍推广实行的一种民间组织形式，是居住在乡村中一定范围的人群，为了御敌卫乡、劝善惩恶、厉行教化、保护山林或应付差役等共同目的，依地缘或血缘关系而建立起来的一种民间组织。[1] 乡约组织起源于北宋时期，但这时的乡约组织还完全是一个由乡绅倡办，民众自愿加入，主事由约众民主推举，不受官府干预，也不承办公务，以组织约众互助、共励风化为主要职能的地缘性基层自治组织。[2] 到了明代中后期，在民办乡约组织之外又出现了官办乡约组织，其组成分子由官府划分、确定，主事的任免须经官府同意，职能以承担官府交办任务为主，这是一种按政府要求，民间自办的社区基层组织形式，是一种半官方的基层社会组织。[3] 即使是民办乡约，也随着官府介入的愈来愈深，其民众自治色彩日益淡化，仅仅是一种"有限自治组织"。这一时期，随着乡约推广力度的加大，南方一些聚族而居的村庄也在地方政府的认可与支持下开始结成乡约。这样，以宗族血缘关系为纽带所结成的乡约组织开始形成。清代前期，乡约组织演变为一个"以乡人治其乡事"的社会组织，它同时具有乡村自治组织和基层行政组织的双重特点，普遍具有讲读圣谕、劝善纠恶、调节

---

[1] 卞利：《明清时期徽州的乡约简论》，《安徽大学学报》（哲学社会科学版）2002年第6期。

[2] 王日根：《论明清乡约属性与职能的变迁》，《厦门大学学报》（哲学社会科学版）2003年第2期。

[3] 段自成：《清代北方官办乡约组织形式述论》，《中国社会历史评论》第7卷，2006年。

第五章 传统乡规民约的制定执行

纠纷和稽查奸宄盗逃等职能，并以教化为主。[①] 清顺治十六年（1659），伴随着乡约制度的建立，乡约组织完全成为清政府的基层行政组织。它已不再以办理约内公益事宜为主，而主要是协助州县官府加强对约众的思想和行动控制，其自治功能丧失殆尽，完全蜕化为官方控制乡村社会的御用工具，而不再是民间自治组织。

乡约组织的管理机构人员组成在不同历史时期亦有所不同。相较而言，乡约组织在其成立之初，其管理机构人员仅有包括"约正"和"直月"在内的二人到三人，其推选条件也相当简单，"正直不阿"即能获得约正之职的参选资格，而值月更是由同约之人"依长少轮次为之"。可见，年高有德、身体力行之人是当时可能被推举为乡约组织管理机构成员的主要条件。到了明代，乡约组织人员规模有所扩大，出现了约长、约正、约副、约史、约赞等多种称谓，有些竟有数十人之多。乡约首事的任职资格也慢慢地发生了一些变化，经济实力、社会地位开始成为选任的标准。如明代《南赣乡约》最初规定："推年高有德、为众所敬服者一人为约长，二人为约副。又推公直、果断者四人为约正。"但在颁行仅一年后，其推动者——王守仁，就将约长的资格做了修订，原定"同约中推年高有德为众所推服者一人为约长"，代以"各自会推家道殷实，行止端庄一人充为约长"。河南许州的乡约，要求选"致政敦德者一员为约正以帅约士，闲（娴）礼者二员为约副以掌约仪，才识公正者一员为约史"。[②] 明末陆世仪也主张约正应"以本乡中廉平公正宿儒、耆老为之，凭一乡之公举"。[③] 清雍乾年间，为了确保乡约教化的效果，中央政府要求各府州县乡村巨堡须"于举贡生员内拣选老成者一人为约正"[④]，根据这一原则，各地方官要求担任约正、

---

① 段自成：《清代乡约长的官役化与乡约教化的效果》，《平顶山师专学报》2003年第3期。
② （明）（嘉靖）《许州志》卷4《乡约》，《天一阁藏明代地方志选刊》第47册，第15页。
③ （明）陆世仪：《治乡三约》，转引自牛铭实《中国历代乡约》，中国社会出版社2005年版，第157页。
④ （清）素尔纳：《钦定学政全书》卷2《学校规约》，武汉大学出版社2009年版，第40—42页。

约副者须有一定的身份。如雍正朝名臣田文镜和李卫说:"遵照定例,选举诚实堪信素无犯过之绅士,充为约正、值月。"① 而乾隆朝曾任河南巡按使的隋仁鹏亦称:"定例内约正用贡生,值月用生员。"② 可见,明清时期,乡约组织的首事大多是由绅衿富民或有一定身份的人出任。

由于乡约组织缺少血缘或地缘的内在凝聚力,因此,乡约组织大都制定了严格的组织管理制度以维护其稳定性。这些管理制度体现在:其一,有着明确的目的和宗旨;其二,有定期举行约会活动的制度;其三,对约中成员有严明的奖惩规定。现仅以北宋《吕氏乡约》为例。首先,《吕氏乡约》开宗明义的强调了"德业相劝,过失相规,礼俗相交,患难相恤"为其建立的根本宗旨和目的。其次,《吕氏乡约》要求"同约之人"必须"每月一会""每季一会"。聚会时,不但要"具食""具酒食",还要"书其善恶,行其赏罚。若约有不便之事,共议更易"。至于聚会所需花费,则由"当事者主之"。同时,《吕氏乡约》对"犯义"和"不修"的约内成员,分别作出了"罚五百"和"罚一百"的处罚。对于那些"轻过规之而听,及能自举者",只是作出了"书于籍"的处罚,而免除了对其的经济处罚。但对于那些"规之不听,听而复为,及过之大"的约内成员,则"即罚之"。至于那些"不义已甚,非士论所容者"或"累犯重罚而不悛者",则要"聚众议",如果"决不可容,则皆绝之"。尽管制订了如此严格的组织管理制度,但因为约条脱离社会现实,加之未得到国家政权的支持,《吕氏乡约》乡约在坚持五年之后,伴随着其领导人——吕大钧的过世很快地走向了败落。

二 乡约类乡规民约的制定及执行情况

乡约类乡规民约在其设立之初,是在乡村士绅阶层的倡导和草拟之

---

① (清)田文镜、李卫:《钦颁州县事宜》,转引自郭成伟《官箴书点评与官箴文化研究》,中国法制出版社2000年版,第111页。
② 朱批奏折《乾隆元年四月初十八日河南按察使隋人鹏奏》,中国第一历史档案馆藏。

第五章 传统乡规民约的制定执行

下,并经过约内全体成员同意后共同协商制订的。但从明清时起,随着国家政权力量介入的加强,带有明显国家意志的各类"圣谕""圣训""广训"强行渗透到乡约类乡规民约中,并逐渐成为乡约类乡规民约的核心内容。因此,这一时期特别是晚清时期,乡约类乡规民约的真正制订者,已经从约内成员和乡村士绅阶层转变为国家统治阶级,而以约正、约副为代表的乡村缙绅阶层,则具体负责对乡约类乡规民约的执行。现存最为完整的明隆庆六年(1572)祁门文堂乡约,即赋予了约正、副负责执行的权力:"择年稍长有行检者为约正,又次年壮贤能者为约副,而与权宜议事。在约正、副既为众所推举,则虽无一命之尊,而有帅人之责……约正、副,凡遇约中有某事,不拘常期,相率赴祠堂议处,务在公心直道。"①

值得注意的是,在传统中国乡村社会,乡里制度与宗族组织有着相当的同构性和一致性②,尤其是在江浙赣皖粤等南方地区,乡里组织有时就是按照宗族的方式设置的,这一组织构建模式也直接影响到乡约、会社等乡村社会民间组织的建立。如明代隆庆前后,在全国大力推行乡约的大背景之下,徽州地区很多宗族在地方政府的倡导和支持下,建立了宗族性的乡约,所立乡约规条与族规家法合二为一,从而使宗族控制了乡约组织。再如,清代祁门善和的33个会社组织,其会首和成员基本来自程氏宗族内部,可以说,这些会社组织就是由程氏宗族内部成员结成的,因此,他们无法不受到宗族的约束和控制。从这个意义上讲,乡里组织、乡约组织、会社组织与宗族组织之间存在着千丝万缕的联系,甚至存在着程度不同的重叠和交叉,其规约的制定和执行也就难免受到来自组织外部力量的影响。如1935年绩溪县大源乡曹氏宗族以"曹聚星堂"这一会社组织名义订立的《禁山规约》,就是由族长、年长、保长和五大房成员共同讨论议定并签字画押的。

由乡村社会民间组织制订的各类乡规民约,在其制订之后或出于扩

---

① 《文堂乡约家法·文堂陈氏乡约》,明隆庆六年刻本,安徽省图书馆藏。
② 赵秀玲:《中国乡里制度》,社会科学文献出版社1998年版,第1—4页。

大知情范围、增强其威慑力的目的，或出于争取国家政权支持、增强其合法性、权威性的需要，一般都要向社会公开颁布。考察传统乡规民约的颁布情况，大体可分为两类。

第一类，由乡村社会民间组织自行颁布。

大多数乡村基层组织在订立乡规民约后，纷纷采取或书于籍或刻于碑的方式进行公布。在这些组织中，领袖拥有较高的威望，足以号令整个组织，因而他们制定的乡规民约，约众不敢妄加非议，可以十分顺利地在组织内部贯彻。也有些组织因其规约中有与国法冲突的内容，因而偷偷地在组织内部颁布，以免为官府察觉而受到国法的惩治。

第二类，由官府出示颁布。

明清时期，部分民间社会组织为了增强其规约的合法性和权威性，往往将已经制定好的乡规民约，径直报请当地官府审批钤印颁布，从而使组织内部行为规范变成"奉宪颁示"的官方行为。如清雍正八年（1730）祁门县，应十三都石溪村与凌务本堂宗族共同订立了《禁捕版潭河河鱼束心合同文约》，但仅仅相隔一年之后，当地政府即颁布了《清雍正九年九月三十日祁门县应十三都石溪村康兼伯等禀严禁强捕版潭河河鱼告示》。这一告示的出台至少可以说明：其一，当地政府对乡村社会组织订立的这个规约是知晓的，而且很有可能是当地乡村社会组织主动将这个规约呈报给当地官府；其二，当地政府对这个规约的主要内容是认同的，并以张榜告示的形式表达了其态度。再如，清代末年长沙毛氏宗族虽然对于"邪僻者，必施以棰楚"，不过，考虑到不奉官府明谕，"难设私刑"，因此，主动将其族规呈请县令批准。这样，"予违犯族规者以惩罚，就无威福擅作之嫌"，"更免顽梗抗违之患"。[①] 一般来说，送交官府审批的乡规民约，基本上不会有违反国法的内容，经过官方批准后，这些规范明显地成了国法的补充，违反它们也就是违抗官

---

① 长沙《毛氏族谱》卷首《家规》，1916年本。

第五章 传统乡规民约的制定执行

府的法令,更加理所当然地受到民间组织直至官府的惩罚。

从传统乡规民约的制订、颁布乃至执行的一系列过程中,我们清晰地看到了乡村士绅阶层的身影,这也印证了葛兰西曾指出的,制作意识形态并传播它的主体是知识分子,同时也印证了明恩溥于1899年发表的《中国乡村生活》一书中的观点:"我们在中国社会中所能发现的最重要的例证是小社区的地方自治,这些小社区的组合构成了该帝国更大的组成部分。村子的管理掌握在村民自己手中。起先,这种情形容易被误认为一种纯粹的民主,但稍做考察便可明白,在实际上这一任务并非由全体村民承担,而是由少数几个人承担。"①

总之,传统乡规民约按照制定和执行组织的不同,可以划分为自然村落类乡里乡规民约、民间结社类乡规民约、宗族类乡规民约、乡约类乡规民约等多种不同的类型,每种类型的乡规民约都由相应的组织制定并具体执行,但由于各种组织内部的自身特点不同,其对乡规民约的制订和执行,也就发生了些相应的变化。具体而论:建立在地缘基础之上的乡里规约,其内容更多地涉及地域范围内组织成员之间的关系调整,而对成员自身修为的要求较低,同时,因为缺少血缘的强大的内聚力,乡里规约只能通过相对宽松的约条和执行力度,以求得组织成员对其组织的追随。古代中国不很便利的交通和联络条件以及"聚族而居"的特点决定了民间结社组织对地域、血缘的跨越只能是一个相对的突破,远远达不到绝对意义上的突破,因此,民间结社组织大多带有显著的地域性或血亲宗族性质。这也就决定了民间结社规约,在其制订和执行的过程中,难免受到自然村落组织和宗族组织等其他乡村社会基层组织的影响。建立在血缘基础之上的宗族组织,由于其成员具有无法自主选择的特点,因此是最为牢固和稳定的乡村社会组织。为了维护宗族组织的和谐和繁荣,大多宗族组织都制订了详尽、严格的宗族规约。同时,为了保证组织内部的纯洁性,还对违反组织内部约条的组织成员予以包括

---

① [美]明恩溥:《中国乡村生活》,午晴、唐军译,时事出版社1998年版,第227页。

剥夺生命在内的各项严厉打击和惩罚。而作为唯一的一类由专门的乡规民约组织——乡约组织所订立的民间规约，乡约类乡规民约在其出现之初还是由乡村士绅阶层倡导、草拟，并经过约内全体成员同意后共同协商制订的纯粹的民间自治规约。但随着国家政权的强行介入，带有明显国家意志的各类"圣谕""圣训""广训"逐步渗透到乡约类乡规民约中，并逐渐成为乡约类乡规民约的核心内容。这样，乡约类乡规民约的制订就从乡村社会力量手中，逐步过渡到了国家政权手中，而以约正、约副为代表的乡村缙绅阶层，则只具体负责对乡约类乡规民约的执行。此外，为了使乡规民约具有更大的合法性和权威性，在执行的过程中能够被顺利贯彻，一些乡村民间社会组织在制订好乡规民约之后，还会积极"'邀请'国家进入，并提供资料或对方要求的帮助"[1]，以取得官方力量的认可和支持。数量颇丰的各地府县应民间要求颁发的各类告示的存在，以及几乎所有传统乡规民约都写有的"如不受罚，察官究治"的字样，就是乡村社会组织和人群主动邀请国家权力介入的一种重要表现。

第五节 传统乡规民约执行效果分析

传统乡规民约的内容中渗透着国家法所宽容的村庄传统、习俗、道德等情理人伦因素，其效力的发挥除了依靠乡民的自觉遵守，很大程度上还得益于奖罚性措施，尤其是惩戒性条款的预测、警示和教育作用。[2] 进一步说，奖罚性条款的作用，就在于通过奖罚措施修复被破坏的社会关系，惩戒和教育当事人，缓和紧张的社会关系和预防新的纠纷，维护乡村社会秩序。由此看来，传统乡规民约奖罚性条款的设置，也是维护乡村社会秩序所必需的。

---

[1] 张静：《乡规民约体现的村庄治权》，《北大法律评论》1999年第2卷第1辑。
[2] 朱延秋：《村规民约惩戒性条款的静态分析——以人权保障为视角》，《黑龙江省政法管理干部学院学报》2007年第4期。

第五章 传统乡规民约的制定执行

一 传统乡规民约的奖罚方式及其措施

对于违反乡规民约者,传统乡村社会民间组织大多是要予以惩罚的,尽管由于文化传统、价值观念以及地域环境的诸多差异,各地民间组织制定的惩罚方式不尽相同,但总体来看,刑罚主要包括口头或书面警告、财产处罚、体罚、精神处罚乃至剥夺生命等。

(一)口头或书面警告

这类惩罚方式主要用于较轻的过失,并不触及皮肉,也不涉及财物,而只是使受罚者受到严厉的口头批评教育,主要包括斥责、警告、立誓、记过等办法。如清雍正《茗洲吴氏家典》就在《家规》中明确规定禁止赌博,"子孙赌博、无赖及一应违于礼法之事,其家长训诲之"。① 临安钱氏对于"废学业""惰农事""学赌博""好争讼""以恶凌善""以富吞贫""因财失义"等行为,也规定要由族长"叱之并以道谕之"。② 浙江剡溪朱氏规定,对于赌博、无赖以及违反礼法的子孙,族中尊长首先应会族众于祠堂,"声其过,以羞之"。③ 而乡约类乡规民约组织则主要采用"记过"的惩罚措施,即将有过失者的姓名、过失书于籍或写于亭以示警告。北宋《吕氏乡约》即规定:"犯轻过,规之而听及能自举者,止书于籍,皆免罚。"明洪武五年(1372),太祖诏令各地修建申明亭用以书写乡里百姓所犯的恶行,自此以后,各地乡约组织纷纷增加了"书于亭"的方式来记录约内成员所犯的罪行。相较于"书于籍","书于亭"使犯过者无地自容,甚至将其逼入"激而遂肆其恶"的危险境地。正是考虑到了这一点,王阳明在其所倡导的《南赣乡约》中指出,"彰善者,词可显而觉,纠过者词应隐而婉"。④ 即便如此,比起"书于籍"的纠过方式,"书于亭"的做法明

---

① 《茗洲吴氏家典》卷1《家规》,刘梦芙点校,黄山书社2006年版,第17页。
② 苏州《吴县湖头钱氏宗谱》卷首《谱例十八条》,清光绪十七年本。
③ 剡溪《朱氏宗谱》卷1《家规》,清同治七年本。
④ (明)王守仁:《王阳明全集》卷17《南赣乡约》,浙江古籍出版社2010年版,第602—603页。

显强硬了很多。

(二) 财产处罚

这是通过剥夺其部分直至全部财产，来惩罚有过失者的方式。主要有罚钱、罚物、赔偿、罚酒、罚戏等多种措施。北宋《吕氏乡约》即有"犯义之过，罚五百。不修之过和犯约之过，罚一百"的规定。清道光八年（1828），山西襄汾盘道村对乱甲取水和违反"日出下绳、日入盘绳"等行为的村民作出了"罚银五钱入官"的规定。[①] 清乾隆四十一年（1776），山西芮城县陌南镇庄上村对于随意用手拽苜蓿和用镰刀割取苜蓿的行为，也分别处以"罚银一钱"和"罚银三钱"的惩罚。[②] 虞东蒋山夏氏对于很多违反家法族规的行为，也都作出了处以数目不等的罚款的规定：对于在宗祠内拷草绞索或在祠前木栏上拴牛拴羊者，罚钱四百；在祠内寄放竹木砖瓦等物者，罚钱六百；在祠内堆放稻麦豆干等物者，罚钱八百；在祠内放置犁耙车具等农具者，罚钱一千；在祠内堆积肥料碱灰等物，或让工匠在祠中做工、歇息者，罚钱一千二百；在祠内赌博者，每人罚钱两千四百。[③] 除罚钱之外，有些乡规民约组织还依据各自的特殊情况和所居地区的习俗，对有过错者处罚各种实物，其中包括罚修宗祠，罚请酒席，罚请戏班唱戏等。如唐宋五代敦煌社邑规约中即多次出现"罚醴筵一席""罚麦一汉升""罚油一升"等字样。祁门箬溪王履和堂养山会对触犯《条规》者，也作出了罚银十两，演戏十部的处罚。

(三) 体罚

此类惩罚既有罚跪、打手、掌嘴等较轻的责罚，也包括杖责、枷号、礅锁等较重的体罚措施。它们主要被宗族组织用来对不肖子孙的教育，自然村落、乡约以及会社等血亲关系较为松散的民间组织基本不使

[①] 山西襄汾盘道村《修井碑记》（1828年立），转引自段友文《黄河中下游家族村落民俗与社会现代化》，中华书局2007年版，第256页。

[②] 山西芮城陌南镇庄上村《合村公议禁止诸条碑》（1776年立），转引自段友文《黄河中下游家族村落民俗与社会现代化》，中华书局2007年版，第238页。

[③] 虞东《蒋山夏氏宗谱》卷1《公立禁单》，清宣统元年本。

第五章 传统乡规民约的制定执行

用此类惩罚。清朝光绪年间安徽《寿州龙氏家规》就订有带严厉体罚性质的规范12条，对家人族众犯"忤逆""凶横""赌博""酗酒""盗窃""强葬""伐荫""邪淫""抗粮""争讼""轻佻""刻薄"等罪行的族众，将根据情节轻重处以责杖二十到四十、带枷示众、公议罚处、送官究治，甚至重责（四十）送官（究治）两刑并罚等。

（四）精神、名誉处罚

此类惩罚方式类似于"书于籍"和"书于亭"的做法，但明显比前两者的惩处更为直接明显，主要是通过毁损受罚者的人格和名誉或剥夺其在组织中的权利、资格等手段，促使他们反思其过错。如明代吕坤制定的《乡甲约》规定："各州县做竖牌十面，长二尺，宽八寸。凡不养父母，时常忤逆者，牌书不孝某人。骨肉无恩，尊长无礼，夫妻无情，父子生分……各用大字，钉于本犯门左，每会跪约听讲，街民不与往来。"[①] 江阴任氏特刻制有"不孝之家"的匾额，如若族内有人犯有"不孝"的过失，即将此匾额挂在他家的大门口，使过往行人一目了然。南岐陈氏干脆直书"某不孝"于其大门外。[②] 交河李氏宗族对"不论是非、不尊家训、毁骂宗族者，不论辈次、尊卑，令其逐门叩首以警众"。[③]

（五）资格剥夺

对严重违反规约者，除了扭送官府之外，乡村社会组织还纷纷作出了"削谱""出族""出约""出社"的终极处罚。对有着紧密血亲关系的宗族组织来讲，"削谱"和"出族"是族内对有过失的族众所给予的最高处罚，这通常就意味着不再承认他们是宗族的成员，不再享受族内的一切权利。如民国绩溪《鱼川耿氏宗谱》于《祠规》之"惩戒规则"中，就对犯有以下五种事项者，即"一不孝不悌者，二流为窃盗

---

① （明）吕坤：《吕坤全集·中册·实政录》卷5《乡甲约》，中华书局2008年版，第1072—1075页。
② 南岐《陈氏族谱》卷1《凡例》，1916年本。
③ 交河《李氏八修族谱》卷1《谱例》，1937年本。

者,三奸淫败伦者,四私卖祭产者,五吞众灭祭者"均予以"斥革,不许入祠"的惩罚。① 更为严重的是,一些聚族而居的宗族还将有过的族众,驱逐出原来的居住地区。如江都孙氏对"乱伦男女"的处罚,除抄没其财产外,还将他们"驱逐他方"。在乡约、会社组织内部,由于约众或社员的加入是自愿的,因此,"出约""出社"即是对犯过成员的最高处罚。显然,在以农业经济为主导的相对封闭的中国传统乡村社会中,从组织内部被革除,就意味着将失去赖以生存的基本条件和救济来源,而"熟人规则"的普遍存在,也意味着流落异乡是很难在当地落脚谋生的。因此,组织资格被剥夺在当时是比体罚、罚钱等更重的惩罚。

(六)剥夺生命与"鸣官"

此类惩罚包括勒毙、溺毙、活埋等处罚措施,仅仅是建立在血缘基础之上的宗族组织内部擅用的极刑。况且,自秦代以来,历朝历代统治者从未将杀人权授予任何民间组织。因此,明文订有要处死族人的族规也只是极少数。

除上述六类惩罚方式外,几乎所有的传统乡规民约都会采用"鸣官"的处罚方式。所谓鸣官,即上告官府,就是由官府来实施的惩罚。鸣官时,乡村社会组织中的领袖往往会采用"连名出首"的方式,以示此人的罪行为全体组织成员公认,予以严惩是组织成员的公意。鸣官后,这些人便会受到笞、杖、军、流、徒甚至处死等惩处。

在规定诸多惩罚办法的同时,很多乡规民约组织也认识到奖励和惩罚是相辅相成的。因此,相当数量的乡规民约中都对读书仕进、孝悌忠信、节妇烈女、举报恶行等符合传统伦理道德的行为制定了奖励条规,其奖励的方式也有多种,比如书于籍、旌于亭、褒扬、优遇、奖钱、奖物、载录、立传、族表,等等。其中乡约、会社等乡村社会组织主要采用"书善籍""表旌名牌"等办法来对组织成员进行精神奖励,而宗族组

---

① 绩溪《鱼川耿氏宗谱》卷5《祖训》,1921年本。

织在进行精神奖励之外，还加入了诸如优待、奖钱奖物等物质奖励措施。

二 传统乡规民约奖罚措施的效果与缺陷

正是凭借着对这些奖罚措施的严格执行，作为非正式制度的传统乡规民约，在国家司法权在乡村社会几乎处于一种空缺乏力的状态下，对于协调乡村社会关系、维护乡村社会稳定发挥了重要作用。但同时，我们也注意到，和谐、稳定的乡村社会秩序的背后，是以牺牲乡民个人的合法权益和利益为代价的。

首先，巨额的财产处罚，可能使一部分乡民因为顾忌到较高的违反伦理的行为成本而遵守传统的乡规民约，从而在一定程度上降低了组织内部成员违反传统乡规民约的概率，但对犯过乡民而言，高额的经济处罚，则极有可能将其推至生活的困境，构成对其基本生存的威胁，甚至可能导致其采取更极端、更严重的过激行为。

其次，"请罪""贬抑""标示""押游""共攻"等精神层面的惩戒措施，是通过损害犯过之人的"人格""自尊""名誉"等办法而使其就范的一种更内在的控制，是一种"建立在个人羞耻感之上的社会控制"。这种社会控制，"固然在阻止诞生新的角色或新的组合关系方面获得了成功，但也造成了个人间彼此的敌意和日常生活中的摩擦，由此造成病态的后果"。① 也就是说，包括名誉权在内的精神层面的惩罚，一方面可能会在表面上阻止新问题的出现，但这种顺从和改正并非是心悦诚服的、自觉自愿的，而仅仅是为眼前形势所迫、是暂时的，一旦碰到适宜的"土壤"和"温度"，则会有再次发生的可能和危险。另一方面，上述精神层面的惩罚措施，造成了对犯过乡民名誉、人格、自尊的严重践踏，甚至使部分犯过乡民产生了强烈的逆反心理，变得对名誉、人格、自尊的极度蔑视和无所谓态度，这就可能使其行为更加肆无忌惮，造成更大的社会危害。而革谱、出族（约、社）、驱逐等以剥夺犯

---

① ［美］J. 米格代尔：《农民、政治与革命——第三世界政治与社会变革的压力》，李玉琦、袁宁译，中央编译出版社1996年版，第60页。

过人在组织中的权利以及各种资格为主要内容的惩罚措施，则使受罚者不仅受到人格尊严方面的损害，有时甚至使其很难生存，直接造成了对其生存权的侵犯。例如许多宗族对"兄弟转房"行为极为不齿，认为这是极为可耻的罪恶，"兄弟转房"后的夫妻往往成为驱逐的对象。这对于当时安土重迁的农民来说，无异于断了其生存的根基。

此外，一些宗族组织对淫乱、盗窃祖墓、忤逆等"犯伦理者"，采取了勒毙、溺毙、活埋等直接剥夺生命的处罚措施，其处罚力度显然远远大过了其所犯的过错，是对犯过之人生命权的一种严重侵害。

而对读书仕进、孝悌忠信、节妇烈女、举报恶行等行为的奖励，固然起到了洗涤乡村社会风气、协调乡村社会关系、稳定乡村社会秩序的作用，但同时，也强化了乡村社会的等级制度，压抑了人的自然天性和发展，剥夺了本应属于乡民尤其是妇女的一些合法权益，并使其逐步丧失了独立人格，而完全蜕变为男权社会的附属物。

总而言之，传统乡规民约虽然是由各类组织制定并执行的。但毫无例外的是，制定、执行的核心主体均为乡村社会中的士绅阶层。可见，传统乡村社会的所谓民主，仅仅是由乡村社会中经济、社会地位较高的士绅们享有的。

在传统乡规民约的具体执行过程中，表现出了与国家政权的相互融合。一方面，各地民间组织纷纷通过提供资料或对方要求的帮助等方式，积极"邀请"国家进入，以取得官方力量的认可和支持，从而使乡规民约具有更大的合法性和权威性。另一方面，国家政权为了延伸其在乡村社会的统治，也大力认可和支持传统乡规民约，并将其作为一种协调乡村社会关系、稳定乡村社会秩序的软控制手段。

传统乡规民约中的奖惩条款在当时确实起到了一定的积极作用。但同时，这些奖罚条款中也充满了对人性的压抑和人权保障的忽视和侵害。所以，从某种意义上讲，这些奖罚条款已经异化为侵犯人权的工具，传统乡规民约得以顺利贯彻和延续的背后，是以牺牲乡民个人的合法权益和利益为代价的。

第六章　传统乡规民约的作用空间

　　传统乡规民约因制定者的目的不同，其主要内容亦千差万别。通过考察大量的古代社会的乡规民约，可以清晰地看到，传统乡规民约内容极其丰富，地域特色十分鲜明，它涉及特定地域乡村社会、基层社会组织和不同人群在经济发展、社会管理、文化教育、乡村诉讼等不同领域的多项内容。同时，作为传统乡村社会的乡土规范，乡规民约对乡村社会的作用和影响也是多方面、多层次的。首先，为了有效管理组织内部的公共资源，古代乡村社会的各类民间组织纷纷制定了大量的涉林、水、公田等乡规民约。此类规约的实施，一方面协调了组织内部成员之间在使用公共资源时的关系，促进了古代乡村社会经济的和谐发展，另一方面也从客观上保护了当地的生态环境。其次，传统乡规民约中德业相劝的教化理念，过失相规的惩罚机制，礼俗相交的治理模式，患难相恤的救助体制也对维持正常的乡村社会秩序有着重要的推动作用。古代乡村社会的各类基层社会组织纷纷制定了大量的协调乡村社会关系的规约，其中既包括对鳏、寡、孤、独等乡村弱势群体的救济，又涵盖了对"孝""悌""睦""敬"等家庭、邻里关系的倡导。这些规约的制定和执行，有效协调了乡村社会关系，稳定了正常的乡村社会秩序。同时，古代乡村社会对赌博、盗窃、嫖娼、吸食毒品、溺女婴等社会不端行为大多采取严禁和打击措施，并制定了专门的规约对此类行为进行严厉的制裁，这些规约的制定和实施对净化古代乡村社会风气，起到了一定的积极作用。

当然，不容否认的是，由于传统乡规民约制定者在思想观念、价值取向、行为能力等方面具有一定的历史局限性，加之受到封建社会的意识形态以及伦理纲常、宗法观念的影响，因此，他们所制定的乡规民约难免包含一定数量的封建糟粕。例如，有些乡规民约就作出了种种对妇女的不公规定：已嫁妇女不得继承父母遗产；不得分配土地、宅基地等农业生产及生活资料；不得参加重大的公共祭祀活动；不得对乡村公共事务进行表决；不得在乡村社会组织中担任任何职务，等等。诸如此类的乡规民约均对女性的合法权益造成了损害。

然而，在查阅了数以百计的传统乡规民约并对它们作了综合性的研讨后，可以看到，传统乡规民约虽然包含了一定数量的封建糟粕，但多数内容迄今仍是我们应该继承和弘扬的民族文化精华，并且它们与当时的社会发展水平相适应，对维护古代乡村社会既有社会秩序，维系国家与乡村社会的良性互动关系，进而保持乡村社会的稳定，起到了重要的作用。

第一节 传统乡规民约对乡村经济生产的作用

通过收集和整理大量与乡村社会经济生产密切相关的经济类乡规民约，我们不难看到：这类规约主要是从农业生产资料的分配、使用和管理，村民之间的生产合作与互助以及公共资源的保护等角度，来规范协调乡村社会中乡民的农业生产行为，使其农业生产活动更为有序，从而使古代乡村社会经济沿着稳定、和谐、有序的道路发展。

一 农业生产资料的分配和管理

众所周知，农业生产过程是一个复杂的、受到多种因素制约的周期性过程，其中不但涉及劳动者的重视与勤奋程度，而且水、土质、气候、光照等条件的充裕与否也直接影响到农业生产的丰歉。在这几大农业生产影响因子中，土质、气候、光照等因子是不能在短时期内改变、

第六章 传统乡规民约的作用空间

为人类所左右的,只有水资源能够被人类加以开发和利用,所以说,水资源是农业生产最大的影响因素。同时,古代中国是一个水资源总体匮乏的国度,加之长期的开荒垦田、放荒毁林等行为,造成古代乡村社会尤其是北方地区水土流失严重,自然环境随之遭到极大破坏,这对当地本已十分脆弱的水资源来讲,无疑是"雪上加霜"。在此种条件的限制之下,在春夏之交,农田待灌之际,古代北方地区乡民为了竞争一溉之利,或村与村之间或渠与渠之间往往展开形式各样的争斗,甚至展开大规模的械斗。为了更好、更合理地开发使用有限的水资源,同时也为了平衡村与村、渠与渠、上游与下游之间利害关系,古代北方乡村社会民间组织在国家水法之外,根据当地实际情况,针对水资源的分配、管理、使用也形成了一定的规约惯例,其内容涉及水的使用量、顺序、规则以及渠堤维修等方方面面。现仅以古代关中地区普遍流行的水册为例。

历史上关中地区经常出现春旱和夏旱。由于气候条件的限制,关中地区很早就发展起各种规模的水利设施,以农田灌溉弥补降水的不足。从某种程度上讲,灌溉是保证关中农业丰产的基本条件。古代这一地区的灌溉水源主要来自泾渭等河流,而泾渭诸河的流量本来有限,其年内变率受降水的影响同样难得均衡。随着农业拓殖规模的不断扩大,关中以及泾渭上游地区的森林日趋减少,使诸河水量更加不敷使用。长期的冲刷也使河床不断加深,引水日益困难。这些事实表明,历史上关中地区的灌溉水资源始终是比较紧缺的,而且紧缺的程度是越来越严重。历史时期关中各灌区之间水资源的分配是由国家来决定的,但各渠内的水资源分配则由"具有地域特点、内部认同感、特定行为规范和共同利益"的乡村水利灌溉共同体依照一定的规则制定,即各渠皆依照水册所载的水量分配限额和时间进行引水,而各渠长、斗长也依照水册所载来确定各户土地的轮灌次序和灌溉量大小。这样就通过制定水册的形式使水资源具有较强的私有产权性质,从而使有限的水资源得到有效的配置与利用。通过对古代关中各地区遗留下来的各类水册的整理,我们为其中所闪烁的古代民间水利组织的智慧光芒而折服。例如，关于灌溉水的使用顺序问题，古代关中地区的乡村社会组织并不是完全按照水流"自上而下"的自然流程来决定浇灌顺序，而是进行了适时的变通。对于没有明显的地理落差、水程又较短的水渠，当地民间水利组织大多采用"一年自上而下，一年自下而上"的轮灌次序。对于有着明显的上下游之别、水程较长、涉及村寨较多的水渠，当地民间水利组织考虑到上游村的地形地貌特点及其转让水资源的事实，给予其一定的优惠政策，以保证整个社区的顺利用水。同时，为了确保中下游村的用水权益，他们要求渠长等民间水利组织机构成员的选拔，必须从中下游村产生。此外，农田灌溉不再遵循水流"自上而下"的自然流程而是采用"自下而上"的顺序。如三原县志所载《清浊二河各渠则例》中就规定："各渠堰每月各以其地之上下为序，自下而上，下地时刻尽，闭堵，上地乃开，谓之下闭上开耳。"[1] 而《清峪河各渠记事》亦云："故凡水之行也，自上而下，水之用也，自下而上，溉下浇上，庸次递浸。岁有月，月有日，日有时，顷刻不容紊乱。"[2] 通过这些措施，不但照顾到了上游村的用水情绪，也保障了中下游村的用水权益不受侵害，进而确保了当地乡村社会的用水秩序和整体发展。再如，关于灌溉水的计量问题，宋元以及明代的一段时间里，关中地区农田施灌量以"徼"来标度，即所谓"水论度，度论准，准论徼，尺寸不得增减"。这里所说的"徼"是一个过水断面，"凡水广尺深尺为一徼"。应当指出，这种计量标准在当时并不太易于操作，因此当地乡民纷纷用"耕地一方谓之一徼"来进行计量转换。到明末清初，渭北各灌区就普遍采用"额时灌田"这种相对简单并易于操作的方法了，且在灌溉过程中以点香来度量水程，即所谓"水论时，时论香"。当整个水渠流量由于某种原因减少时，他们也适时对施灌量作出了"消香"的政策调整，以满

---

[1] 《重修三原县志》卷1《河渠·清浊二河各渠则例》，明嘉靖刊本。
[2] 刘屏山：《清峪河各渠记事》，转引自白尔恒、[法]蓝克利、魏丕信编著《沟洫佚闻杂录》，中华书局2003年版，第50页。

· 132 ·

足最大范围内社区内部成员的整体用水利益。此外，对于违反用水规约的行为，关中各地水册也纷纷制定了严厉的惩罚措施。如《泾渠用水则例》规定："如本斗利夫，违规多浇者，每亩罚小麦五斗。若非利户者，罚麦一石。后各减半焉。""斗吏匿盗水不报，利户修渠岸不坚，罚栽护岸树，无故于三限闸口行立者，皆有罚。"[①] 另外，古代关中各灌区普遍认为农历的九月雨水较充裕，且此时农作物已下种，乡民较有空闲时间，因此大多灌区规定在每年的农历九月闭堵空渠，掏渠摆堰。对于渠堰的宽度，也是有详细规定的，即底宽三尺，面阔六尺。至于出工，则是全体利夫责无旁贷的义务，谁要是拒绝承担修渠的工作，将被剥夺使水灌溉的权利。

我们在古代关中地区的县志中很少看到水资源浪费的记载，这说明正是水册制的实行，保证了水资源在整个共同体内部的均平分配，使得共同体成员的用水利益在尽可能的范围内达到最大化，从而避免了共同体成员为了追求最大的自身经济效益而滥用水资源，并最终保证了乡村社会农业生产的稳定发展。关于这部分内容，我们还要在第七章专门对其进行更为深入的探讨，此处不赘。

二 农业生产互助

中国古代农业生产整体水平较低，农业生产工具落后，因此乡邻间经常互相帮助，这样可以减少因势单力薄而无法进行耕作之不便，又可确保不误农时，有利于农业产量的稳定和提高。至迟在东汉，古代乡村社会就有了一种称为"街弹"的农业生产互助组织，其目的是通过"合耦"的农业生产方式，解决农业生产过程中的劳力不足问题。但是，关于采取何种方式互助、如何互助等问题的研究则付之阙如。据史料，在唐代，政府为了减轻乡人的负担，号召乡人联合结社，共同出钱来买牛买马，主要方式有马社、牛社等。这些方式一定程度上达成了生

[①] 《泾阳县志》卷4《水利·泾渠用水则例》，宣统三年刊本，第12a—13a页。

产互助之目的，可惜的是，推广情况并不乐观。唐末五代时期的敦煌社邑规约中，有关生产互助的内容仅有一条关于立庄造社的记载，严格意义上讲，并不属于直接的生产互助。到了元代，农桑之制得以颁行，要求："县邑所属村疃，凡五十家立一社，择高年晓农事者一人为之长。增至百家者，别设长一员。不及五十家者，与近村合为一社。地远人稀，不能相合，各自为社者听。其合为社者，仍择数村之中，立社长官司长以教督农民为事。凡种田者，立牌橛于田侧，书某社某人于其上，社长以时点视劝诫。不率教者，籍其姓名，以授提点官责之。其有不敬父兄及凶恶者，亦然。仍大书其所犯于门，俟其改过自新乃毁，如终岁不改，罚其代充本社夫役。社中有疾病凶丧之家不能耕种者，众为合力助之。一社之中灾病多者，两社助之。"① 此时，元政府正式将村社作为劝课农业生产的基层组织，全力推行具有村社互助内容的相关制度，即"立社长官司长以教督农民为事"，村社组织演变为服务于国家、督劝农耕之基层工具。正是受到这一国家政策的影响，元代各地村社纷纷开展农业生产互助，并制定了详尽的互助规约。例如，西夏的《龙祠乡社义约》第八条指出："其社内之家，使牛一犋，内有倒死，出社人自备饮食，各与助耕地一晌。其锄田人，社随忙月、灾害，自备饮食，各与耕田一日。其助耕耘者不行，依法在意罚钞一两五钱。"显而易见，在生产互助方面，《龙祠乡社义约》是对1270年元政府颁行的农桑之制的一种变通和细化。

在对众多传统乡规民约进行梳理的过程中，有一个疑问渐渐浮现出来，那就是生产互助虽然早在秦汉时期的历史文献中就有零星记载，而且在各个时期的各地乡村社会普遍存在，但有关生产互助的乡规民约少之又少，而且即使提到也是寥寥数语，一带而过，很少有专门的、详细的相关规定。这或许是因为生产互助行为大多产生于下层农户之间，他们文化程度普遍不高，并不具备文字书写的能力，而且这种生产互助行

---

① （明）宋濂：《元史》卷93《食货一》，中华书局1976年版，第2357页。

第六章 传统乡规民约的作用空间

为多带有随机性,并没有固定的时间和人员限制。加之古代社会的农业生产活动是一种人员密集型的粗放式生产行为,除了充足的劳力资源之外,对诸如生产工具、技术等均无太多的具体要求,因此,也没有太大必要加以书面规范,人们只是依靠简单的口头约定来完成生产互助合作。但可以肯定的是,这些依靠简单的口头约定而进行的乡民之间的农业生产互助行为,在农业生产力水平较为低下的古代乡村社会,对于农业生产正常有序的进行发挥了重要作用。

三 农业生态环境保护

早在上古时代,中华民族的祖先就已经意识到维护自然生态平衡对人类社会发展的重要性。《国语·周语》中记载周灵王之子晋在劝阻其父壅塞谷水之事时云:"晋闻古之长民者,不壅山,不崇薮,不防川,不窦泽。夫山,土之积也;薮,物之归也;川,气之导也;泽,水之钟也。夫天地成而积于高,归物于下,疏为川谷,以导其气。陂圹汙庳,以钟其美。是故聚不陁崩而物有所归,气不沉滞而亦不散越,是以民生有财用,死有所葬。然后无夭、昏、札、瘥之忧,而无饥寒乏匮之患。"①《礼记·月令》则明确要求根据动植物的自然生长规律进行适时的砍伐和田猎,并对每个季节的人类行为进行了具体的规定:"(孟春之月)祀山林川泽,牺牲毋用牝。禁止伐木,毋覆巢,毋杀孩虫、胎夭飞鸟,毋麛毋卵";"(仲春之月)毋竭川泽,毋漉陂池,毋焚山林";"(季春之月)田猎罝罘罗网毕翳麟兽之药,毋出九门";"(孟夏之月)毋起土功,毋发大众,毋伐大树";"(季夏之月)入山行木,毋有斩伐"。②《孟子·梁惠王上》中所载,孟子曾经对梁惠王说:"不违农时,谷不可胜食也;数罟不入洿池,鱼鳖不可胜食也;斧斤以时入山林,材木不可胜用也;谷与鱼鳖不可胜食,材木不可胜用,是使民养生丧死无憾也,养生丧死无憾,王道之始也。"③ 西汉时汉高祖刘邦之孙

---

① (春秋)左丘明:《国语·周语上》,齐鲁书社2005年版,第289页。
② (汉)戴圣编,王学典译:《礼记·月令》,世界书局1984年版,第145页。
③ 方勇译注:《孟子·梁惠王上》,中华书局2010年版,第574页。

淮南王刘安，曾邀请门客编纂成《淮南子》一书，比较详尽地阐发了自然界万物相生相长的客观规律。这一时期，国家也多次制定了"禁伐有时""鱼不长尺不得取""孕者不得杀"的法令，要求在动植物生长繁衍的春夏季节封山、封湖、封滩、禁伐、禁渔、禁牧，以利于自然界生物种群的生长和壮大，所有的狩猎开采工作必须集中在动植物停止生长繁衍的冬季进行，以求达到人类行为与自然选择的一致性。在古代朴素的自然生态与资源保护思想和国家法令的影响之下，古代乡村社会也逐渐意识到，自然生态与资源环境，如水源、草场、森林、农田等对其生存和发展有着直接关系，一旦生存环境遭到破坏，就会危及公众的共同利益。因此，各地乡村社会纷纷成立了许多诸如封山会、禁山会、青苗会等民间组织，并参照国家法令关于农时、林时、渔时、牧时节令的相关规定，制定了各具特色的族规祖训、寨规村约、会款盟誓等成文或不成文的民间规约，对诸如采伐权、狩猎权、放牧权、捕鱼权、用水权等与经济生产、生活有关的权益纠纷进行规范和调处。下面仅以涉林规约为例，做一简要分析。

古代社会的林木，按照用途的不同，可以划分为族产林、风水林和道旁林三种，它们除了共同起到维护村落居住环境的作用之外，还各自具有其特殊意义。族产林，作为宗族组织内部的公共财产，其作用主要是增加宗族收入，并以这些收入进行资助族内子弟上学、族内鳏寡孤独的赡养等一系列族内公益事业活动；风水林，则被视为保佑村落长治久安、繁旺兴盛的神圣之地；而道旁林，在美化村落居住环境的同时，也能起到防止山体滑坡、堵塞道路的特殊作用。传统乡村社会的各类民间组织都充分认识到山地林木不可或缺的重要作用，更看到了破坏林木所造成的严重后果。如在安徽石台县珂田乡的"池徽大路"古徽道旁，源头里村李氏族人于1828年（清道光八年）立了《输山碑》，碑文指出："募修岭路，挨路上下之山，必先禁止开种，庶免沙土泻流壅塞……"[①]

[①] 转引自关传友《徽州宗谱家法资料中的植树护林行为》，《北京林业大学学报》（社会科学版）2003年第4期。

第六章 传统乡规民约的作用空间

其后，即1841年，安徽黟县枧溪村所立的《禁垦种碑》中指出："黟邑如二都枧溪等处……私行开种，土松崩泄，每逢梅雨，砂石滚下，河身填塞，该邑屡受水灾。"[①] 因此，各地乡村社会民间组织都非常重视对山林的保护，并在制定乡规民约时把封山育林、禁止毁林垦田、禁止开矿破坏山林列为主要内容。

清道光十九年（1839），江西乐安流坑董氏宗族因为"近来子弟不法，日以樵苏为名，盗砍枝桠，夹带柴薪内挑归"，且"一人作佣，众皆效尤"，为了"严禁山林，杜戕害，以资生息事"，制定了《樟木坑禁约》，要求："除斫取地柴外，如有盗取树木一枝一桠者，一经察获，立拘赃犯到祠，分别责罚。见证报信，亦即记功给赏。其有在场确见，徇情隐匿，亦拟为从，一体同罚。"[②]

安徽绩溪县桐坑源村地处"通浙大道，上至大路，下至大溪，里至土曷头，外至大湾，四至界内，凶险异常……又有同号土名栈岱头茶亭下乌弓鼻山场近路一带，亦多凶险"的交通要道，因此，向来有"兴养柴薪"的传统。清同治九年（1870），为了强调道旁林的重要性，禁止任意砍伐，当地乡民共同订立了《桐坑源禁碑》，其中规定："所有路旁柴木，亟应培养，以固路脚而免坍塌。该处附近居民不得砍伐路旁柴薪，如敢故违，该处绅董、地保人等指名禀县，以凭提究。各宜凛遵毋违。"[③]

祁门县滩下村对包括风水林在内的所有公共林木的护养极为重视，并在道光十八年（1838），合村公立了《永禁碑》。其中规定："一禁公私祖坟，并住宅来龙下庇水口所蓄树木，或遇风雪折倒归众，毋许私搬并梯桠抄割草，以及砍斫柴薪、挖桩等情；二禁河洲上至九郎坞，下至龙船滩，两岸蓄养林木，毋许砍斫并挖，恐有洪水推口树木，毋得私

[①] 转引自关传友《安徽涉林碑刻的探讨》，《农业考古》2006年第4期。
[②] 转引自关传友《徽州宗谱家法资料中的植树护林行为》，《北京林业大学学报》（社会科学版）2003年第4期。
[③] 转引自关传友《安徽涉林碑刻的探讨》，《农业考古》2006年第4期。

拆、私搬，概行入众，以为桥木；三禁公私兴养松、杉、杂、苗竹，以及春笋、五谷、菜蔬，并收桐子、采摘茶子一切等项，家外人等概行禁止，毋许入山，以防弊卖偷窃；四禁茶叶递年准摘两季，以六月初一为率，不得过期"，并对违犯禁令者分别给予了"罚戏一台""鸣公理治""定行罚钱"等严厉的惩罚措施。①

不仅如此，乡村社会民间组织还注意到随意在山上开采矿山，会造成"夷其葬磋，践踩其植穗，挖损疆土，所经为墟"②的严重后果，因此，许多乡村社会组织禁止随意在山上开采矿山，冶炼矿石，以免破坏山体，影响民生。如贵州张家坝东部29.5公里处的上茶殿，一块立于清道光十二年（1832）的《名播万年碑》中即云："灵山重地，严禁伐木掘窑。梵净山，层峦耸翠，古刹庄严，为思洪江之源。良田民命，风水攸关，自应培护，俾山川树木，翁静无伤。斯居其地者，咸享平安之福。……然近有外来炭商勾串本地刁劣绅民私卖山数掘窑烧炭，只图牟利，不顾损伤风脉。……为此，示仰军民僧俗等知悉：嗣后，毋许将该数株私行售卖，亦不得容留外来奸商掘窑烧炭。如敢故违，一经查获，或被告发，定即从重究办。倘乡保差役得规包庇即籍端滋扰，一并严惩，各宜凛遵勿违。"③再如明万历七年（1579），福建漳州龙溪县为严禁民众开掘环漳州城的风水龙脉天宝山，特立石示禁，其中规定："山麓有仍开掘者，罪无赦。"④

明清时期随着人口的大幅度增长，人地矛盾日益突出。为了解决这一矛盾，一方面，中央政府鼓励和提倡"人多地狭"省份的乡民移居开发别处，另一方面，鼓励当地乡民上山垦种，这种行为在增加粮食产

---

① 转引自卞利《明清徽州村规民约和国家法之间的冲突与整合》，《华中师范大学学报》2006年第1期。
② 裘树荣纂修：《永安县志》（清雍正）卷2。
③ 转引自马国君、李玉军《论乌江流域各民族传统生计与环境的兼容》，《西南边疆民族研究》2016年第4期。
④ （清）吴宜燮、黄惠等纂修：《龙溪县志》，《中国方志丛书》影印本，成文出版社1967年版，第106页。

第六章 传统乡规民约的作用空间

量、缓解生存压力的同时，也造成了水土流失加剧、自然灾害频发的严重后果。清祁门《善和驱除棚害记》形象地描述了棚民（即移民）毁林垦种所造成的严重后果，称："伐茂林，挖根株，山成濯濯，萌工蘖不生，樵采无地，为害一也；山赖树木为荫，荫去则雨露无滋，泥土枯槁，蒙泉易竭，虽时非亢旱，而源涸流微，不足以资灌溉，以至频年岁比不登，民苦饥馑，为害二也；山遭锄挖，泥石松浮，遇雨倾泻，淤塞河道，滩急水浅，大碍船排，以致水运艰辛，米价腾贵，为害三也；山河田亩多被佥积，欲图开复，费倍买田，耕农多叹失业，贫户永累虚供，穷困日甚，为害四也；久之衣食无出，饥寒为非，法律虽严，莫可禁止，为害五也；河积水涨，桥崩屋坏，往来病涉，栖息遭危，为害六也……"① 嘉庆《绩溪县志》也详细记载了棚民（即移民）开垦荒山所造成的严重后果："乾隆年间，安庆人携苞芦入境，租山垦种，而土著愚民间亦效尤。其种法必焚山掘根，务尽地力，使寸草不生而后已。山既尽童，田尤受害。雨集则砂石并陨，雨止则水源立竭，不可复耕者所在皆有。渐至壅塞大溪，旱弗能蓄，潦不得泄，原田多被涨没。一邑之患，莫甚于此。诚哉是言！祁自棚民开垦，河道日高，水在砂下，舟不能达，十日不雨，货物不至，盘运翔贵，是以闾阎日即于贫。虽屡奉严禁，而孽芽未除，是长民者之责也夫。"② 从以上历史资料中我们可以看到，当地人在歧视那些流落异乡的棚民的同时，还十分担心棚民的这种滥垦滥伐行为给生态环境带来危害。当然，从另一方面看，这些材料也证明了时人已经注意到森林植被在防止水土流失、涵养水分、保护环境方面的重要作用。对此，古代乡村社会的许多民间组织都专门制定了相应的规约，严禁随意毁林垦种。关传友先生对安徽地区38通历史时期的涉林碑刻统计后发现，其中禁止毁林种粮的碑文就有8通。清道

---

① （清）程际隆纂修：《祁门善和程氏仁山门支修宗谱》卷1《村居景致·驱棚除害记》，清光绪三十三年木活字本，上海图书馆藏。
② 同治《祁门县志》卷12《水利志·水碓》，《中国地方志集成·安徽府县志辑》，江苏古籍出版社1988年版，第55页。

光二十七年（1847），贵州普定县补郎乡火田寨的熊姓村民订立的护林规约中就明确规定"禁止砍伐开挖"，并对"无知而冒犯者"处以"杖责八十"的惩罚，对"明知而故犯者""罚银十二两"，至于那些"不遵者"，则"立即鸣官究治，决不姑宽"。清咸丰元年（1851），今贵阳市乌当区金花镇下铺村的村民在回龙寺前共同竖立了一块《禁止碑》，其中规定："小山坡不准开石，挖泥、割柴叶、茨草"；"贵州坡不准开石、挖泥。大石板及敲帮侯不准开山、挖泥、看牛、割柴叶、茨草"。碑文最后强调，以上诸条如若不遵，"罚银四两六钱是实"。徽州祁门县横联乡社景村黄氏宗族也于嘉庆九年（1804）规定，宗族内山场"无论家山己山，永远不许盗租棚民，亦不许借名自种，免致土松沙卸，壅塞族祠，有府呈禀，以凭严拿重究，断不稍宽，各宜凛遵毋违"。①

正是由于传统乡规民约的禁规严密、惩治苛刻严酷，在客观上培养了乡民种植和保护林木的习惯，产生了巨大的植树护林效应。如清代贵州的黎平府，"山多戴土，树宜杉。……树三五年即成林，二十年便供斧柯矣。郡内自清江以下至茅坪二百里，两岸翼云，承日无隙，土无漏阴，栋梁芒桷之材，靡不备具"。② 在同一省份的天柱县，光绪年间，种植的树木就有松、柏、杉、楠、樟、椿、梓、枫、槐、桑、桂、檀、栗等，多达上百种。③ 同时，传统的涉林规约还产生了强大的约束力量，而这种约束力量同时发挥了巨大的社会效力，影响和制约着乡民的行为。中国社科院学者陈柯云先生在徽州考察时，曾向祁门县六都村的一程姓农民问道："解放前，那个山（风水山）上的树真的不能砍吗？"程说："别说树了，一棵草也不能动。"陈问："如果砍了树会怎样呢？"程说："从我父辈到解放，还没听说有人敢在那个山上砍树割草。但我

---

① 转引自陈琪《祁门县明清时期民间民俗碑刻的调查与研究》，《安徽史学》2005年第3期。
② 爱必达：《黔南识略·黔南职方纪略》，贵州人民出版社1987年版，第177页。
③ 林佩纶等：《续修天柱县志》卷3，清光绪十八年刻本。

听祖父说,从前有一个人到那山上砍了一棵小树,结果被族长发觉,被鞭笞而死。"[1] 这一事例一方面说明了古代乡规民约对盗砍林木的行为惩罚力度异常严厉,另一方面也说明了传统乡规民约在乡民心目当中具有权威性。

第二节 对乡村社会生活的作用

一 日常生活合作互助

古代中国普遍视死如生,重视厚葬,官宦富家之外,一般百姓中此风亦盛。厚葬之风延续千年,给一般乡民甚至包括那些中小地主、下级官吏带来了沉重的经济负担,因为在丧葬之时,需要消耗大量的粮食、酒以及其他各种葬仪用度。因此,古代乡村社会乡民很早就通过"结社相资"的方式,来解决丧葬过程中花销、人工等一系列问题,正如王梵志有诗曰:"遥看世间人,村坊安社邑。一家有死生,合村相就泣。"[2] 韦挺在给唐太宗上奏的《论风俗失礼表》中也说:"又闾里细人,每有重丧,不即发问,先造邑社,待营办具,乃始发哀。至假车乘,雇棺椁,以荣送葬。既葬,邻伍会集,相与酣醉,名曰出孝。"[3]

其实,古代乡民在丧葬事务中的互助行为,渊源甚早,两汉文献中就对乡里社会乡民之间丧葬方面的互助行为有所论述。例如《汉书·陈平传》就有"邑中有大丧,(陈)平家贫侍丧,以往后罢为助"的字样。但真正将乡民彼此之间的丧葬互助作为一种义务加以具体规定的,最早却是在唐末五代时期的敦煌社邑规约中。

宁可、郝春文在对敦煌发现的社邑文书经过严密考证后指出,关于营葬的材料在敦煌发现的社邑文书中占据了相当大的比例。例如在社邑规约的20件社条、补充条件及凭约中,涉及营葬互助的社条有16件之

---

[1] 陈柯云:《略论明清徽州的乡约》,《中国史研究》1990年第4期。
[2] (唐)王梵志:《王梵志诗校辑》卷5,中华书局1983年版,第158页。
[3] (清)董诰:《全唐文》卷154,中华书局2001年版,第1575页。

多。在作为通告社人聚集参与社邑活动的社司转帖中,涉及营葬的材料有31件,另有11件纳赠历专门记载了社人在营葬活动中捐献物品的类型和数量,一件有关僧统和尚营葬榜的材料也在其中。同时,两位学者还将敦煌社邑营葬互助活动所捐赠的物品和劳务进行分类,大致有三类:第一类是资助织物、丝织物如布褐麻、绩绢绣等,时称"色物",也有的将连布褐归入色物之中。大致来看,丧服、装殓、盖棺、挽棺时用的是白色织物,而装殓、祭帐、族蟠则用彩色织物。由于布、绢之类稀少珍贵,常被看作借而非赠予,主家用完之后是需要归还的。除资助织物以外,第二类就是资助食品和柴火,食品包括油、饼、面、麦、粟等,甚至酒也成为资助内容,以供主家和吊丧之人食用,有的也将其用作祭奠死者的祭盘及出殡醉酒。各类社邑文书对此做了明确规定,规定虽有差异,但大多要求每人至少应拿出粟一斗、酒一瓮来资助主家。第三类是赠纳物品之外还送葬。如兄弟社、女人社均有"若本身死亡者,仰众社盖白耽拽便送"的相关规定。[①]

宋元时期,丧葬互助在乡村社会已经非常普遍,其规约也已经相当的完善,有很强的可操作性。北宋《吕氏乡约》中规定:"丧葬,始丧则用衣服或衣段以为襚礼,以酒脯为奠礼,计直多不过三千,少至一二百。至葬则用钱帛为赙礼,用猪羊酒蜡烛为奠礼,计直多不过五千,少至三四百。"元代《龙祠乡社义约》中则对有关丧葬救助的程序作出了详细的规定:"该设者与(遇)有丧之家,即报社司知会,发书转送,误者罚抄一两";互助标准是"其丧助之礼,各赠钞二两五钱,连二纸五十张,一名四口为率,止籍本家尊长,随社人亲诣丧所,挽曳棺柩,以送其葬。非天命而死者不与。其送纳赠钱,斋饭止从本家,勿较其限量、多少、美恶。违者罚钞十两"。此外,关于助丧的物品、礼仪、等级,亦都有明确的标准。

结婚、出行等涉及乡民较大花费的生活事项,在传统乡规民约的互

[①] 宁可、郝春文:《敦煌社邑的丧葬互助》,《首都师范大学学报》(社会科学版)1995年第6期。

助条约中也有所涉及。如北宋《吕氏乡约》规定："凡遗物，婚嫁及庆贺，用币、帛、羊、酒、蜡烛、雉、兔、果实之类，计所直多少，多不过三千，少至一二百。"而元代《龙祠乡社义约》第六条则云："婚姻相助之礼，时颇存行，故不复书。"这说明，在元代，民间乡社婚姻相助之礼已经相当普遍，因此，具体的互助物品的数量不再作具体的限制，随民意自定。

婚姻、丧葬、出行等生活互助规约的制定和执行，既可以集中众人的力量应付个人难以承办的事情，又体现了患难与共、互帮互助的中华民族的传统美德，协调了古代乡村社会关系，维持了正常的乡村社会秩序。

二 乡村社会矛盾缓解

纵观中国古代乡村社会，由于受到日益加剧的人地矛盾、低下的农业生产水平、频发的自然灾害、脆弱的农业减灾能力以及频繁的战争等因素的影响，古代乡村社会中广泛存在着贫困弱势人群，并因而引发了部分乡民生活困顿、乡村秩序动荡乃至阶级对立等一系列社会矛盾和社会问题。为了有效维持乡民的基本生存及乡村社会秩序的稳定，古代乡村社会民间组织纷纷专门制定具体的规条，积极开展内部救济，以帮助弱势乡民战胜困难，实现乡村社会正常的持续的惯性发展，充分体现了传统乡规民约"患难相恤"的价值取向。我们首先以明清时期徽州地区的宗族规约为例对此加以讨论。

明清时期，在"聚族而居"现象极为普遍的徽州地区乡村社会，由于这一地区地狭人广、旱涝灾害频仍、交通不便，当地部分乡民生活常陷于水深火热之中，有些乡民甚至陷入无法存活之艰难境地。贫困现象广泛而大面积的存在引发了一系列社会问题。如明崇祯年间，祁门境内"斗米值四钱，弱者忍死，强者思乱"。[①] 清乾隆七年（1742），黟县

---

① 康熙《祁门县志》卷2《名宦》，转引自陈瑞《明清时期徽州境内的保甲制度推行与保甲组织编制》，《安徽大学学报》（哲学社会科学版）2012年第2期。

辖地，"夏旱伤禾，米价涌贵。次年春，邑之无藉假米贵为由，乘机盗砍山树及坟荫木"。① 因为贫困而引发的各种不法行为，不但严重破坏了以宗族为基本构成单位的乡村社会的正常秩序，也直接危及宗族的根本利益。因此，许多宗族组织纷纷订立了救济贫困族人的各种规约，试图通过宗族救济的方式，以避免或减少族人因贫困而败坏家风的事发生。这种生活救济规约主要表现在以下几个方面：

首先，明清时期徽州宗族组织，大多强调对组织内部弱势人群实施生活救济是组织及其成员义不容辞的，并在宗族规约中专门对此作了具体的规定。如休宁范氏在其《统宗祠规》的"和睦宗族"条款中要求其族人："要有四务：曰矜幼弱，曰恤孤寡，曰周窘急，曰解忿兢。……贫者恤之善言，富者恤之财榖，皆阴德也。"② 休宁城北周氏专门制定了"睦宗族"的《宗规》，责成族人"凡遇吉凶庆吊，无论贫富，吉则庆，凶则吊，谅力资助，以尽其敬"。③ 休宁商山吴氏宗族在其《宗法规条》中，则专门对富贵者"施仁仗义、赒贫给匮"提出了要求，并对"为富不仁"者进行了挞伐。休宁茗洲吴氏宗族在《茗洲吴氏家典》的《家规》中，广泛动员族中位高权重、财力雄厚的族人慷慨捐输，对族内贫穷孤寡者进行周济，规定："族内贫穷孤寡，实堪怜悯，而祠贮绵薄，不能周恤，赖族彦维佐输租四伯，当依条议，每岁一给。顾仁孝之念，人所同具，或贾有余财，或禄有余资，尚祈量力多寡输入，俾族众尽沾嘉惠，以成锯典。"④ 东门许氏将救助贫弱看作一种善行和义举，强调："今后凡遇灾患，或所遭之不偶也，固宜不恤财、不恤力以图之，怜悯救援，扶持培植，以示敦睦之义。"⑤ 祁门武溪陈氏从败坏家风、影响门楣的角度，规定："族内之人有贫富不等，如鳏寡孤独之

---

① 乾隆《攀县志》卷1《纪事》。
② 万历《休宁范氏族谱》之《统宗祠规》，明万历三十三年补刻本。
③ 周月阳、周思松：《重修城北周氏本宗谱》卷9《宗规》。
④ 吴翟：《茗洲吴氏家典》卷1《家规》，刘梦芙点校，黄山书社2006年版，第17页。
⑤ 乾隆《重修古款东门许氏宗谱》卷8《许氏家规·救家恤患》，张海鹏、王廷元编《明清徽商资料选编》，安徽人民出版社1985年版，第8页。

辈，族中有余饶者当拯助之，不可任其浮沉，以坏家风也。"① 桂溪项氏认为恩惠施予族内贫穷之辈，并力求做到最佳之境地，是善事，指出："睦族敦宗，乡间是尚，恤茕赈乏，仁义其滋。里中义田之举，所以嘉惠通族之鳏寡孤独废疾者，至优至渥，诚善事也。"② 徽州三田李氏本着不降低族内弱势人群社会地位的原则，认为："族中有孤独无依者，使各房力能扶助之，则周其急，或收养于家，任以细事而衣食从优，毋致与佣工者伍。"③ 潭渡黄氏从宗族本源上强调了救助族内弱者是宗族的职责所系，认为："族人乃一本所生，彼辱则吾辱，当委曲庇覆，勿使失所，切不可视为途人，以忝吾祖"，"其鳏寡孤独及老幼无能者，尤当量力酬急"。④ 上述宗族规约都强调了对宗族弱势人群救济的必要性，并呼吁族人多行义举，以帮助族内弱势人群渡过难关。

其次，明清时期徽州宗族组织纷纷通过设置义田、义仓、学田、义屋、义冢等途径，来保障组织内部救济的实施，并对具体的实施办法作出了相关的规定。清乾隆末至嘉庆初，歙县棠樾鲍氏宗族的族人鲍志道妻汪氏特捐置田100亩，作为义田，用于救济族内妇女；同族中人鲍启运也"承其父宜瑗遗志"先后置田707亩和500余亩，用于对族内鳏寡孤独和贫困之人的救济。对于族内成员的善举，该族表示提倡和支持，同时，为了使族人捐置的这些族田、义田的收入全部用于救济周恤宗族内贫困和弱势群体，避免侵损或挪作他用，该族还制定了详尽的管理规约。其中规定："以其岁之人养宗人之鳏寡孤独者……田既归宗祠，惟宗祠主之，请与宗人约，凡体源户田率以为我族鳏寡孤独者长久

---

① 清同治祁门《武溪陈氏宗谱》卷1《新编凡例》，转引自陈瑞《明清时期徽州宗族的内部救济》，《中国农史》2007年第1期。
② 嘉庆歙县《桂溪项氏族谱》卷首《凡例》，转引自陈瑞《明清时期徽州宗族的内部救济》，《中国农史》2007年第1期。
③ 清光绪《三田李氏宗谱》卷末《家规·睦乡里》，转引自刘伯山、付丁群《明清徽州宗族与乡村社会的稳定》，《徽学》2013年第2期。
④ 歙县《潭渡孝里黄氏族谱》卷4《潭渡孝里黄氏家训·亲睦》，清雍正九年刻本。

经费，不得藉祖宗公事移用侵削，我后人亦不得过问。违者，呈官治之。并拟列条规于左。惟我族尊长酌而行焉。"① "每年租谷归宣忠堂司祠与司年公管，房长稽查。除应完钱粮营米及交租租酒硒晾沿箪贮篓等费，多余之谷记明薄扇，尽贮宣忠堂仓内，俟次年青黄不接时公同开仓，按宣忠堂三大房女眷公分。……所有男丁童稚暨未出嫁女一概不与。以汝嫂系妇人，只惠及妇人一辈。"② 除了设置义田之外，设置义仓也是明清时期徽州宗族组织实施族内救济的重要手段之一。如绩溪南关许余氏宗族于晚清时期在地方官周赞的建议下设立了义仓，对族内那些"家贫孤儿寡妇与疲癃残疾，及年壮遇灾遇病、素行归真、衣食无赖而无服亲者"，由"祠董拨祀租以赈之"。该族同时要求，族内之人如果受到宗族义仓的救助，一旦今后经济充裕，应该捐献部分资金用来创办义田和输粮于义仓，以此回报救济之功，并以此来救济其他贫困族人，即"孤子日后发财则捐资为义田义仓以济后之贫者"。③ 婺源平盈方氏也"合族捐输田亩钱谷，立义济户，积贮平粜"。④ 而休宁泰塘程氏明确规定："凡同族者，自十亩百金之家以上，随其财产厚薄，岁出银谷以为积贮，俾族长与族之富者掌之。立簿二本，籍其数，以稽出入，岁量族人所乏而补助之，其赢则为棺椁衣衾，以济不能葬者。若嫁娶者、产子者、死丧者、疾病者、患难者，皆以私财相赠。"对于救助的标准，东门许氏还作出了专门的规定："族中有志守节贤妇，及年老孤贫无依者，每名每月给以口粮五钱。岁暮，阖族贫士与亲邻，由亲及疏，自四金起至五星止，皆送炭赀。其有婚娶无力者，查明，助以四金。殁而不能殓者，给棺一具，衣衾银一两。无力葬者，自置地葬，助以二金。无地葬者，置义冢二所，听其安葬。" "冬月量制男女布棉袄若干，查族中寒苦者，登薄给领，以三年为率，四年再给，不得频年冒

---

① 歙县《棠樾鲍氏宗氏宣忠堂支谱》卷19《义田·体源户田记》，清乾隆二十五年刊本。
② 歙县《棠樾鲍氏宗氏宣忠堂支谱》卷17《祀事》，清乾隆二十五年刊本。
③ 绩溪《南关许余氏惇叙堂宗谱》卷5《撑叙堂家政·服贫之用》，清光绪十五年刻本。
④ 《婺源县志》卷16《食货志·储蓄》，清光绪九年刻本。

领也。"① 如此，就确保了族内那些生活困顿、无所依靠之弱势人群获得一定的资金或物质上的救助。除了日常生活上的救助之外，明清时期徽州宗族组织对宗族成员的教育问题给予高度重视，对那些经济困难的宗族子弟予以经济上的扶持，其方式一般为捐输学田和举办义学等。如绩溪南关许余氏宗族规定："族中子弟读书三五年，如果天资高妙与天资平等而志大心专者，其家贫无力，则祠董于祀租每年拨助学资。如祀租无余，则于上户亲房劝其扶助，中举则偿其本。"② 歙县潭渡黄氏规定："子姓十五以上资质颖敏、苦志读书者，众加奖劝，量佐其笔札膏火之费，另设义学以教宗党贫乏子弟。"③ "宗祠钱粮丰裕之日，酌助本族贫生赴试卷资。"④ 休宁商山吴氏规定："凡在学家事贫乏，有志向上，勤苦读书，每岁祠中量给纸笔灯油之费。"⑤ 茗洲吴氏则规定："族中子弟有器宇不凡、资禀聪慧而无力从师者，当收而教之。或附之家塾，或助以膏火，培植得一个两个好人作将来楷模，此是族党之望，实祖宗之光，其关系匪小。"⑥ 东门许氏规定："今后凡遇族人子弟肄习举业，其聪明俊伟而迫于贫者，厚加作兴，始于五服之亲。以至于人之殷富者，每月给以灯油笔札之类，量力而助之，委曲以处之；族之斯文又从而诱掖奖劝之，庶其人之有成，亦且有光于祖也。"⑦

当然，宗族组织对族人实施生活救济的根本出发点是防止其因为生活窘困而作出伤风败俗、从事贱业等有损祖宗尊严与体面的事情，其根本目的是维护宗族的根本利益，但兴办义学、捐输义田、设立义仓等却在客观上缓解甚至解决了贫困乡民的困窘，弱化了社会矛盾，增强了乡民之间的凝聚力，有助于维持古代乡村社会秩序的稳定。

---

① 《重修古歙东门许氏宗谱》卷8《宗祠新置义田规约》，清乾隆六年刊本。
② 绩溪《南关许余氏撑叙堂宗谱》卷8《悼叙堂家政·助学之用》，清光绪十五年刻本。
③ 歙县《潭渡孝里黄氏族谱》卷4《潭渡孝里黄氏家训·亲睦》，清雍正九年刻本。
④ 歙县《潭渡孝里黄氏族谱》卷6《公议规条》，清雍正九年刻本。
⑤ 休宁《商山吴氏宗法规条》，明抄本，国家图书馆藏。
⑥ 吴翟：《茗洲吴氏家典》卷1《家规》，刘梦芙点校，黄山书社2006年版，第17页。
⑦ 乾隆《重修古歙东门许氏宗谱》卷8《许氏家规·振作士类》，明崇祯七年刻本。

除此之外，我们还发现在东南沿海地区存在另一类具有"患难相恤"特点的乡规民约。众所周知，海洋渔业生产相对于传统以种植业为主的农业生产而言，其生产成本更大、风险尤甚，由此带来的突发性灾难对渔民生活的影响更为严重。因此，更需要运用集体的民间力量来降低这种生产风险，而将这种集体力量凝聚在一起的，毋庸置疑，就是相应的基层社会组织及其所制定的有别于内陆农村的乡规民约。这一点在明清时期东南以及山东沿海地区体现比较明显，我们以此作为个案进行探讨。

明清时期，在人口急剧增加和土地兼并加剧的双重压力下，沿海地区的人地矛盾空前严重，大量的百姓处于无地可耕的严峻状态之中。加之沿海地区多风沙地带，耕地缺乏，许多地方"水不足以湿地，地不足以养人"，在人口张力达到一定程度时，这种趋势更加增强。如山东即墨县在明万历期间，"系本省之末邑，偏居一隅，与海为邻，既非车毂辐辏之地，绝无商贾往来之踪。近城市者别无生理，止以耕田度日，滨海洋者田多盐卤，则以捕鱼为生"。[①] 清道光荣成县，"邑为山陬海筮之地，业农为田者固不乏人，而鱼盐之利籍为衣食者亦甚伙者矣"。[②] 胶州沿海，"捕鱼之利，民颇饶给"。[③] 海阳县，"居住土地斥卤，耕种不宜，全赖终年捕鱼为生"。[④] 虽然海禁政策一定程度上屡次阻挠了百姓下海营生的步伐，但通过开发海洋资源以解决耕地不足的矛盾已然成为海洋社会的大势所趋，他们"以海为田"[⑤]"藉海为活"[⑥]"以海为田、以鱼为粮"[⑦]，即使在明清海禁严苛时期，"海滨之民，唯利是视，

---

① （明）许铤：《地方事宜疏·通商》，转引自同治《即墨县·志卷十·艺文志·文类中》，清同治十三年刻本。
② 《荣成县志》卷3《食货志》，清道光二十年刻本。
③ 《胶州志》卷12《山川》，清道光二十五年影印本。
④ 光绪《海阳县续志》卷2《盐法门》，清光绪六年刻本。
⑤ （清）郁永和：《采硫日记》卷上，商务印书馆1935年版。
⑥ （明）郑鸿图：《蟳蜅考》，转引自民国福建《硬浦县志》卷18。
⑦ （清）黄叔璥：《台海使槎录》卷2，转引自李玉昆《曹士桂〈宦海日记〉及其史料价值》，《闽台文化交流》2008年第3期。

第六章 传统乡规民约的作用空间

走死地如鹜","冲风突浪,争利于海岛绝夷之墟"。海洋渔业、海产品贸易业等对海洋社会逐渐显得越来越重要,在此过程中,海洋捕捞业和养殖技术得到迅速发展,从而促进了明清时期海洋渔业及其相关产业的发展。明清两代,随着海上活动从官方向民间的转移,沿海地区"民业全在舟贩","多赖海市业"。① "以船为家,以海为田,以贩蓄为命"②,"浮大海趋利,十而九家"③。海商、海盗、渔民、海洋性乡族等社会组织得到传承和强化。海洋群体④的发展壮大成为明清海洋基层组织出现的社会基础。渔帮、渔民公所等组织形式本身就是由沿海地方社会自发组成的基层社会组织。这些组织尤其是像渔民公所,一般会通过制定乡规民约方式,在共御海匪、共助海难、共谋发展方面发挥着积极作用。20世纪80年代,在宁波镇海区澥浦镇,发现了渔业维丰北公所、南公所遗迹以及《公禁碑》《勒石永禁碑》。澥浦渔业维丰北公所位于澥浦镇汇源社区古月洞桥碶南侧,共有两间楼屋和与之相连的一座文武殿。楼屋完整,进深五柱七檩,梁柱装饰考究,"牛腿""抬梁""花篮"等饰件极为精致,是渔业公所日常办公和值班联络的场所;文武殿也是渔民出海祭神祈祷和公所董事会、总柱处理重要大事的地方。这是宁波舟山至今发现的最完善的渔业公所旧迹。在渔业公所北渔港口还发现一块公禁碑,碑高1.7米,宽0.7米,厚0.15米,立于民国九年七月,由维丰北公所渔会"八柱公"立,共有五条规定,主要内容如下:第一,渔船上的锚绠,为船上要件如生命一样,如有人偷窃被查获,送官究治。第二,船上什物遇有风潮,倘不及收取,而被人拾得,

---

① 道光《厦门志》卷15《风俗记》,清道光十九年刊印。
② 黄彰健校勘:《明实录·神宗实录》卷262,台湾"中央研究院"历史语言研究所1982年校印,第4374页。
③ (明)李光鄮:《二列传》。
④ 在长期的海洋开发实践中,逐渐形成了一类与海洋发生密切关系,物质生活和精神生活都带有浓郁的海洋色彩的人群,我们称之为海洋群体。海洋群体并非仅仅指单纯从事海洋产业的群体,那些以海洋产业为主的人群也属于海洋群体。海洋群体是随着海洋活动的进行而逐渐产生。根据从事海洋活动的属性,海洋群体一般包括渔户、盐户、盐商、海商和海盗等,他们是海洋活动的主力军。一般认为,随着明清海洋开发的深入和拓展,海洋群体呈大幅扩张之势。

失主出谢金，如隐匿不还者重罚。第三，本涂放出石抄示禁有案，如有抗违罚银十元，给通信人银五元，外余充公用。第四，左右两河不准洗涤污物，如违重罚。第五，本庙（指渔会）在海田种植的瓜果、菜蔬，有人偷窃者议罚。从这个乡规民约内容来看，它是创举文明及和谐社会的有力举措，在今仍有借鉴的作用。在该区澥浦镇岚山村海沙路碶闸桥又发现维丰南公所遗址和《勒石永禁》碑。《勒石永禁》碑保存极为完整，是至今宁波舟山两地一块十分珍贵的碑记。该碑高2.7米，宽1米，厚0.15米，合计700余字。碑首副题"署理宁波府镇海县正堂加三级纪录十次毕"（经查即为当时知县毕诒策），末款为"光绪二十二年三月"告示，可见该维丰南公所的"勒石永禁"是经当时知县毕诒策批准的"告示"。渔业公所虽是基层社会组织，但是得到了当时政府的认可和支持。"告示"开首说，该告示是维丰南公所董事举人刘孝思，总柱五品衔生员陈巨纲等禀请同意后所立。其主要内容属于出海渔民公益保障性条款，共有六条，简述如下：第一，出海渔民如有失足落水毙命者，如尸身已获，向公所领衣棺盛殓钱20千文，并领埋葬招魂钱20千文，倘尸身无获者，虽毋庸棺殓，而其情可悯，应共给钱32千文。第二，遇盗殒命情形较惨，除给衣棺盛殓埋葬招魂等钱40千文，另行给钱10千文以示体恤。第三，在船病故与别项死事有别除给衣棺盛殓钱外本无庸再给钱文，然或无资埋葬情亦可悯应酌给钱16千文。第四，船人两失，旧章不给分文，惟念同是殒命，其家属配偶每名由公所酌给钱12千文以杜后遗之症。第五，舵水人等遭风遇险以及失足落水遇盗殒命除给发殓葬等钱外，其父母妻子艰苦无依，言之更觉悚然，今于照章给发之外每月再给钱500文以资赡养，以5年为满。第六，议给前项钱文，除月钱系公所筹款散给，其余棺殓埋葬等钱均有船主先交公所，然后公所照章给发。倘船主意存观望不先交钱，则公所置之不问。渔民抚恤金由民间组织和船主一起分担，清政府只承担支持义务，不承担付款义务，从而大大减轻了政府的财政支出。这类规约，既是封建社会沿海地区的一种创举，又是传统乡规民约"出入相友、守望相助、患难相恤"价值取向的具体体现。

三 乡村社会关系调整

传统乡规民约，尤其是建立在血缘基础之上的宗族规约，都将处理家庭内部成员关系作为自己的首要任务，针对父母与子女、兄弟姐妹之间、夫妻之间以及妯娌之间等多种纷繁复杂的家庭关系，纷纷提出了"父慈子孝""兄友弟恭""夫义妇顺""各守本分"等针对不同关系的不同的行为规范标准和要求，在一定程度上体现了传统乡规民约的德业相劝的教化理念、过失相规的惩罚机制和礼俗相交的治理模式。

传统社会中，父子关系被看成家庭伦理关系的核心部分，也是所有家庭关系中最为亲切的血亲关系。"父慈子孝"更被认为是最理想的父子关系模式。一方面，作为父亲，要求慈与严有度的结合，不可过分，不可越礼，更不可过分溺爱子女，使其为所欲为。清人石成金就曾明确指出："世间不肖子的根苗多从父母酿成，但父母爱惜儿子原是好意，殊不知子若不教，正是把他一世终身都坑害坏了。……可见种种坏事总由父母不教他而起，及至后来家业被他破坏，祖宗被他玷污，父母妻子被他连累，那时父母割舍他不得，欲教他又不能，到得此时方才知道当初惜他爱他疼他喜欢他不拘管他，却不是为他，都是坑害他，悔也悔不来，教也教不及，恨也恨不了，只落得惶惶苦楚，旁人叹息，不只为父母的痛恨早不教训，就是为儿子的自己也痛恨父母早不教训，就恨也无用了。"[①] 隆庆《文堂乡约家法》要求父母尽到教育子女并使其成人成才的责任和义务："若人家有子孙者，用心教训，则孝顺和睦相延不了，读书者可望争气做官，治家者可望殷富出头，就是命运稍薄者，亦□立身学好。如树木枝干，栽培不歇，则所结果子种之别地，生发根苗，亦同甘美，是光前裕后第一件事也。"[②] 另一方面，作为子女，则要恪守"孝道"。明人曹端在阐述"孝"的重要性时曾说："孝乃百行

---

① （清）石成金：《传家宝》，天津社会科学出版社1992年点校本，第1344页。
② 《文堂乡约家法·文堂陈氏乡约》，明隆庆六年刻本，安徽省图书馆藏。

之原,万善之首,上足以感天,下足以感地,明足以感人,幽足以感鬼神,所以古之君子,自生至死,顷步不敢忘孝焉。"① 那么,在传统社会,子女要怎样作才算是对父母尽孝呢?清代《汪龙庄先生遗书·双节堂庸训》中有云:"'谚云:孝不如顺',盖孝无形而顺有迹,顺之未能,孝于何有?如谓父母亦有万不当顺之故,则几谏一章,自有可措手处。玩紫阳'愉色婉容'四字,何等委折。天下无不是之父母,必先引咎于己,方能归善于亲,一味憨直,激成父母于过,即所谓不顺也。若欲与父母平分曲直,以己之是,形亲之非,不孝由于不顺,罪莫大焉。"② 而石成金则将孝解释为使父母安心:"何为安父母的心?凡事要听父母教训做好人,行好事,不可越礼犯法,惹祸招灾,大则扬名显亲,小则安家乐业,父母心中才得欢喜。为何孝字连个顺字?为子者须要时刻把父母的心细细体贴,着意尊敬,不敢有一些冲撞言语,听信不敢有一些违拗,不但承欢膝下不违逆,就是父母不在面前,所作所为的事略,要父母担忧的,提起父母的念头便急忙改正,惟恐亏体辱亲,这才叫做孝顺。……或有父母互相争斗,须要和颜悦色,低声下气从容劝解,若父母不从,须徐图感悟之法。万一父母动气打骂,只认为子者有未尽理处,须要安心忍受,曲意奉承。自古道:天下无不是的父母,父就是天,母就是地,哪有为人敢与天地争是非么?古人云,父虽不慈,子不可不孝,要令父母在生一日,宽怀一日,这便是安父母的心了。"③ 也就是说,只有子女对父母亲在物质上给予了保证,在心理上给予了安慰,在精神上使其得到了快乐,方才算是真正尽了"孝道"。这种"父慈子孝"的父子关系模式在传统乡规民约中是得到了大力倡导的,特别是作为"仁之根本"的孝,更是在传统宗族类乡规民约中得到了淋漓尽致的宣扬和发挥。如上虞雁埠章氏宗族认为,"孝道贵乎顺亲敬

---

① (明)姚舜牧:《药言》,转引自余秉颐《家训金言》,安徽人民出版社2009年版,第146页。
② (清)汪辉祖:《汪龙庄先生遗书·双节堂庸训》卷3《治家》,同治元年望三益斋藏版。
③ (清)石成金:《传家宝》,天津社会科学出版社1992年点校本,第1083页。

第六章 传统乡规民约的作用空间

亲",因此,无论子女生活境遇如何,对父母必须做到"体心顺志,时时周旋膝下"。"苟不讲乎此,虽日用三牲,不得为孝也。彼世之养其亲而不知敬,怼其亲而不知顺者,直禽兽等耳!"① 北宋司马光要求其族内子弟对待父母,不但要做到"省问、奉食、安寝"这些基本的生活照顾,当父母有命时,更要做到"必籍记而佩之,时省而速行之"。即便父母有了过错,也要做到"下气怡色,柔声以谏"。当父母身体有疾时,子女不但不能"无故离侧",更要做到"亲调尝药饵而供之"。总之,子女必须做到"乐其心,不违其志,乐其耳目,安其寝处,以其饮食终养之",方算是真正尽了"孝"。② 寿州龙氏宗族则要求其族人"宜念乾父坤母,生我劬劳。贫则菽水承欢,富则旨甘备养"。③ 合江李氏宗族则规定:"苟念生我、鞠我、抚我、育我之德,则服劳、致敬、就养,无方天性所流,自有不能已者,何至尚有忤逆哉。"④ 总体上看,传统乡规民约中所宣扬和提倡的"父慈子孝"的父子关系中,对为子者应尽孝的单方面要求要远远大于和多于对"父慈"的要求规范,并且逐渐被统治阶级有意识地强化,而且很多方面体现出了对父母之言不加判断盲目顺从的"愚孝"思想,使得这两者之间的关系显得不是那么平等和互动。但同时,我们也必须承认,倘若能把握好一定的度,"父慈子孝"应该是人类关系发展的理想状态和最佳境界,它无论是对于家庭内部关系的维护还是社会基本秩序的建立,都具有重大的现实意义。

在中国传统的宗法血缘社会中,强调血缘认同,认为父子关系、兄弟关系重于夫妇和朋友关系。明人曹端说:"兄弟,天合者也;夫妻,人合者也。今人有兄弟分居,未闻有夫妻分居者焉,是则疏天合而亲人合者也,岂非惑之甚哉?"⑤ 本着兄弟友好利于家庭和睦,利于家道长

---

① 上虞《雁埠章氏宗谱》卷14《家训二十四则》,1925年本。
② 《朱子家礼》卷1《司马氏居家杂仪》,清同治四年本。
③ 寿州《龙氏宗谱》卷1《家规》,清光绪十六年本。
④ 合江《李氏族谱》卷8《族规》,清光绪二十一年本。
⑤ (明)姚舜牧:《药言》,转引自余秉颐《家训金言》,安徽人民出版社2009年版,第39页。

传的目的，传统宗族类乡规民约大多训诫兄弟之间要友好相处。《吴越钱氏宗谱》曰："妻妾如衣服，兄弟如手足。衣服破，犹可新。手足断，难再续。"这条族规虽然充满了对夫妻关系特别是对妇女人格的轻视和蔑视，但对兄弟关系的重视却是溢于言表的。上虞雁埠章氏更是将兄弟关系上升到孝敬父母的高度："天下最难得者，兄弟；易得者，钱财。盖钱财或失，可以复得；兄弟一失，不能再得。况兄弟早于夫妇，久于父子。……盖兄弟不和，父母之心不安，则伤亲之志亦。"①《衢州孔氏家规》亦云："凡今之人，莫如兄弟。读棠棣之诗可悟也。每见同气之人，或以小忿构怨，或以财起衅，以至阋墙生变，顿令外侮来侵。我族既为圣裔，而悌弟之道，尤当佩服。"② 寿州龙氏则要求兄弟当"同气连枝，如手如足……慎勿因小利听妇言，便欲析居各爨，致伤骨肉之好"。③ 在中国传统乡村社会，农业生产主要依靠人力加少量畜力来进行，人口众多的家庭在农业生产活动中无疑占有明显的优势，因此，即便是从现实的角度考虑，"同居共爨"也应是传统乡村社会大多数人所认为的最理想化的家庭模式。北魏杨椿在《诫子孙》中即云："又吾兄弟，若在家，必同盘而食，若有近行，不至，必待其还，亦有过中不食，忍饥相待。吾兄弟八人，今存者有三，是故不忍别食也。又愿毕吾兄弟世，不异居，异财，汝等亲见，非为虚假。如闻汝等兄弟，时有别斋独食者，此又不如吾等一世也。"对此，传统乡规民约大多宣扬和提倡"合家"思想。毗陵新安刘氏即云："同居共爨，公艺迄今称美。第子孙渐繁，各力营为，知成立之不易，稼穑之艰难，毋怀私背公，毋听谗尚诈，何嫌爨之不同。"④ 即便实在要分家，也务必做到"义让为美，不得霸占，以失手足之情，而伤父母之心"。⑤ 诚然，当今

---

① 上虞《雁埠章氏宗谱》卷14《家训二十四则》，1925年本。
② 衢州《孔氏家规》，转引自谢晖主编《民间法》第1卷，山东人民出版社2002年版，第396—397页。
③ 寿州《龙氏宗谱》卷1《家规》，清光绪十六年本。
④ 毗陵《新安刘氏宗谱》卷1《乐隐公家劝录》，1948年本。
⑤ 长沟《朱氏宗谱》卷2《族范》，清光绪三十三年本。

第六章 传统乡规民约的作用空间

中国的广大农村地区,纯粹依靠人力劳动已经远远不能适应农业生产的发展要求,农业生产在很大程度上更多地依靠农业科学技术的进步。加之,农村的家庭结构日益小型化,核心家庭越来越多。这些客观因素都使得像传统社会中那种动辄数十人甚至上百人合族而居的情况,变得既没有必要,也不大可能。但是,传统乡规民约中所倡导的家庭内部成员之间和睦相处、相互友爱的思想,却无论是在过去、现在还是将来,都应一直是我们中华民族积极倡导并努力追随的至宝。

此外,在中国传统社会,婚姻的主要目的虽然在于联合两性、传宗接代,但作为家庭其他关系构成基础的夫妻关系,其好坏与否不但直接影响到家庭其他关系的续存,更关乎家道的兴衰,因此,传统社会并不排斥建立良好的夫妻关系,为数众多的传统宗族类乡规民更是将"夫以义为良,妇以顺为令,和乐祯祥来,乖庚灾祸应,举案必齐眉,如宾互相敬"视为最理想的夫妻相处模式。当然,由于受到传统三纲五常思想的毒害,传统社会中大多的夫妻关系是一种夫主妻从、夫制妻顺的不对等关系,缺乏最起码的平等性,但是,传统乡规民约所倡导的建立在"举案齐眉""相敬如宾"基础之上的琴瑟共鸣的夫妻关系,对于当代社会健康平等的夫妻关系的构建无疑是具有一种正面的导向作用的。

针对乡村社会中邻里之间的关系处理,大多传统乡规民都提出了"出入相友,守望相助,勿起纷争"的和谐社会观。《合江李氏族规》曰:"岁时款洽,谊笃比邻;患难扶持,世称仁里。……凡属子孙,务必谦虚乐易,于人无争。不得恃血气以凌人,逞奸诈以滋事,徒害邻里,终累身家。……尤宜念睦姻任恤之风,实为古道,待人务从乎厚,处世毋涉乎骄。"[1]《郑氏规范》云:"宁我容人,勿使人容我。"[2]《衢州孔氏家规》亦曰:"出入相友,守望相助。三代同井之风,尚载之书。凡族事无大小,人无亲疏,勿萌疑忌,勿起嫌隙,总以和气处之。即事不得已,从容理论,听族解处。倘藏岔宿愿,构讼公庭,愧为圣人

---

[1] 合江《李氏族谱》卷8《族规》,清光绪二十一年本。
[2] (元)郑太和:《郑氏规范》,中华书局1985年版,第9页。

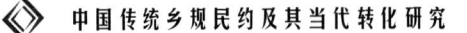

后裔。"① 在古代中国，在国家政权对乡村社会管理严重缺失的情况下，乡村社会组织正是依靠着对这种朴素、豁达的为人处世观的提倡和引导，从而有效地保证了乡村社会人际关系的总体和谐和社会秩序的基本稳定。时至今日，这种传统的处理邻里关系的理念和思想对于中国农村社会的进步和健康发展，对于新农村的精神文明建设依然具有很强的适用性。

"尊老""睦邻"等协调组织内部成员之间关系的传统乡规民约的制定和执行，使得"礼""义""忠""信""悌"等符合中华民族传统伦理道德规范的思想深入古代乡村社会的各个角落，并利用强大的社会舆论对组织内部成员的行为进行有效的监督和约束，这不仅净化了当时的乡村社会风气，保证了乡村社会软环境的健康，而且使得中华民族的传统美德绵延不绝，成为中华民族发展延续的强大精神支柱和动力源泉。

四　乡村社会风气净化

赌博作为一种社会病态陋俗由来已久，因它而引起的争执、纠纷和犯罪活动更是层出不穷，特别是到明清时期，赌博活动日渐猖獗，甚至严重危及社会秩序的稳定。为了严厉打击和根除赌博，明清最高统治者相继采取了一系列的措施，屡屡严申禁赌法令和条例。《大明律》规定："凡赌博财物者，皆杖八十，所摊在场之财物入官。其开张赌坊之人，虽不与赌列，亦同罪，坊亦入官。止据见发为坐，职官加一等。若赌饮食者勿论。"② 乾隆年间《大清律例》规定："凡赌博，不分军民，俱枷号两个月，杖一百。偶然会聚，开场窝赌，及存留之人抽头无多者，各枷号三个月，杖一百。官员有犯，革职枷责，不准折赎。奴仆犯者，家主系官，交与该部；系平人，责十板。"③ 在国家法令的影响和

---

① 衢州《孔氏家规》，转引自谢晖主编《民间法》第1卷，山东人民出版社2002年版，第416页。
② 怀效锋点校：《大明律》卷26《刑律九·杂犯·赌博》，法律出版社1999年版，第221页。
③ 马建石、杨育堂主编：《大清律例通考校注》，中国政法大学出版社1992年版，第812页。

第六章 传统乡规民约的作用空间

推动之下，明清乡村社会民间组织也不失时机地开展了禁赌活动，并制定、执行了一系列的相关规约。这其中既有乡约、保甲、会社等基层组织订立的专门的禁赌规约，也包括宗族组织以宗规约形式订立的禁赌条约，还涵盖了乡里各姓共同订立的《戒赌约》形式的禁赌条文。

清雍正二年（1724），山西河津樊村镇魏家院村经过全族公议，订立了《阎村公立禁赌碑》，规定："嗣后如有怙恶不悛，仍事赌博，一经拿获，除本犯照例之罪外，仍量伊父兄家资之厚薄，议罚备赈，以戒其不教。乃或谓刑罚并用似属太严，而不知法严知畏，刑以辅教之至意也。"① 清乾隆五十三年（1788），洛阳新安县一乡保召集辛省北牌牌民立"辛省禁赌条约"曰："嗣后，如有开场盘赌者，罚砖一千；有将隙地与人开场者，与开场同罚；有一名赌博者，罚砖五百；有输赢类赌者，与赌博同罚。"同时对该禁赌条约的执行也作出相应的约定："每十家互相稽查，隐匿者连坐。所罚之砖俱入寺充公。如不受罚，乡保送官究处。倘乡保徇情不首，与开场同罚。"② 清嘉庆二十四年（1819），安徽祁门陈氏宗族在士隆、士深两位族里老人的建议之下，订立了《祁门文堂禁赌碑》，云："赌博之风起，则人心漓；人心漓，则习俗坏。皇上以化民成俗为心，良有司从而董戒之，其不悛者罪以科。至于贤明约束，变化整饬，则赖一乡之善士也。吾长枫士隆、士深二位族叔祖以身为子弟先，而又循循训诫，严整有法。今与都人为禁赌之约，而和都莫不率从。古所称熏德而善良者，不信然从哉？所愿诸君子时相劝勉，永申此禁。由此而上之，相与讲求，夫孝友、睦渊、任恤之道，恭敬、逊让之风，将见风俗人心蒸蒸益上，又岂仅禁赌一节而已哉！仅坚其约而推广之。"③ 清嘉庆二十五年，婺源思口延村制定了《弭赌杜窃碑》，规定："村内耆民严禁赌博，防开匪类；村外水口，历蓄山苗荫

---

① 山西河津樊村镇魏家院村清雍正二年《阎庄公立禁赌碑》。
② 《辛省北牌公议禁赌碑记》，原立于洛阳新安县铁门镇省庄华岩寺旧址，现藏于洛阳千唐志斋博物馆。
③ 《祁门文堂禁赌碑》，原碑现嵌于安徽省祁门县镇下文堂村陈氏一本祠前照壁上。

护宅基,诚以水口山神庙坟冢胥赖庇荫。更以赌博弊窦,实为法纪不容,奸盗诈伪从此滋生,所以两条。切近有不法樵竖潜往村旁,或向僻静之区,席地而坐,做宝跌钱;或入水口,村内觊切。做宝跌钱,即是酿赌之渐;搬枝摘叶,更开盗砍之端。与其酿害将来,不如及早勒宪台赏准给示,俾勒碑禁。笃俗维风,群歌乐口颂恩上禀等情到县。据此,除批示外,合该村附近居民人等知悉:嗣后,毋许一切赌博,并不许入该村水口林内搬枝摘叶。各禀县,以凭拿究,决不姑宽,各宜凛遵毋违。"① 相较于前几个乡规民约,嘉庆二十五年婺源延村的禁赌告示不仅对当地赌博的形式罗列较细,而且对赌博的危害性也揭示得比较具体,其禁止和打击的力度趋于严厉,这也是和清王朝对赌博行为打击力度的增强相一致的。

除了乡约、保甲、会社、乡里等基层组织订立的专门性的禁赌规约之外,宗族组织也以宗族规约的形式宣扬赌博的害处,并严戒族众参与聚赌。寿州龙氏即云:"好赌把家倾。好田地,好金银,呼卢斗页丢干净。父母养不顾,妻子受苦辛。饥寒交迫盗心生,一朝断送残生命。凡我族人,有不务本业以赌博作生涯者,频犯则重责二十。若与族人共赌,长辈罚戏一台,幼辈领责。若与外姓人共赌,除将本人用家法责惩外,户长、族长同伊父兄,送官处治。"② 休宁茗洲吴氏宗族在其《家规》中严厉忠告:"子孙赌博、无赖及一应违于礼法之事,其家长训诲之,诲之不悛,则痛棰之。又不悛,则陈于官而放绝之。仍告以祠堂,于祭祀除其胙,于宗谱削其名。"③ 永兴张氏宗族规定:"不许开场赌博。如违,重罚不殆。在场赌博者,每名罚钱四千文。"④ 毗陵长沟朱氏宗族指出:"赌博之害,欲赢人钱,反失己钱;相争嚷斗,必遭人命;无计偿还,必为盗贼;败家丧身,皆由于此。"因此,必须禁断赌

---

① 清嘉庆二十五年婺源延村《弭赌杜窃碑》,原碑现铺于江西省婺源县思口镇延村汪松林宅地面上。
② 寿州《龙氏宗谱》卷1《家规》,清光绪十六年本。
③ 吴翟:《茗洲吴氏家典》卷1《家规》,刘梦芙点校,黄山书社2006年版,第56页。
④ 永兴《张氏族谱》卷2《合族禁条》,1929年本。

第六章 传统乡规民约的作用空间

博,"犯者重责四十板"。① 上湘龚氏也认为,"赌博为身家之大害,禁令綦严","我族子弟如有违犯者,严加责罚"。② 黟县南屏叶氏宗族规定:"赌博之禁,业经百余年,间有犯者,宗祠板责三十,士庶老弱,概不少贷。许有志子弟访获,祠内给奖励银二十两。"祁门叶源陈氏宗族阖族商议规定:"境内毋许屯留赌博,违者罚钱壹仟文,伙赌乾罚戏十部。拿获者,给币二佰。知情不报,照窝赌罚。"黟县王姓家族则一致通过禁止赌博押宝,并规定"照旧赌博者,一经知觉,罚银肆两入众外,仍处责十板,罚酒四席,演戏全部。其不服责罚者,众内开匣,支出银两,送官惩治,断不宽贷",此外对知情不举者,"亦与犯禁人同罚"。尽管由于乡村社会娱乐活动缺乏、地方官吏庇护等多种因素的影响,赌博陋俗一直未得到根本性的消灭,但在国家法令特别是传统乡规民约的严厉打击之下,赌博之风还是得到了一定程度的遏制。

在1840年鸦片战争以前,清政府对鸦片的态度一直是查禁,但自从在鸦片战争中败绩后,清政府被迫解除烟禁。然而,众多有识之士都已看清鸦片对民众和国家造成的危害,因而继续抵制鸦片的泛滥,许多乡村社会民间组织因此制定禁约严禁组织成员吸食鸦片。如光绪二十四年(1898)香山沙尾乡张氏阖族成立了"香山沙尾乡张氏大同戒鸦片烟会",并制定了《约章》,规定对未有烟瘾诸子弟,"如有入会之后,犯规沾染烟瘾者,族长、族正须随时报明会董查实,将该子弟犯规标示祠壁,并注明册籍,罚停该人祭胙,勒限一年内,将烟瘾戒断,如不戒断,当永远革胙,以示严惩"。而对于素有烟瘾者"为身体起见,不戒亦听。但决不可诱人吸食,如有私诱无瘾之人,任其在己吸烟之床吸食一口者,罚主人银五毫"。对于不肯缴罚款者,"则将其名字标贴于祠壁"。③ 宁乡回龙铺熊氏则对"贪吃洋烟"的族人作出了"枷号一个月,

---

① 长沟《朱氏宗谱》卷2《族范》,清光绪三十三年本。
② 上湘《龚氏支谱》卷2《族规类》,1915年本。
③ 《知新报》第59册,光绪二十四年六月。

倘犹不改悔，就枷号三个月"①的严厉惩罚。

在传统中国，赋税是国家政权得以维持正常运转的基础，在小农经济形态下，赋税征收的主要对象是农民阶层，他们以完粮纳税的形式履行对国家的义务。但是，在剥削沉重、灾害频发的时期，农民往往并不能够甚至并不愿意按时交纳赋税，因此，为了与国家意志保持一致，从而争取国家政权对其的认可并获得一定的权力资源，大多民间社会组织都要求其组织成员视缴纳公粮为己任，并通过制定规约的方式劝导其成员按时交粮纳税。清光绪三十三年（1907），武宁县大洞乡彭坪村竖立《奉宪严禁碑》，其中规定："国课务宜早完，以免催追。"②温州盘古高氏认为，"践土食毛，富有纳税之义务"，因此，"凡吾子姓，不分贵贱，须知国课之早完，非独免追呼之扰，亦为下不倍之道"。③湘潭白沙陈氏规定：族人"耕田完粮，分内事也。若抗捕不完，是为不忠"，"古人于钱粮一项，谓草莽中惟此为君臣之义，故必先输税"。④民国《义门陈氏大同宗谱·义门家法》也规定："公赋乃朝廷军国之急，义当乐输，凡我子侄差粮，限及时上纳。"甚至还规定，即使遇上天灾人祸，交纳有困难之时，也"只得省用，不可侵支输纳之资"。九江岳氏宗族认为，"粮饷乃分所应输"，"迟缓则官必催责"，这并非"官长之不体恤吾民，是吾民之不体恤官长也"。因此，该族规定，作为族人，应当"早纳早完，各了各事"。⑤对于欠交、拒交钱粮的组织成员，各个民间组织纷纷给予了不同程度的处理规定。湖南《宁乡熊氏祠规》规定："国课大件，理应年清。年款如有拖欠者，一经查知，即分别久欠者责八十，暂欠者责四十。不愿责，求情者，量其家赀勒令赶紧完清外，罚钱入祠充用。"⑥山阴吴氏规定："完纳钱粮，成家首务，必须预

---

① 宁乡《熊氏续修族谱》卷8《祠规》，清光绪十年本。
② 清光绪武宁大洞乡彭坪村《奉宪严禁碑》，此碑立于离城80里的港子口。
③ 盘古《高氏贵六公房谱·盘古新七公家训》，1935年本。
④ 湘潭《白沙陈氏支谱》卷首之《家规》，转引自朱勇《清代宗族法研究》，湖南教育出版社1987年版，第59页。
⑤ 江西《九江岳氏宗谱》卷3《家规》，1920年前后刻本。
⑥ 湖南《宁乡熊氏续修族谱》卷8《祠规》，清光绪十年本。

第六章 传统乡规民约的作用空间

为经划,依期完纳。如有恃顽拖欠者,许该里举鸣祠中,即行分别责罚,以示惩戒,决不轻纵,致累呈扰。"① 寿州龙氏对于玩视国法、不急公完纳国税者,除了官差催缴督促之外,还要求户长勤加劝诫。对于惯行违抗,致使官差屡次追讨者,除了代表官差全额征讨外,还要依据家法处以杖责二十的惩罚。正是在乡村社会民间组织的倡导和推动之下,特别是在惩处措施严厉的乡规民约的约束之下,按时完粮纳税几乎成为大多数乡民心里一道不能逾越和违背的道德行为底线。

在传统乡村社会,特别是在宗族势力发达的南方地区,不同宗族之间经常会因为利益问题或传统的积怨而产生矛盾,如若再受到一些别有用心的人的挑拨,矛盾会迅速升级和激化,大规模的械斗也就在所难免了。械斗的恶劣影响和破坏力是十分惊人的,近世郑观应在其《盛世危言·训俗》中就有如下描述:"此一姓或若干人,彼一姓或若干人,约期械斗,如临大敌,枪炮轰天,干戈币地,官不能遏,兵不能防。及至罢战息争,则检点尸骸。"② 正是看到了家族械斗的严重危害,一些家族极力反对械斗,并对此作出了详细的规定。如广西西林岑氏家族即规定:"与他姓有争,除事情重大始禀官公断,倘止户婚田土闲气小忿,无论屈在本族,屈在他族,亦以延诸族党委曲调停于和息。"③《训俗遗规·讲宗约会规》更是强调:"倘本族于外族有争,除事情重大,付之公断。若止户婚田土,闲气小忿,则宗长便询问所讼之家,与本族某人为亲,某人为友,就令其代为讲息。屈在本族,押之赔礼;屈在外族,亦须委曲调停,禀官认罪求和。"④ 对于挟众恃强,好生是非,喜于械斗者,家族司法也给予了严厉制裁。光绪年间寿州《龙氏宗谱·家规》规定:"凡我族人,有恃强生事,好恃凶器者,乃凶暴一流,及早不惩,必遭大祸。初犯,责二十;再犯,加等;三犯及与外姓斗殴,

---

① 山阴《吴氏宗谱》,清光绪三十二年本。
② (清)郑观应:《盛世危言》,华夏出版社2002年版,第159页。
③ 《广西西林岑氏宗谱》,清光绪十四年小活字本,上海图书馆藏。
④ (清)陈宏谋:《五种遗规·训俗遗规·讲宗约会规》,中国华侨出版社2012年版,第94页。

凭户长送官处治。"① 宣统年间岭南《冼氏宗谱·族规》也规定："辄因小故械斗，吾宗岂宜有此，倘自恃人强，日事斗狠，此等悍俗，实足贻宗族之忧。应将该房摈出祠外。"② 正是这种委曲求和的化解矛盾的方法与严厉惩罚的措施，对防止家族内和族际间人们矛盾的激化，特别是在防止、打击族际间的动辄械斗、复仇，解决长年累月、世代为敌方面，的确起了重要的作用，因而为基层社会秩序的稳定、社会的和谐提供了可靠的保证和基础。

古代乡村社会民间组织通过制定禁约的形式对赌博、盗窃、溺女婴、嫖娼、吸食毒品、拒纳赋税、械斗等不端行为加以禁止和打击，这一方面弥补了国家法令在民间社会执行实施不利的缺陷，体现了国家法与乡规民约良性互动的关系，另一方面也约束规范了乡民行为，净化了乡村社会的风气。

---

① 寿州《龙氏宗谱》卷1《家规》，清光绪十六年本。
② 岭南《冼氏宗谱》卷1《族规》，清宣统二年本。

第七章 传统乡规民约对水资源的管理及其影响
——基于明清晋陕地区水利规约的微观考察

正如第六章所提到的，作为农业生产最大的影响因素，水资源的开发、分配和管理，长期以来都是古代乡村社会关注的重点。明清时期，围绕着水资源的分配和管理，各地乡村社会民间组织陆续制定了相应的水利规约。[①] 在对涉及水资源管理的明清时期乡规民约的整理过程中，笔者发现了一些令人深思的现象：首先，水利规约呈现出明显的地区差异，即大多集中在水资源紧缺的北方地区；其次，随着水资源紧缺程度的加深，水利规约有逐渐细化的趋势；再次，越是在水资源紧缺的地区，水利规约所发挥的作用越明显，有些甚至影响至今。本章即选取了水资源相对缺乏、民间传统水利管理规约又相对丰富的晋陕地区作为研究对象，以个案分析的方式，深入探讨传统乡规民约在古代社会资源管理中的作用和影响。

第一节 晋陕地区的水资源状况

晋陕地区拥有着较为相近的水资源环境。先看山西，它是华北地区的一个缺水省份，自然地貌和气候特点是造成其缺水的两大主要原因。从气候看，由于处于温带大陆性季风型气候区，山西年平均降水量较

---

① 水利规约，亦属传统乡规民约之一种，主要是对乡村社会水资源进行分配和管理的非正式制度。

少，一般仅在 350—700 毫米，而且降水变率较大，夏季占全年降水量的 60%，冬、春季节降水很少，因此常有春旱发生，据近年统计的一份连续 600 年的资料表明，春旱已构成了对山西灌溉农业的主要威胁。从地貌上看，全省山地面积占 70%，在耕地中，旱地达 97.2%。同时，除了出露地面的一带较老岩层外，地层大多为黄土覆盖，厚度大约在 200—300 米。地质条件使这里的地下水埋藏较深，尤其是石灰岩地下水埋藏深度在 300—500 米或更深，所以，采用传统的技术条件开采地下水的难度很大，这也是造成明清时期这个地区水资源缺乏的一个主要原因。再看陕西，它是一个位于中国西部的内陆省份，根据地形和气候特点，从北向南可以依次划分为黄土高原区、渭河平原和秦巴山地。受南方亚热带湿润性季风气候的影响，秦巴山地降水量充沛，区内河流含沙量小，水位的季节性变化相对较少，所以，它被认为是陕西省水资源最丰富的地区，水资源量占到了全省水资源总量的 71%。但是，降水的季节性分布依然不平衡，春冬较干旱而夏秋多暴雨，容易导致洪涝灾害的频繁发生。位于陕西省最北端的黄土高原地区，属于温带半干旱季风气候，年降水量 350—500 毫米，且多集中在 7—9 月。加之，由于较高的地理位置，虽然靠近黄河有灌溉之利，然而塬高水低，引水困难。而渭河平原区位于陕西省的中部，属于暖温带半干旱半湿润季风气候，降雨的季节性分布也较明显，夏天多而春冬偏少。另外，由于较多的河流含沙量，这个地区经常发生极端的农业灾害。

  明清时期，由于人口的急剧膨胀、土地的大量垦殖以及由此而造成的对水源地森林的大面积砍伐等人为因素的影响，使得本已由于地形和气候条件限制而形势严峻的金山水环境"雪上加霜"。如陕西咸宁县的南山在乾隆以前还"多深林密箐，溪水清澈，山下居民多资其利"。然而自从乾隆年间"开垦日众，尽成田畴，水潦一致，泥沙杂流，下流渠堰易致淤塞"。[①] 山西翼城滦池泉、介休洪山泉以及晋泉也在明清时期出现了明显的水量减少的现象。[②] 与此同时，由于吏治腐败、财政紧

[①] 朱伯鲁：《续修陕西通志稿》卷 57《水利一》，陕西通志馆 1934 年版，第 23 页。
[②] 张俊峰：《油锅捞钱与三七分水：明清时期汾河流域的水冲突与水文化》，《中国社会经济史》2009 年第 4 期。

第七章 传统乡规民约对水资源的管理及其影响

张、管理成本增加和农民起义频发等多种因素的影响,除了一些大型水利工程的兴修与维护之外,政府开始逐渐淡出对水资源的具体管理,其在水资源管理中的作用呈现出明显的不断弱化的趋势。如乾隆三年(1738)由政府主持兴修的山西定襄县的广济渠,可灌十三村田地,但自乾隆二十年以后,久未疏浚,渐致淤塞,以致废弃。类似的情况同样出现在陕西地区,据民国《续修陕西通志稿》载:"自清代乾嘉以迄咸同,兵事频兴,奇荒屡值,官民两困,帑藏空虚,河渠多废而不修……郑白径渠亦十废小半,漆、沮、沪、渐亦如之。"[①]

迫于日益严峻的用水形势和政府权力的强力收缩,晋陕两地乡村社会开始主动介入当地水资源的具体管理事务中,并逐渐取代国家政权成为当地水资源管理的主要力量。晋陕地区那些靠近河渠的村庄,以联合协商的方式,共同出钱出力修筑许多小型分渠和支渠,以改善农业用水的环境。当然,这些举措与明清政府的大力倡导和扶持是分不开的。同时,为了协调各方的用水关系,保证最大范围内的用水秩序,他们还建立了以乡村士绅阶层为领导核心的水利组织来管理和分配当地的水资源。这些民间水利组织综合考虑当地的地形地貌状况和用水惯例,并结合民间社会的道德价值观念和国家相关的水利法规,制定了包括用水次序、水量分配、水时限制等在内的一系列水利规约,并试图通过对这些水利规约的严格遵守和执行,在最大范围内保障整个水利共同体的用水安全和用水利益。

第二节 传统乡规民约对明清晋陕地区水资源的管理

一 水册古碑——传统水利乡规民约的物质载体

明清时期,晋陕地区乡村社会对水资源的开发、利用、管理,主要

[①] 朱伯鲁:《续修陕西通志稿》卷61《水利五》,陕西通志馆1934年版,第26页。

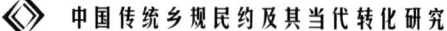

分为农田灌溉水管理和生活用水管理两个方面，并围绕水井和渠道等水利设施的开凿、使用及其日常管理、维护等，逐渐形成了一套为当地乡民所认可并严格遵守的乡规民约。值得注意的是，明清时期，陕山两地民间的水利规约主要以两种方式存在：一种是由民间组织起草，并掌握在民间组织领导手中，主要作为维持当地用水秩序、解决水利纠纷的依据而存在的水利手抄本——水册；另一种是雕刻在石头上，主要用于警示乡民的水利碑文。

所谓"水册"，是在官方监督之下，由所涉渠道之利户即受益人在渠长主持下制定的一种水权分配登记册，是明清时期晋陕两地各灌区普遍实行的一种水权管理办法。萧正宏指出，由于古代乡村社会实行"按地定水"，水权分配的依据是地权，水册在登记水权时必然先行登记土地的数量与等级，所以水册也是土地清册，它反映的是一部分特殊类型土地的地权关系。[1] 正因为水册是与地权紧密联系在一起的，因此，在明清时期的晋陕两地，水册具有极高的权威性。民国初年的洪洞县长孙奂仑就曾经指出："（诸渠）公共联合既极巩固，册例规约又极严明。……虽文有精粗疏密之不同，然同渠之人，无不奉为金科玉律焉。"[2] 当地民庶也说，"至于渠册，虽野老耕氓，奉若金科玉律"。[3] 不仅如此，水册还是当时沿渠水户的用水依据和官府处置诉讼的决断依据，具有地方水政法规的性质。乾隆年间，陕西三原源澄渠自称其应享有的每月三十日的"公水"为八复渠所夺，至同治年间，源澄渠依据水册将这一日水程夺回。《高门通渠水册》的抄录者泾阳商人刘丝如家的"水程"，即灌溉用水权在乾隆末年不知何故被本乡农民刘太忠强占，以致刘丝如家的土地名为水地，实无水可灌。直到嘉庆十七年刘丝如才偶然于家中找到水册，于是"央渠长暨乡党户族亲房人等与刘太

---

[1] 萧正宏：《历史时期关中地区农田灌溉中的水权问题》，《中国经济史研究》1999年第1期。
[2] 孙奂仑：《洪洞县水利志补·凡例》，山西人民出版社2008年版，第9页。
[3] 董维干：《重修通利渠册跋》，转引自陈振先《洪洞县水利志》，山西人民出版社2008年版，第312页。

第七章 传统乡规民约对水资源的管理及其影响

忠子刘升理论多次",终于将水程夺回。① 康熙五十一年(1712),陕西渭南安党渠的党、任两姓因为使用渠水发生纠纷,在当地县令的主持和批准下,该渠的渠长对包括党、任两姓在内的渠内所有成员的土地面积、等级以及受水时间进行了详细的登记造册,并要求每个成员严格遵守。乾隆四十九年(1784),党、任两姓再次发生用水纠纷,任姓越过县衙直接上控抚宪,府宪饬委清军水利府审明具详。藩宪首先依照安党渠先前所制定的水册,查明任姓在安党渠南所买有的地亩并无水程,继而"断令任姓买安、党二姓每月初二日、十七两日夜水程,价银一百四十四两八钱,外加掏渠工钱五两二钱,共计一百五十两之数,立有契约,过粮印税,各具遵依存案,至公至正,嗣后各守时日,引水灌溉"。② 作为基层社会管理水权的重要文件,水册大多被掌握在民间水利组织少数人手中,只有发生纠纷、打官司的时候,才允许拿出来,作为证据使用。

除了利用水册对当地的水资源进行具体管理之外,明清时期晋陕两地的民间水利组织还通过竖立水利碑文的方式,对包括水利祭祀、民间舆论、水利纠纷等在内的水利社会生活的方方面面,进行公开的说教与宣传,目的是提醒人们注意区分其水利权利的边际,从而将水利纠纷消除于无形。因此。水利碑石的存在,在更大的程度上是一种预防性的制度安排,它通过向人们陈诉过去的纠纷,提醒人们不要重蹈过去的覆辙,以免重新卷入纠纷。这样,通过这种基层社会水权运作的辅助手段,可以达到水资源共享,避免用水纠纷。同时,从立碑过程来看,它在强调民间自治的同时,也允许官方力量的介入,具有一定官方性质。不同于水册的秘密性和不公开性,水利碑刻的特点在于其内容的公开性与凝固性,其立意就在于众所周知。

总之,水册和水利碑刻作为民间社会水资源管理的物质载体,在明

---

① (清)刘丝如:《高门通渠水册·序》,转引自白尔恒《沟洫佚文杂录》,中华书局2003年版,第13页。
② 渭南地区水利志编纂办公室:《渭南地区水利碑碣集注》(内部刊物),1988年。

清时期晋陕两地的基层社会水权运行过程中均扮演着重要的角色，它们不仅是基层水利组织水权管理的工具，也是官方对基层社会控制的重要手段。

二 灌区农用水资源的管理

明清时期，由于官府的倡导和督促，加之发展农业生产的需要，晋陕地区河渠沿岸民办水利增多。分布在河渠沿岸的乡村，每建成一项水利工程，或挖一条分渠，大都要制定相应的渠图、渠簿、渠帖，并由用水利户协商议定用水的分程、用水顺序，制定一些简明的规约，其内容不仅包括水量分配、灌溉顺序而且涵盖水利管理组织领袖的选任、渠堤维修、灌溉经费、使水规则等。这些渠规不仅能够协调用水利户之间的人际关系、保障正常的用水秩序，而且对于有效、合理地利用有限的水资源起到了至关重要的作用。

（一）民间水利管理组织——水利规约的制定、执行主体

审读明清时期晋陕地区各类渠册、水规，可以发现，水利工程的规模不同，民间水利管理组织的层级也有所差异。一般工程规模大，管理层级就多；工程规模小，管理层级就少。譬如经行山西洪洞、赵城、临汾三县，全长为100余里的通利渠，由于是三县联合开凿，存在渠道行经地区行政空间的水权分割问题，因此其管理层级基本分为督渠长、渠长、沟首三层。根据光绪《通利渠渠册》所载："三县额设督渠长一人，总理合渠启闭陡口大小一切事件。由渠源以至渠尾，统归督渠长管理，兼管催中五村各项摊派。"督渠长之外"临汾县额设接水渠长一人，帮同督渠长管理临汾县各村一切事件，兼督下五村各项摊派"。"洪洞县额设治水渠长一人，管理渠源、坐口、治水一切事宜，兼督催上五村各项摊派"。"赵城县额设兴工渠长一人，管理辛村以上各村兴工，摊资大小一切事件，兼巡查上三村陡口"。渠长之下"上三、五各等村距渠口甚近，往返较便，故每村额设沟首一名，兼理其事；中五、下五各等村距渠口较远，一人不能兼顾，故每村额设沟首二

名，共任其事"。① 在这个三层管理层级中，督渠长的职能重在协调、监督，渠长、沟首则侧重于维护本县、本村的水权利益。晋陕地区像通利渠这样的跨县水渠并不多，其他流程较短的水渠，因为不存在县际水权协调、监督的任务，渠务管理系统仅存渠长与沟首两级，即渠长充当督渠长协调、监督的职能，沟首主要充当本村水权的维护者。

无论采取哪种水资源管理层级，渠长都是整个管理体系中的核心领导力量。作为灌区水权的代表和全体成员的水权维护者，渠长的公正与否，直接影响到整个社区成员的用水安全和用水利益。因此，这一时期晋陕两地的民间水利组织对渠长的选任标准，大多作出了严格的规定。《洪洞县水利志补》所录《通利渠渠册》规定："选举渠长务择文字算法粗能通晓，尤须家道殷实、人品端正、干练耐劳、素孚乡望者，方准合渠举充。不须一村擅自作主，致有滥保之弊。"《南霍渠渠册》规定：渠长"随村庄于上户每年选补平和信实之人，充本沟头勾当"。《晋祠志·河例》规定："各村士庶会同公举，择田多而善良者充应。……至身无寸垄者，非但不得充应渠长，即水甲亦不准冒充。"② 从上述规定不难看出，明清时期山陕两地对渠长一职的选任非常重视，分别从文化程度、经济地位、个人能力、社会威望等方面作出了严格的要求，同时，为了防止和杜绝身有功名的渠长营私渔利，清雍正年间，晋水灌区更是要求"渠头、水甲宜选良民也。查旧日渠甲半属生监上役，有犯河规猝难究处，且力能挟制乡愚，动辄聚众，深为未便。嗣后身有护符者，不许充应"。③ 如此，渠长一职就被乡村士绅这一乡村特权阶层所牢牢控制。至于渠长的选任方式，晋陕地区乡村社会普遍采用"公推""公举"，清光绪二十八年（1902）富平县《文昌渠规》规定：怀阳城等五条支渠各推举两人为正副支渠长，全渠公开选举总渠长一人。推选方式包括逐届临时推举，符合资格条件者依次轮流，或是"签选"。《洪洞

---

① 孙奂仑：《洪洞县水利志补·凡例》，山西人民出版社2008年版，第15页。
② （清）刘大鹏：《晋祠志》卷30《河例一》，山西人民出版社2003年版，第570页。
③ （清）刘大鹏：《晋祠志》卷32《河例三》，第594页。

县水利志》载:"合渠上中下三节凡有渠长之村,例系九月初一日签换。……绅等拟仿上三村成法,于应充渠长之村预择公正勤谨、堪胜渠长之任者各若干家,著册定案,作为预备渠长,另单呈核,以便置签候掣。每年即在此若干家内掣签。恐人事变迁,富贵无常,合渠绅民每届十年会议一次,其有中落之家以及事故变迁,公议具呈免充;并各该村有新兴之家,公议更举续增。且续增免充,必合渠绅民认可,方得增减,如有不合宜之处,从长再议。"此外,上游比下游渠道在用水方面具有区位优势,水源相对更有保障;下游渠道则相反,处于劣势,对水源缺乏更为敏感。概因如此,一些流程较长的大渠普遍规定:渠长的人选必须在灌区的下游村庄内部产生。《洪洞县水利志补》所录《南霍渠渠册》规定:"渠长下三村充当。"《清泉渠渠册》规定:"逐年保举渠长、渠司,则于下、中二节夫头内,选保平素行止正直无私、深知水利、人皆敬佩者充当。"《长润渠渠册》规定:"渠长系下三村勾当。"这种规定是以牺牲上游用水村的部分权益来保障下游村庄的用水安全,可以在一定程度上避免上下游的水事纠纷,进而保证灌区利益持续发挥。而对于那些流程短、分不清上下游的小渠,渠长人选大多并无地域限定,而大多采用村寨轮流的方式,《清水渠渠册》记述了清水渠灌区所在李卫村分为东西永宁两社,两社范围不大,谈不上上下游之别,因此渠册规定:"每年李卫村两社,各金举渠长一人,一正一副。东正西副,西正则东副"以互相牵制。同样,《清涧渠渠册》亦载:"其值年渠长着西关、南关两社递年签举,如西关人轮应正长,其副渠长举南关人充膺,南关人应轮正渠长,则举西关人充副渠长。"关于渠长的任期,从目前所看到的山、陕一带渠册记载,多数地方采取一年更换一次渠长制度,如《洪洞县水利志补》录《涧渠渠册》规定:"本渠渠长二人、沟头三人、巡水三人,一年一更。"《普润渠渠册》规定:"每年各村公举有德行乡民一人,充为渠长。"轮番更换渠长既是防范水蠹擅权

第七章 传统乡规民约对水资源的管理及其影响

营私的举措,同时也是上、中户间平衡水资源管理权的办法。①

(二)农田灌溉水规约的主要内容

韩茂莉指出,即使同属一个灌区,共享一处水源,但由于渠段各村间与水源距离不同,因此,上下游渠段村之间对水源的实际控制是完全不一致的。② 灌渠的上游渠段村占据着距离水资源较近的地理优势,是水资源的长期使用者和实际控制者;中下游渠段村是灌渠的投资、兴建和维护者,但却因为所处地理位置,并不能够保证获得持续而充足的水资源。因此,针对有限的水资源总量和渠段间各自的利益取向,明清时期,晋陕两地的民间水利组织综合考虑当地的地形地貌状况和用水惯例,并结合民间社会的道德价值观念,制定了包括用水次序、水量分配、水时限制等在内的一系列水利规约,并试图通过对这些水利规约的严格遵守和执行,在最大范围内保障整个水利共同体的用水安全和用水利益。

首先,将"灌溉优先,它用次之"看作水资源使用的基本原则。明清两代,无论是黄河流域,还是汾河、渭河流域,水利设施都是较为匮乏的,大型水利工程几乎没有,像水渠这样的小型水利工程,一般为官督民办,数量少且经年不修,特别是这一时期人口的急剧增长,需水量的不断增多,加之小冰期带来的旱情加剧,水环境呈恶化趋势。

对此,晋陕地区各灌区为了保证农业生产的正常进行,纷纷确立了灌溉用水优先的原则。这种优先具体体现在两个方面:一方面,渠道开挖特别是在渠首以及渠道所经之处,需要占有一定的土地,对此,可以根据官方定的较为便宜的价格,来购买土地。如洪洞县润源渠就有如此记载:"一经本渠插标洒尺开挖之处,该管地方官照章给价,所开之地内不论现种何等禾苗,立即兴工,不得刁难指勒,有违阻者,送官究治。"③ 另一方面,对利用水磨进行粮食加工等非农经济活动进行限制。

---

① 此段中除专门标注之外,其余渠册均引自《洪洞县水利志补》一书。
② 韩茂莉:《近代陕山地区地理环境与水权保障系统》,《近代史研究》2006年第1期。
③ 孙奂仑:《洪洞县水利志补》,山西人民出版社1992年版,第57页。

如通利渠考虑到"各渠水磨系个人利益。水利关乎万民生命",故明确限定了水磨只能在"每年三月初一起,以至九月底停转","只准冬三月及春二月作为闲水转磨",并对那些违反约定者,作出了"重罚不贷"的规定。① 副霍渠规定:"浇地之日不许转磨,如有强梁磨户……擅自转磨者,该管渠长指名呈县责惩,许罚白米十石。"② 润源渠规定:"磨碾原有者,磨主即使淘浚渠身,不得用板栈堰有碍浇地,如有创修者,许递供状,各村公议,无碍于渠,准其修建。若有豪强之家,不递供状强建磨所有碍于渠者,许八村人即时拆毁,仍罚磨主白米五十石。"③

其次,围绕着使水权限、次序等问题,作出了具体规定。明清时期,晋陕两地那些流程较长,有着明显的地理位置差异的灌渠,上下游渠段村在水资源的开发与利用中达成了某种默契和共识。一方面,上游渠段村出让部分水资源的使用权,同时,为了酬谢其所作出的牺牲和贡献,准其"自在使水,永不兴工";另一方面,中下游渠段村要想获得部分水权,必须承担渠道开挖和维修所需的所有人工和费用。但在具体的执行过程中,由于上游过水村对水源存在着实际上的控制,中下游渠段村在农作物需水季节,特别是在旱年,往往并不能够得到其理应获得的水权,因此,为了保障整个水利共同体内部,尤其是中下游渠段村持续使水的权利,明清时期,晋陕两地各水利共同体还形成了一套中下游制约上游的管理机制,其中就包括了履行"先下后上"的使水次序。"先下后上"的使水次序在明清时期晋、陕两地的各类文献中均有记载。如《洪洞县水利志补》所录《通利渠渠册》《利泽渠渠册》《清泉渠渠册》《广利渠渠册》《清涧渠渠册》以及《崇宁渠渠册》中均有"从下实排,趱上浇灌""自下而上实排浇灌""自来行沟使水,自下而上""自来从下接村分浇地土""自下而上轮流浇灌""平常使水自下

---

① 孙奂仑:《洪洞县水利志补》,山西人民出版社1992年版,第89页。
② 孙奂仑:《洪洞县水利志补》,第99页。
③ 孙奂仑:《洪洞县水利志补》,第78页。

第七章　传统乡规民约对水资源的管理及其影响

而上"的记载。① 陕西《泾阳高门通渠渠册》《龙洞渠渠册》《三原清峪河源澄渠渠册》以及《泾渠渠册》中也多次出现了"从下而浇灌至于上""自下而上""凡水之行也,自上而下;水之用也,自下而上""用水之序,自下而上"② 的字样。而对于流程较小,没有明显的地理位置差异的灌渠,其灌溉次序则无太多讲究,有"自下而上,挨次浇灌"的,有"自上而下"的,还有"一年自上而下,一年自下而上"的。此外,还有"并排浇灌""轮流浇灌""换浇灌"等多种使水次序。1927年韩城《三村九堰公议规程碑文》规定,用水顺序,"轮水初挡日,准渗渠水通流三日,然后自上而下送富村八堰水一日,再轮富村水十日,再轮北村水六日,再轮南周村水六日,周而复始"。并且规定,一旦次序确定,一般不予变动。③

最后,明确了"谁出力,谁受益"的水资源分配的原则。一般来讲,所拥有土地在渠道两侧的一定范围之内,其所处的地形和位置又符合引水灌溉的技术条件的农民,都有理由获得灌溉水资源的合法使用权。但在晋陕地区,绝大多数的灌溉水资源必须经过人为引导,即通过修建农田水利工程的方式方能合理地加以利用,所以,许多渠册、水规均规定,只有在水利工程的修建及其维护中按一定配额"出夫"了的农户,方有资格拥有水资源的使用权。反之,即便符合灌溉的要求,也将丧失对水资源的使用权。如沐涨渠即根据修渠贡献分配用水,"渠开堰成之后,计工多寡,分配用水"。④ 田地多者则必须多出劳力钱物,少者则少出。

复次,"地论水,水论时,时论香"成为明清时期晋陕两地乡村社会在农用水分配当中所采用的主要原则。通过对晋陕地区保存的水册的整理,不难看出,明清时期,随着水资源短缺问题的日益突出,晋陕各

---

① 以上渠册均引自《洪洞县水利志补》一书。
② 孙奂仑:《洪洞县水利志补》,山西人民出版社1992年版,第68页。
③ 渭南地区水利志编纂办公室:《渭南地区水利碑碣集注》(内部刊物),1988年。
④ 孙奂仑:《洪洞县水利志补》,山西人民出版社1992年版,第100页。

灌区在农用水分配过程中,并未遵循"按需供应"的原则,而是依据每个共同体成员实际拥有的土地面积和等级,以时间为单位来进行农业用水的分配。这就是所谓"照地定水,额时灌田"。众所周知,在传统中国乡村社会,并无钟表之类的精确计时工具,人们主要依靠铜壶滴漏来粗略的计算时辰,又因铜壶不便挪移,不适于随身携带,因此,成本低廉、便于携带且易于操作的香,就成为明清时期晋陕大多数灌区普遍使用的、最佳的计算用水时间的工具。在正常年份,人们会遵循水册中的相关规定,要求各共同体成员在规定的时间内,以点香的方式,使用水资源;如若由于干旱等原因而导致渠道总引水量或总水程减少时,人们又往往会自觉通过缩短点香时间的方式,来对水资源进行重新分配,尽量让每个共同体成员都能使上水,确保组织内部在水资源使用中的"公平、均等",从而维护当地的用水秩序和社会秩序。[①] 像曹魏太和元年开渠的陕西关中地区的源澄渠,一直以来都是依据"点香"的方式,来对水资源进行分配的。最初,"三分香分水"是其遵循的基本原则。但到明末清初,由于小冰期气候的影响,这里旱象频发,水资源总量随之急剧减少,且由于当地人口的急剧增加,参与源澄渠水量分配的人口随之增多,无奈之下,这个水利共同体不得不再三调整减少点香时间。具体有两种做法,一曰"改香",将原来的三分香分水改为二分香分水,二曰"消香",就是水册上虽然有每亩点香二分的规定,但在具体灌溉中,仅点一分八厘,消去十分之一。这样,虽然轮灌次序未变,水册规定的水程也未变,但实际使用权已经变小了。

在渠堰修建方面,遵循"因地制宜,因势利导"的指导思想。譬如《院宪通饬兴修农田水利条示》碑文中就体现了这一水利思想:"古人治塘浦必令阔深者,盖欲取土以成堤岸,非专为决积水也。若徒知决积水而不知治田之为本务,则所开浚者不过积土于两岸之侧,霖雨荡涤,依然复入塘浦,不二三年填淤如旧。"这里强调了在决积水的同

---

① 萧正宏:《历史时期关中地区农田灌溉中的水权问题》,《中国经济史研究》1999年第1期。

第七章 传统乡规民约对水资源的管理及其影响

时,要利于灌溉。这样,在利用水资源的同时,也去除了水患,而不是单纯地为防水患而修渠固堤。而处山区地带的居民应"将谿间中石块堆砌两旁,厚实垫平,根脚要宽,上面要狭,使暴涨之水皆由涧之中缝而行。则垫平之石块又可往来行走,逐渐踏实,使成道路,盖急湍奔流遇下则趋,遇漕则落,有以杀其势而抑其威,自无冲激之虞。若平衍之地则唯有开沟通渠之法,亦须责令曲折深通,周流无滞"。只有这样,方能"涝时不止漫溢,旱时藉以灌阴,则旱涝有备,蓄泄咸宜"。"须伏秋雨汛之前,按地势情形酌量,何处可以引水灌田,则开港以引之,何地可以杀势,则开支河以泄之。所谓因其势而利导之也。"① 同时,为维护和保固堤岸,明清时期晋陕两地民间社会也对堤岸实施了一些养护制度。例如,清宣统年间,陕西泾阳县对灌区内违规用水的斗吏和利户采取了命其在堤岸栽树的惩罚措施,即:"每春令利户植榆柳,以坚堤岸。"② "龙洞土渠至三限闸渠两岸各空地一丈四尺,三限以下,两岸各空地八尺,凡斗吏匿盗水不报,利户修渠不坚,皆罚栽护岸树若干。"③ 在疏浚渠道方面,一般由灌区所在政府主持其事,利用每年冬闲时节,派员与各个渠长、斗长协商,并集合灌区内乡民共同清淤疏浚,加固堤岸,如大荔县在1893—1894年修筑完成有坊舍渠。该渠有7个泉洞,10个水溜,3个蓄水池,渠道总长180丈,其中土渠道约长120丈。对于该渠的日常管理和维护,也做了明确的规定:"选派诚笃可靠农民,使之管理渠道,奎塞则去之,渗漏则补之,并于每年派二人修理水道。"④ 另如在1886年重新疏浚的蒲城县漫泉河渠,为保障淤泥不堵塞源头,专门订立了管理章程:于灌区受水户,推举管水之人,年年淘浚修补,及时修补堤堰,使其没有崩塌陷漏之弊。⑤

---

① 山西祁县古恋村关帝庙内的《院宪通饬兴修农田水利条示》。
② 宣统《续修泾阳县志》卷4《水利》,1934年刊印本。
③ 宣统《续修泾阳县志》卷4《水利》,1934年刊印本。
④ 《坊舍渠章程碑文》,转引自朱伯鲁《续修陕西通志稿》卷61《水利五》,陕西通志馆1934年版,第28页。
⑤ 《漫泉河水利章程碑文》,载渭南地区水利志编纂办公室《渭南地区水利碑碣集注》(内部资料),1988年,第47页。

由于各种农作物需水量并不一致，而旱作物的用水量要远远小于水稻等作物的需水量，因此，明清时期，晋陕许多灌区还对农作物的种植类型做了专门规定。如《清泉渠渠例》中规定，灌区内的土地只能种植麻、小麦、黍子、谷子等用水少的农作物，不允许栽种莲藕、蔬菜、水稻等用水多的农作物。① 洪洞县通利渠则对故意将应浇地土开作稻田蓄水，以致贻害水程的地户，作出了"轻则议罚，重则送究"的处罚。在陕西富平、三原等地的渠册中，对每年灌溉水的使用期限也作出了明确规定，它通常定在农历二月至八月间。对于诸如随意用水、随意用水转磨、重复浇地等违反水利规约的行为，各灌区纷纷制定了严厉的处罚措施，譬如，洪洞县南霍渠渠册通过"三村公议重罚"② 来惩处乡民的盗水行为。类似规定还有："如满日交割下次村分，若不递沟棍截盗豁，失语沟涅照依渠例科罚者。"③ 光绪年间的《泾阳县志》对此有有详细的记载："（冶峪水各渠）有违章行为，或恃强载霸，或巧取盗"，"甚有私卖、私买、循情渔利……倘有抗违，立即重责、枷号，并随时稽查。""此渠之水私自卖与彼渠，此斗卖与彼斗，得钱肥己者，此为卖水之蔽，犯者照得钱多寡加倍充缴归公。更有将本渠应受之水，或同水已敷用，让与他人浇灌，俗为情水，此系彼此通融。虽无不合，究系私相授，易滋流蔽，犯者亦照章罚麦五斗。"④

三　生活用水资源的管理

一般来说，缺水地区都具有地表降水量小，地下水贮存条件差，找水难度大等特点。晋陕两地的缺水地区也不例外，这些缺水地区，年平均降水量大概仅有350—700毫米，河川径流量小且多为季节性河道，冬季冰封，春秋时节干涸，下雨就四处横溢，大旱则干涸异常。另外，

---

① 孙焕仑：《洪洞县水利志补》，山西人民出版社1992年版，第109页。
② 孙焕仑：《洪洞县水利志补》，第78页。
③ 孙焕仑：《洪洞县水利志补》，第125页。
④ 光绪《泾阳县志》卷3《水利》。

第七章 传统乡规民约对水资源的管理及其影响

大多数河流沿岸地势陡峻，不易利用河水，所以，对于晋陕两地缺水地区的大多数农村来说，仅能依靠水井等地下水资源来缓解农业生产用水的压力。同时，从地形和地质构造看，这些地区地处黄土高原，地下水位较深，往往要深达五六十丈甚至八九十丈方能见水，加之，尺土之下，积石坚厚莫测，因此，凿井对于当地乡民来说是一项艰难且花费巨大的工程（据相关研究表明，山西一井之费多时可达白银六十多两）。也正是由于取水困难和凿井费用昂贵，晋陕两地农村通过制定具有可操作性的井汲规约，基本建立了在缺水情况下的良好社会秩序，在一定程度上促进了社会稳定与和谐。

首先，对水井事务的管理，采用"大家商议"的议事形式。与水渠管理拥有专门的管理组织不同，明清时期，晋陕地区对水井事务的管理，多采用"大家商议"的议事形式。山西省闻喜县岭东村明正德元年（1506）《东官庄创开新井记》、乾隆十一年（1746）《中落井》、乾隆十六年《官庄村东甲重修井石记》均记载了"咸集""众议""佥议"的场面。闻喜县上宽峪村乾隆三十七年《穿井小引》、乾隆四十三年《重修井崖记》、民国三十年（1941）《重修井厦记》亦存"佥议"之记。闻喜县店头村道光四年（1824）《新建真武庙重修井厦记》、乾隆五年碑记、乾隆四十年《重修井记》、乾隆四十一年《重修享殿暨井舍记》、同治七年（1868）《重修店头村官道井厦记》、民国二十二年《重修井厦论》对"众议"水井事务均有记载。山西稷山县南位村南巷在乾隆三十四年通过"同众商议"的形式开井一眼，建井房一间；嘉庆九年（1804）"合社公议，舍旧图新"；民国八年"合社商议修井泉，皆乐然"；民国九年"洞危水弱不足本社之用，合社商议，先修其洞，后深其底"；民国十八年"合社商议在官院之西南隅另掘新井"；民国29年"集众商议"重修老井新井，"咸皆乐从"。从上述为数众多的水利碑刻中，我们发现，明清时期，晋陕地区乡村社会在处理水井事务时大多采用"合社公议"的方式，家户集体参与的特征较为明显，这与农用水"乡绅主导"的管理模式存在着明显的不同。

其次，在解决水井建造、维修所需费用时大多采取"均摊"的原则。明清时期，或许是受到"平均主义"思想的影响和浸染，晋陕两地在解决水井建造以及维修所需费用、出工、管饭等事项时均采取了"均摊"的原则，并在遵循"均摊"思想的前提下，根据各个村庄的具体情况，按照人口、田亩、男丁甚至牲口等多个不同的参照单位，因地制宜地将"均摊"细化为多种不同的类型。① 山西襄汾北焦彭村顺治十三年（1656）《后院井泉碑记》即云：开泉如有破坏"照依分为人丁粮口钱，不敢有违"，"每石粮出银四分"，并在碑后详列每户人丁和应纳粮数如"赵国红人十丁粮三石一斗，赵启芳人九丁粮三石八斗"。而在陕西合阳东清村明万历四十八年（1620）《清善庄穿井碣记》也载有"但有损坏者，二十三甲通修"的字样。

此外，考虑到水资源极度匮乏的现状，明清时期，晋陕两地乡村社会还就汲水秩序、汲水时间、汲水量等问题作出了明确的规定，以避免共同体成员在汲水问题上产生不必要的矛盾和纷争，维持正常的汲水秩序，从而使有限的水资源在最大范围内得到最合理、最广泛的利用。清嘉庆七年（1802），山西省闻喜县郝壁村挖凿了一口水井，并为此专门订立了井规，其中规定："井之番分，凭此取水……自古为然，不必紊乱，但三番半番与五番一番西井取水，于此井无干，轮流番次，郝户五日，马户一日（马两支一日），恐口难凭，立番分永远为照。"② 有些村庄要求汲水者不得使用自家的桶汲水，而必须使用公众摊钱购置的"公桶"，这样，一方面限制了汲水者每次的汲水量，保证社区成员有限度地用水，另一方面也确保了社区每一个成员在水资源紧缺的情况下都有水可用，做到了水资源利用的最广泛化。上述对汲水秩序、汲水时间以及汲水量的规定，反映了明清时期晋陕两地乡村社会在"水权社

---

① 胡英泽：《水井碑刻里的近代山西乡村社会》，《山西大学学报》（哲学社会科学版）2004年第2期。

② 山西省闻喜县郝壁村《嘉庆七年十字井记》，转引自胡英泽《水井碑刻里的近代山西乡村社会》，《山西大学学报》（哲学社会科学版）2004年第2期。

第七章　传统乡规民约对水资源的管理及其影响

会"背景下人与人之间的关系，即在和谐有序的氛围中达到最大范围内的资源共享，也体现了在水资源困乏的环境中，乡村社会在解决农业用水问题上理性的制度选择。

除了采用打井的法式解决乡村乡民生活用水问题之外，晋陕农村还普遍在村口不远处开挖池塘（也称坡池），这样既可以拦截洪水、蓄积雨水，起到防涝的作用，又可以在干旱时节解决村民的洗漱以及牲口的饮水问题，有效对付干旱。这是山陕村落民众对付干旱的经验总结，是他们在干旱环境中所选择的一种生存策略。也正是认识到了池塘对民众生活的重要性，为了保证池塘水源的洁净，明清时期，晋陕地区许多村庄都制定了相应的池塘规约，对破坏池塘水的行为给予严厉的惩罚。如山西省霍县南杜壁村保存的《清乾隆二十三年南杜壁波池碑记》中规定："公议足底带粪者，不可近水。小孩、牲口屎溺水者，罚银一两。泡耍臭物坏水者，罚银一两。取土宼见水桶者，罚银一两。车马损坏水桶者，罚银五两。遇事香老该行为情不救者，罚香老银三两。"[1]

从上述水利规约的主要内容可以看出，明清晋陕地区乡村社会在水资源这一农业生产资料的自主管理事务中是充满着智慧的光芒的。首先，对水利事务集体决策权的强调可以有效保护和提高农户参与水利事业的积极性，从而最终保证其各项水利措施的顺利实施。其次，水利工程建造和维修过程中"均摊"原则的采用，既吻合乡村社会传统的"平均主义"思想，同时又可以调动乡民为水资源的使用提供较低的监督成本，有效地降低"搭便车""钻空子"以及渎职行为发生的可能性。再次，对灌溉优先权的维护和强调，可以切实保证农业生产利益的最大化，确保整个社区粮食安全和社会稳定。复次，采用人为控制的"从下而上"的灌溉次序，是维护灌区秩序、保障全渠利益的最佳选择；而对上游水源村"自在使水，永不兴工"的承诺，既是灌渠对上游过水村的回报，也是平衡上下游村庄用水关系和利益的需要。这样，

---

[1] 山西省霍县南杜壁村《清乾隆二十三年南杜壁波池碑记》，转引自胡英泽《山西、河北日常生活用水碑刻辑录》，《社会史研究》2012年第1期。

就能在给予上游一定的用水特权的同时，通过钳制上游的办法来保证整个水利共同体，特别是中下游地区的用水安全。此外，将所有用水户的土地数量、等级、受水时间登记造册的做法，不仅可以明晰水权，避免不必要的水权纠纷，而且，可以作为处理水利纠纷的依据，有效降低水利纠纷发生的可能性和诉讼成本。最后，乡村士绅对民间水利组织领导权的控制，可以调动他们更加积极地投入当地水资源的具体管理事务中，并利用自身较高的文化水平、较多的空闲时间，甚至是其所拥有的财富和社会威望，推动当地水资源事务的发展和良性循环。

四 严重缺水地区的节水管理规约[①]

在对晋陕两地民间传统水利规约的田野调查和资料收集整理过程中，笔者发现，在晋陕地区的某些严重缺水村庄，还存在着一类建立在高度控水水利观念之上的节水管理规约。通过进一步的田野调查，更让笔者吃惊的是，尽管历经数千年的发展演变，这些传统水利规约依然在当地民间社会的水利管理事务中发挥着重要作用，其所折射出来的水利思想仍然以其顽强的生命力影响并左右着乡民的用水行为。山西南部地区的霍县、洪洞县、原赵城县交界处的仇池社、义旺社、杏沟社、李庄社和孔涧村（俗称"四社五村"），即为这类缺水地区中的典型代表。现就以山西"四社五村"遗留下来的明清时期的水利簿和水利碑为例，对节水水利规约作一简要介绍，并对其中所蕴含的水利思想作一具体分析。

"四社五村"属于晋南山区与平原交错地带的一个旱作社区，共有16个山村。用水主要依靠一条由霍山植被积存的雨水所形成的峪水，其水量是霍山十三峪中最小的，现仅为0.007立方/秒。比起山西其他地区，这里的水环境更为恶劣。从清道光七年（1827）算起，在长达176年的时间里，这里的农民每月平均只有四天可以自由取

[①] 此部分内容是在拙作《论传统水利规约对当代干旱地区村民用水行为的影响——以山西"四社五村"为例》（《兰州学刊》2010年第10期）一文的基础上修改而成。

第七章　传统乡规民约对水资源的管理及其影响

水,最少的村庄平均每月只有一天水日可用①。正是由于水资源极度缺乏,长期以来,这里的村民除了在播种的时候使用极其少量的水之外,其余时间里都是实行耕而不灌的农业生产方式。不但如此,为了保证社区内最基本的人畜生活用水的持续性,他们还针对有限的水资源制定了一系列具有高度克制、节约思想的水利管理规约(见表7-1、表7-2)。

表7-1　　　　　　　四社五村传统水利规约的主要内容

农业生产	不能灌溉地亩,亦可全活人民。 　　　　　　　　　　　　　　　——清道光七年水利簿 人、物吃用,不得浇灌地亩。 　　　　　　——清乾隆三十一年孔涧村让刘家庄水利碑记
用水顺序	将水自清明日分沟,四社轮流,周而复始,永无乱沟之日。 　　　　　　　　　　　　　　——清嘉庆十五年水利簿 水规二十八日一周。赵邑十四日、霍州十四日、赵邑杏沟村六日、仇池村八日、霍州李庄村七日、义旺村四日、孔涧村三日。周而复始,不许混乱。 　　　　　　　　　　　　　　——清道光七年水利簿
用水行为	每半个月内,本村先使水十一日,其余四日情愿让刘家庄人、物吃用,不得浇灌地亩。周而复始,以日出收水为度。 　　　　　　——清乾隆三十一年孔涧村让刘家庄水利碑记
贮水行为	且多取之,而恐后从,可知水为物也,虽其细已甚,足与不足,人情之厚薄,风俗之美恶,胥于是乎寓焉。靳四里南李庄村自立村伊始,一池吃水…… 　　　　　　　　　——清道光七年南李庄村坡池碑
水利祭祀	每年小祭,祭物刀头三斤,香一包,大炮一把,奠酒一勺二亮,重馒首每位两对。祀神已毕,将刀头并时菜整□四大实盘,庙中公用。其大祭第二日交觞,古来每□村首每三位跟随三人,公议将跟随人□讫。 　　　　　　　　　——清道光六年四月四社公立水利簿 每逢承祭之社,必先发起转帖,会同四社五村。预日齐戒沐浴,洁扫庙宇。早到堰上,侍候三寸齐集。祭神、献戏毕,次日采觞宴会,照旧办理,不许失误。每逢大祭之期,倘遇国祭,不能唱戏,许办祭,照旧祭神、会客,不必另发转帖商议。无论大祭、小祭之期,主祭者必先早到,助祭者不许过午,风雨无阻。 　　　　　　　　　　　　　　——清道光七年水利簿

---

① 董晓萍、[法]蓝克利:《不灌而治——山西四社五村水利文献与民俗》,中华书局2003年版,第18页。

表7-2　　　　　　　　　当代四社五村的水利规约

农业生产用水	不能浇地，可以饮用。 ——1984年4月5日抄水利簿
用水顺序	洪、霍两县每月各分10天水，合计20天为一个轮水周期。其中仇池社6天，杏沟社4天，李庄社5天，义旺社3天，孔涧村2天。 ——1984年4月5日抄水利簿 严格遵守四社五村规定的时间放水，不得无章用水。 ——1993年沙窝、孔涧、刘家庄三村关于加强水利设施管理的规章制度
贮水规约	建蓄水池三百立方米一座 ——1995年孔涧村、刘家庄集中供水协议书
水利祭祀	大祭地点在沙窝村，由沙窝村负责做饭和油、盐、菜、柴。每年清明节上午十一时，各村分管水利的有关人员在沙窝村开会，每人带1.5元伙食费，烟酒自备。 ——1981年3月19日抄水利簿

通过对表7-1、表7-2的比较，我们可以清晰地看到："四社五村"的民间水利管理随着时代的演进发生了一些细微的变化，比如将用水周期由从前的28天减少为20天，每个村庄的用水日也相应给予压缩；水利祭祀的程序越来越趋于简化，象征意义越加明显，但民间组织管理水资源的总体理念并未发生太大的改变，都是建立在高度节制、高度忍让基础之上的不灌溉水利管理模式，具有一脉相承性。同时，从当代"四社五村"村民的用水行为的调查数据中（见表7-3），同样明显地反映出，传统的水利规约和用水理念对当今"四社五村"村民的用水行为产生了广泛而深远的影响。对"只灌不耕"的农业生产方式的维持、对水资源忧患意识的强化，以及在缺水环境中对资源共享、共同生存的用水道德、伦理观念的发扬等，传统的用水观念和行为依然主导着"四社五村"村民的用水活动。当然，所处的地理位置不同，影响的范围和深度有所差异。值得注意的一个现象是，传统水利规约对"只灌不耕"农业生产方式的强调，对上游村的影响竟然远远大过对桥东这样的用水困难的下游村的影响。

第七章 传统乡规民约对水资源的管理及其影响

表 7-3　　　　当代四社五村村民的用水行为（2000 年）

	不浇地（%）	借水（%）	贮水（%）		
			水缸	水窖	坡池
桥东村	21	10	100	0	100
桥西村	88	28	100	10	100
义旺村	99	51	100	0	100
北草川漥村	100	36	100	5	100
南沙窝村	89	0	95	0	无
合计	79.4	25	99	3	80

注：表 7-3 的数据来源于《不灌而治——山西四社五村水利文献与民俗》一书。其调查对象并非所调查村庄的所有农户，而是采取抽样调查的方式。根据水权和渠段分布的不同，分别在下游村选取了桥东、桥西两村，其中桥东村 55 户、桥西村 101 户；选取了中游村的一个主社村——义旺村的 137 户农户；一个附属村——北草川漥村的 56 户农户以及上游的一个渠首村——南沙窝村的 44 户农户，所得出的统计数据即是以上述抽查对象为基数。

当然，还有一些影响是无法用数据统计的方式来进行量化分析的，它们已经深深渗入村民的价值观中，并转化为一种伦理道德，规范着村民的日常用水行为。长期以来，由于水资源的极其有限和紧缺，"四社五村"的民间水利组织通过严格执行带有高度节水性质的水利规约，处处强调把水利危机意识和抗旱意识转化为全社会的普遍意识，并号召社会各阶层都来分忧。比如，"四社五村"的家庭女性作为水资源二次分配的支配者，她们会依照家庭成员的年龄、性别，在每日的饮用和洗漱用水中排列出被当地用水价值观和伦理观所普遍接受的用水秩序，在家庭范围内，实行"轮流用水"，并会将用过的洗漱水留下来擦洗室内、浇花和打扫庭院，而厨房用水经过沉淀之后，稠的部分会用来喂牲口、家禽。总之，在家庭内部循环利用，从不轻易浪费一滴水。除了必需的饮用和洗漱用水，"四社五村"的村民尽量过着不用水的生活，不洗澡，很少洗衣服，连生孩子也不用水。这种在长期的缺水危机中形成的节水习惯，逐步内化为村民的意识形态，并影响至今。

正是凭借着严格遵守和执行带有高度节制、相互忍让精神以及"为了大我,牺牲小我"奉献精神的传统水利规约,"四社五村"在严重缺水的恶劣环境中,成功运作了一个极度缺水地区和谐有序的不灌溉水利传统模式,建立了以最小的用水代价换取与缺水生态平衡的最高环境利益和社会制度。这个案例也充分说明了传统乡规民约在公共资源,尤其在生活用水管理和利用中的重要作用。

第三节 传统水利规约对明清北方地区的影响和作用[①]

唐宋以前,晋陕地区水资源的开发、使用及其管理主要是由地方政府建立专门的水利管理机构来实现,它们通过对国家颁布的正式的水利法规的严格执行,来达到对水资源的宏观管理;唐宋以后,尤其是明清时期,随着晋陕两地人口的持续增长,人水矛盾日益突出,这无形中也增加了地方政府管理水资源的成本。庞大的成本支出,加之明清两朝削减地方财政的改革,使地方政府无力对当地水资源进行具体而有效的管理。因此,晋陕地方政府一方面大力提倡和支持乡村社会捐资凿井浚井,开沟挖渠,以发展农业生产和提高农民生活质量;另一方面逐渐从乡村社会的水利事务的管理中脱身出来,代之以依靠村长、甲长、闾长等乡村基层组织,伙同斗长、渠长等民间水利组织领袖一起办理水井及渠道事务,晋陕地区水资源管理出现了民间化趋势,乡规民约逐渐代替地方政令成为水资源管理的主要内容。其对当地水资源的影响和作用主要体现在以下几方面:

一是明清晋陕地区乡规民约充分利用家族、宗族乃至会社等民间社会组织的力量对个人的用水行为进行道德层面的评判、监督、约束直至惩戒,有效弱化了乡民在用水过程中少"出夫"多用水的行为和

---

① 此部分内容是在拙作《明清晋陕地区乡规民约对水资源的管理及其作用探析》(《农业考古》2010 年第 6 期)一文的基础上修改而成。

第七章 传统乡规民约对水资源的管理及其影响

意识上的"偷懒""搭便车"心理，同时也避免了共同体成员为了追求最大的自身经济效益而滥用水资源，使得共同体成员的利益在尽可能的范围内达到最大。在明清晋陕地区的县志中几乎看不到水资源浪费的记载，这说明正是由于乡规民约对于利益分配原则的明确，保证了均平，使得有限的水资源利用达到协调，从而保证了乡村社会农业生产的稳定发展。二是明清晋陕地区的水利规约通过对灌溉亩数、用水次序、用水量以及用水时间的详细规定，一方面从制度上有效保障了村民拥有水资源使用权的合理性和持久性，在保证用水安全的同时，预防了水权纠纷的发生；另一方面，即便发生用水纠纷，通过核对水册的相关记载，即可迅速判断是非曲直，从而降低解决纠纷的成本。从明清晋陕地区留存的史料看，凡是试图改变或废除传统水利规约的地区，都不同程度地发生了水权纠纷或用水混乱，而坚持使用传统水利规约的地区，则在一定程度上避免或减少了水权纠纷的发生。三是乡规民约中普遍采用"自下而上"控制水流量的用水原则，这是一种含有定性成分的定量管理方法，是农民自己选择的控制水流量的内部制度，是以需求量控制供水量的方法，它最大限度实现了水资源的合理再分配。

当然，作为历史的产物，明清时期的民间水利组织及其规约也不可避免的带有一定的历史局限性，有美国学者曾经指出，明清时期民间组织对当地水资源的开发和管理，虽然部分解决了由于人口压力而造成的人水矛盾，但由于缺乏官方力量的有效监管和统筹安排，其对水资源的开发带有明显的掠夺性质，这也加速了当地生态环境的恶化，造成了更加紧张的水危机。[1] 这一观点也得到了国内部分学者的认可。[2] 但正如张俊峰所说："乡规民约等非正式制度与传统时期政府的统治职能低

---

[1] Peter C. Perdue, "Official Goals and Local Interests: Water Control in the Dongting Region during the Ming and Qing Periods", *Asian Studies*, 1982 (4), pp. 747–765.

[2] 请参阅任宏伟《水资源环境变迁与乡村社会控制——以清代汉中府的堰渠水利为中心》，《史学月刊》2005年第4期。

下、人、财、物力资源贫乏、赋税征收方式等密切相关，前近代水资源配置尽管不尽合理，但它却能够维持一个相对和谐的社会秩序，以极低的成本和费用规范和保障了村庄的用水权，国家也能够得到预期的赋税收益，区域社会秩序的稳定正是得益于非正式的民间运作逻辑。"①

---

① 张俊峰：《前近代华北乡村社会水权的表达与实践》，《清华大学学报》（哲学社会科学版）2008年第4期。

第八章　传统乡规民约的评价与启示

作为一种非正式制度，传统乡规民约约束了农村社区内共同体成员行为选择的大部分空间，主导了乡村社会大众伦理价值观和行为道德规范，甚至影响和制约了国家法令等正式制度在乡村社会的实施和执行。同时，为了获得较大的生存和发展空间，传统乡规民约时刻注意和调整与国家意识形态和国家法令等正式制度之间的关系，从思想、价值观等方面保持大体一致，因此它无法离开社会现实，不可避免地要受到社会流行或主流思想甚至国家法令的影响。在其漫长的发展演变过程中，无时无刻不浮现着国家政权、以乡村士绅为核心的乡村精英阶层以及农民阶层三方力量博弈和互动的身影，他们在传统乡规民约的发展演变过程中扮演了什么样角色、发挥了什么样的作用？对于传统乡规民约，我们应当如何认识和评价，它对当代乡村社会发展又有哪些启示和借鉴意义呢？为了使我们的研究能够趋于有点有面、点面结合，有必要在本章对上述问题作一个综合的分析和探讨。

第一节　传统乡规民约的宏观影响

作为中国古代乡村社会进行"自我管理""自我约束""自我服务"主要手段的传统乡规民约，其在历史上究竟产生了什么样的实际作用和宏观影响，这不能简单地仅仅以它们包含的条款作为分析的依据，因为有些条款虽然制定得头头是道，但在实践中并未产生预期的效果，只不过是具文、点缀而已，有些甚至产生了南辕北辙的效果。因此，我们还是有必要再次结合条款和实施后的实际效果，对传统乡规民约的宏观影响和作用进行综合的深层次分析。

　　传统乡规民约在历史上产生过多方面的作用。其主要作用之一是凭借着明显优越于其他教育手段的自身特点，以奖励或强制的方式传播了中国传统文化，宣扬了中华民族传统的思想品德，因此，其在中国文化史上的地位是不言而喻的。众所周知，学校应该是传播文化的主要场地，但在我国古代，学校教育并不具有很大的普及性，往往是被少数有钱、有地位的人垄断了的教育，大多数人根本无法接受这种教育，故学校教育对于文化在整个社会范围内的传播，其作用和影响并不是十分明显。相反地，以血缘、地缘或业缘为基础建立的传统乡规民约，因为参与门槛低、成员投入成本小、覆盖范围宽泛而成为乡民了解中国传统文化的主要媒介。同时，传统乡规民约大多是由乡村社会中粗通笔墨的士绅阶层制定的。他们在制定传统乡规民约的过程中，一方面受到自身文化程度的局限，另一方面也考虑到主要施受对象为文化程度普遍不高的乡间民众。所以，传统乡规民约在文字形式上大都具有通俗易懂、深入浅出的特点，这样就以家常化的语言将以伦理道德评价机制为主要手段的中国传统文化的内涵和精神，通过血缘、地缘或业缘这样的纽带普及千家万户。为了极力宣扬诸如勤劳、俭朴、诚实、尊师、敬老、重农等中华民族传统美德，传统乡规民约纷纷以褒扬、优待、奖钱、奖物、旌表等各种奖励措施，来推动中华民族的传统美德在乡村社会的传承和发扬。不但如此，对一些明显有悖于中华民族传统道德规范的恶性，诸如忤逆、赌博、偷盗、嫖娼、溺女婴之类，传统乡规民约也根据所犯情节的轻重，相应地制定了包括经济处罚和精神处罚在内的种种惩处措施，这也在一定程度上约束了乡民的行为，使之更符合中华民族的传统道德标准。所以，中国传统伦理思想和道德准则之所以能浸润中华子民的骨髓，之所以能够影响中国几千年，离开了传统乡规民约的这种通俗化的宣扬和推动是断然无法实现的。

在历史上，传统乡规民约的另一个作用是以较低的管理成本解决了乡村社会出现的种种矛盾、纠纷，从而成为维护乡村社会秩序的主导力量，成为国家司法等正式制度在乡间社会的有益补充和延伸，并且在国家制度史乃至发展史上具有不容小觑的重要地位。在古代中国，国家行政设置虽然历经中央—郡—县三级制、中央—州—府—县四级制和中央—督抚—省—府—县五级制的变化，但无一例外的是，国家政权均未向州县以下的乡村基层社会延伸，乡村社会基本属于国家权力的空缺地带。与此同时，乡村社会日常管理工作，主要是由乡村社会民间组织依靠对传统乡规民约这一非正式制度的严格执行来完成的。作为非正式制度的传统乡规民约在制定的过程中大多参照了国家正式法令，尽管其中部分规定可能和国家法令稍有抵触，但绝大多数内容都是和国家法令的宗旨与目的相一致的。因此，从某种程度上讲，它们既是国家法令在乡村社会的延伸。同时，传统乡规民约在制定和执行过程中，又充分考虑到当地的风土人情和风俗习惯，往往能够在不与国家法令发生较大的冲突和矛盾的基础上，力图符合乡间大众的亲情伦理观念，这又可以视为对国家法令因时因地的改良，起到了国家法无法发挥的某些作用。正是依靠传统乡规民约的推动和倡导，国家政权以一种软控制的方式实现着对乡村社会的有效统治和治理。

第二节 传统乡规民约的历史局限性

经过传统乡规民约的约束和惩治，古代乡村社会在国家行政权力缺位的情况下，并没有表现出混乱无序的状态，相反地，却保持了一种长期的超稳定结构。不但如此，传统乡规民约对乡村社会的直接管理，也使得国家从以前的具体的执行者的角色转变为裁断者，这样不仅降低了国家的管理成本，而且避免了国家和乡村社会的直接冲突，缓和了国家与乡村社会的矛盾。这一点是我们应该看到的。当然，不可否认的是，由于历史的局限性，传统乡规民约中也包含了相当数量的封建糟粕，虽然它们与当时的社会发展水平相适应，但对中国古代社会的可持续发展却起到了一种钳制作用。

一 阻碍古代乡村商业的发展

传统乡规民约尤其是宗族类乡规民约大都要求族内子弟务正业，即从事正当的职业，而在中国古代，所谓的正当职业即指"士农工商"四业。同时，因为受到"重农抑商"传统思想的影响，虽然大多宗族并不惩罚充当商人或充当工匠的族人，甚至对为商为工者并不加以歧视，但在宗族规约中却明确指出，在这四业之中，耕读为上，工商次之。这样就在一定程度上打击了族人从事农业生产和读书以外的其他各业的热情和积极性，严重影响了乡村社会商业、手工业等其他非农产业的发展。此外，许多宗族虽然鼓励族内子弟读书进仕，并制定了一系列的规约来支持他们的读书活动，却禁止子孙阅读经书以外的书籍，禁止他们从事任何与读书无关的活动。这样，一方面严重损害了他们的身心健康，使他们一个个成为思想僵化、视野狭窄的井底之蛙；另一方面也造成了他们对科学技术知识的极度匮乏和漠视。

二 限制古代乡民选择配偶的自由

在中国古代社会，婚姻是一个家庭直至宗族的大事。娶来的媳妇要主蘋繁，司中馈，诞子孙，以承百世宗祧，因此，宗族类乡规民约大多对族内子弟的择偶作出了具体规定。宋代以前，大多宗族强调"嫁女必须胜我家者，娶妇必须不若我家者"的观念，认为只有这样才能保证妇女敬重公婆和丈夫。宋代以降，受到宋明理学思想的影响，很多宗族都要求，嫁女娶妇，要遵循"门当户对"的原则。另一些宗族则强调，必须择门第清白、家法严格、性情贤淑的男女作为族内人婚配的对象。对于违背"门当户对"原则的婚姻，宗族的处罚一般也是相当严厉的。

第八章 传统乡规民约的评价与启示

传统乡规民约通过宣扬和倡导同阶层之间的姻缘关系，将家庭的社会和经济地位作为择偶的主要标尺，有利于维护封建等级制度，有利于维护统治阶级自身血统的所谓"高贵性"和"纯洁性"，但同时，"门当户对"的婚姻观，不但限制了古代乡民选择配偶的自由，易使婚姻蜕化成毫无爱情可言的坟冢，也阻碍了社会流动，激化了乡村社会的阶级矛盾。

三 造成男女两性社会地位的不平等

由于受到男权思想的影响，传统乡规民约中充斥了大量歧视、损害妇女的规约，它们一方面是对女性身心健康的极大摧残，造成了男女两性在乡村社会经济、政治、生活等方面的不平等，另一方面更加强化了乡民重男轻女的生育观念，助长了溺女婴、卖女等社会陋俗的发生，对古代乡村社会人口性别比例的和谐发展造成了一定的冲击和影响。

首先，在乡村政治生活方面，绝大多数的乡规民约都针对女性专门规定了一些内容，如禁止妇女参加公共的祭祀活动，禁止女性行使对重大公共事件的表决权，不得参与乡村社会组织机构的选举，更不允许在乡村社会组织中担任任何职务，等等。这些规约几乎剥夺了女性所有的参与乡村社会公共事务的权利，一方面严重侵害了妇女的合法的政治权利，另一方面也使得部分优秀女性的能力得不到承认和发挥，造成了人力资源的浪费。

其次，在乡村经济生活方面，传统乡规民约压缩甚至剥夺女性的生产生活资料，使其无法独立从事农业生产活动，无法独立应对日常生活，只得依附于其家庭男性成员，丧失了经济独立性。譬如，正如前文所述，山西历史上一直是水资源极度匮乏的省份，围绕着对有限水资源的开采、分配、使用，当地民间组织也相应地制定了许多的规约，相当一部分规约都对女性作出了特殊规定。如平阳之洪洞、赵城等地区规定"吃水论丁"，即凿井、修井、置买汲井器具等女子不出钱、力，汲水时女子也没有"井份"，家有几丁，挑几担水。这就意味着妇女被剥夺了独立用水的权利,一旦离开或缺少家庭男性成员,妇女连最起码的用水的权益都无法得到保障。因此,"吃水论丁"规约的背后,除了本身水资源比较匮乏的现实之外,更多的是传统"男权"思想的体现。

再次,因为读书仕进不但可以享尽荣华富贵,而且能光宗耀祖,因此大多数乡村社会民间组织都十分注重组织内部成员的文化教育,并专门制定相关的措施规约来帮助其顺利完成学业。但由于受到"女子无才便是德"思想的浸染,这些规约的实施对象仅仅局限于组织中的男性成员,女性被排除在外。这不但妨碍了女性文化修养的提升,而且对子孙后代的文化修为的培养造成了较大的消极影响。

复次,由于受到程朱理学"饿死事小,失节事大"这一思想的影响,传统乡规民约大肆宣扬妇女守名节的行为,将"夫亡改嫁"视同罪恶,并作出了不让其死后入葬宗族墓地、不许其牌位入祠堂、不许其姓名载入族谱等一系列耻辱性的惩罚。这不仅是对守节妇女身心的极大摧残,更是对女性勇敢追求幸福生活的桎梏。据统计,清代族谱对于节烈女性的记载明显增多,这一事实本身就说明"守节"思想已经深深渗入乡村女性的思想观念中,并左右了其行为选择,占据了整个社会的舆论导向。

最后,在夫妻关系的处理中,虽然大多传统乡规民约都提倡和谐的夫妻相处模式,但这种模式中的夫妻双方并非处于平等地位,"和谐"的背后往往是以妻子单方面的忍让顺从为代价的。不仅仅如此,传统乡规民约还常常将夫妻之情和父母之情置于对立的两极,认为耽于夫妻情分,就会影响到对父母尽孝,当这种冲突出现时,往往以"妻可再娶"来鼓励丈夫专心于孝敬父母,放弃夫妻情分。清人石成金认为:"至于自己的妻子谁人不知爱重,但要知道妻子是后来的人,若不是父母生下此身,焉有这妻子?况人若失了妻子,还能有个妻子,伤了父母,哪里再得个父母?"[①] 清人金敞也认为:"为子者每日拥妻抱子,饱食安眠,

---

① (清)石成金:《传家宝》,天津社会科学院出版社1992年点校本,第1367页。

当思堂上老人又复去了一日,妻可再续,子可再生,生身父母一去不复见,上天下地,寻觅无门,不及是时,尽心尽力孝养父母。"① 正在这种思想的倡导和宣扬下,女性不但在夫妻关系中只能处于一种从属地位,而且也将其置于与男方家长对立的处境,致使妻子在家庭中的地位无形中趋于降低。

综上所述,作为时代的产物,传统乡规民约就像一把双刃剑:一方面,在国家行政权力缺位的情况下,它对古代乡村社会经济生产的稳定、社会风气的净化、社会秩序的维护、生态环境的保护等均发挥了重要的积极作用;另一方面,由于受到历史的局限性,传统乡规民约中也充斥了大量的扭曲人性、压抑个性自由、限制社会进步的封建糟粕,它们虽然与当时的社会发展水平相适应,但也对中国古代社会总体的持续性健康发展起到了一种钳制作用。

第三节 对传统乡规民约的整体评价

作为历史的产物,传统乡规民约体现了当时历史阶段乡村社会中的主流价值观和意识形态,因此,我们应以唯物主义史观为指导,对传统乡规民约作出客观的、辩证的认识和评价。

首先,作为社会长期发展、文化长期积淀的一种结晶,传统乡规民约是历代先祖悉心培育、无数民间组织共同打造的成果,它与经济上的自然经济、政治上的君主专制、文化上的儒家伦理纲常一起,构成了中国传统社会的基本治理框架。在传统乡规民约中,中华民族传统文化中的精华部分占着较大比重。一方面,传统乡规民约一直倡导和宣扬的包括勤劳俭朴、尊师重道、互帮互助、睦邻友好等在内的众多中华传统美德,不仅在当时对乡村社会产生了正面影响,而且迄今仍然得到人们的普遍认可,对今天乡村社会的健康发展和良性循环产生了深远的影响。

---

① (清)金敞:《金暗斋先生集》卷12《宗约》,《丛书集成续编》第61卷,上海书店出版社1994年影印版,第277页。

另一方面，一些以保护山林、涵养水源、兴修水利设施、分配农业生产资料为主要内容的传统乡规民约，虽然当时或出于保护风水的目的，或为了平衡当地生产关系而制定，却在客观上起到了保护生态并防止生态环境恶化的效果。这和当今社会保护生态环境的主张是不谋而合的，因此，这些措施应该受到足够的重视。同时，传统乡规民约中还有部分规定虽然在形式上存在着一些缺陷，在相当长的一个时期内受到人们的质疑和否定，但因为其出发点和精神内质是好的，其合理的内核也正慢慢被人们接收和认可。譬如，对于众多传统乡规民约普遍宣扬的"父慈子孝""兄友弟恭"思想，曾经在中华人民共和国成立之后，特别是极"左"思潮猖獗的"文化大革命"期间，被作为封建残余思想而遭到了彻底的否定。然而，在摒除了"割股疗疾"之类的愚孝之后，"父慈子孝""兄友弟恭"无疑是中华民族的传统美德。正如由国家教育委员会组织编写的《中国传统道德》一书指出的那样，"孝"是一种德行，应当在批判的基础上加以继承和弘扬。[①] 因此，传统乡规民约体现出来的孝文化理应受到当今社会推崇和弘扬。

其次，我们必须承认，由于受到当时社会整体认识水平和发展水平的限制，传统乡规民约中确实充斥着一些封建、落后，甚至是野蛮的思想，它们无论是对乡民个体的健康成长还是对中国社会的整体发展都有不可低估的抑制作用。对此，我们应给予坚决的摒除和抛弃。譬如，儒家伦理纲常思想所宣扬的"饿死事小，失节事大"这一荒唐而又残酷的观念，在传统乡规民约的推动倡导之下，长期成为社会的普遍共识，成为戕害古代社会妇女幸福的"不带血的利刃"，现存的大批贞节牌坊便是对传统乡规民约黑暗面的有力控诉。此外，传统乡规民约对重农抑商保守思想的世代相传起了推波助澜的作用。很多传统乡规民约尤其是建立在血亲基础之上的宗族类乡规民约，虽然对为商为工者并不惩罚，甚至也没有明显的歧视，却明确指出耕读为组织内部成员的最佳职业选

---

① 胡杨：《中国农村精英研究的问题域及其整合》，《河南社会科学》2006 年第 1 期。

第八章 传统乡规民约的评价与启示

择。过分强调农业生产和诵读经书，不但造成了中国古代社会产业结构的失调，而且导致了科学技术水平的落后。

我们要认识到，传统乡规民约实质上是对得到社会公认的儒家思想观念的体现和推行，所以，对传统乡规民约的评价其实就是对中国儒家传统文化的评价。近年来，对于中国儒家传统文化，人们已经有了越来越客观的认识。一方面，它是中华民族创造的古代文明成果，曾对中国古代社会甚至是整个人类社会的发展作出过巨大的贡献。另一方面，作为历史的产物，中国传统儒家文化也有在当时就造成恶劣后果的糟粕。因而对中国传统儒家文化既不能全盘继承，也不能一概否定。因此，对于中国传统文化重要组成部分之一的传统乡规民约来说，我们既不能对其不加判断地全盘肯定和吸收，也不能不假思索地一笔抹杀。

第四节 传统乡规民约的历史反思与启示

一 对乡村精英阶层、国家政权和农民阶层的作用及其关系的反思[①]

（一）乡村精英阶层及其作用

早在1899年，明恩溥在《中国乡村生活》一书中，对传统中国"乡村头面人物"的地位和功能就进行了分析。他指出："我们在中国社会中所能发现的最重要的例证是小社区的地方自治，这些小社区的组合构成了该帝国更大的组成部分。村子的管理掌握在村民自己手中。起先，这种情形容易被误认为一种纯粹的民主，但稍做考察便可明白，在实际上这一任务并非由全体村民承担，而是由少数几个人承担。"[②] 在这里，明恩溥提到的"乡村头面人物"即指那些活跃在乡村社会、对乡村社会具有实际控制力的乡村精英阶层。

[①] 此部分内容是在拙作《传统乡规民约的历史反思——乡村精英、国家政权和农民互动的视角》(《中国农史》2010年第4期)一文的基础上修改而成。

[②] Arthur H. Smith, *Village Life in China*, New York: F. H. Revell, 1899, p. 226.

· 195 ·

按照美国学者孔飞力的观点，中国传统乡村社会中的精英阶层是指那些"在地方上富有影响力的人物"[1]，它既包括生活在乡村社会中的具有官僚身份的卸任、离任官员，也包括在外当官但仍对本籍乡村社会产生影响的在任官僚，还包括有功名而未仕的举、监、生、员等以及在地方有权有势的无功名者。[2] 乡村精英阶层大都读过书，在文盲占大多数的古代乡村社会，他们的有限知识能够获得乡民的敬仰和尊重，从而为他们获得更大的权威。[3] 此外，传统乡村社会所强调的"士农工商"的"四民"结构体系也从根本上突出并保障着以士绅为主体的乡村精英阶层独特的社会地位，使之稳定地居于"四民之首"。[4] 加之，中国乡村地域辽阔，农民居住相当分散，村庄之间相互隔绝，"蜂窝状"的基层社会结构使得皇权无暇对其进行绝对控制，只能委托"四民之领袖"——乡村精英阶层对基层社会进行直接的管理和控制。[5] 这样，在诸多主客观因素的推动之下，乡村精英阶层作为纵向联合官民上下两级社会结构，横向联结基层社会的主干与实体，登上了直接控制基层社会的政治舞台。

在对乡村基层社会的具体治理过程中，乡村精英阶层不具备官方授予的、正式的对基层社会的控制和管理权力，因此，他们必须通过对传统的、符合乡民道德伦理并得到广泛认可的价值观和理念的强调和坚决执行，来不断强化其在处理乡村社会日常事务中的绝对权威。这样，作为传统文化意识形态载体的乡规民约，就成为乡村精英阶层治理统治乡

---

[1] [美] 孔飞力：《中国帝国晚期的叛乱及其敌人——1796—1864 年的军事化与社会结构》，中国社会科学出版社 1990 年版。

[2] 傅衣凌：《中国传统社会：多元的结构》，《中国社会经济史研究》1988 年第 3 期。

[3] Prasenjit Duara, *Culture, Power, and the State: Rural North China, 1900–1942*, Stanford University Press, 1988, p. 33.

[4] 《丹阳县劝捐查户章程》，转引自《王苏州遗书》卷7。

[5] 美国学者包弼德撰文指出，由唐至宋，社会的一大重要变迁就是形成了一个"地方精英"集团（包弼德：《斯文：唐宋思想的转型》，江苏人民出版社 2001 年版）。林文勋指出，乡村精英是农村社会稳定与发展的根本力量，自唐宋以来，乡村精英逐步登上历史舞台，成为推动乡村社会发展的动力（林文勋：《乡村精英·土地产权·乡村动力——中国传统乡村社会发展变迁的历史启示》，《中国经济史研究》2009 年第 4 期）。

第八章 传统乡规民约的评价与启示

村社会的制胜法宝。

正因为意识到传统乡规民约在乡村治理中的重要作用,长期以来,乡村精英阶层都非常重视对传统乡规民约的建设工作。一方面,为了提高传统乡规民约的治理效果,他们积极致力于对传统乡规民约的理论构建,传统儒家思想、宋明理学思想先后被蓝田吕氏兄弟、朱熹、王阳明、吕新吾等植入传统乡规民约的理论框架中。另一方面,为了扩大传统乡规民约的治理范围和领域,在乡村精英阶层的倡导下,传统乡规民约作为乡村社会的"准法律",延伸到了乡村社会的各个角落,从农业生产互助到乡民生活互济、从公共资源管理到生态环境保护、从家庭关系维护到社会关系协调,无一不见传统乡规民约的治理痕迹。此外,大多数传统乡规民约,由于从最初的倡议到后来的制定、实施乃至具体执行,都是在乡村精英阶层的主持领导下完成的,因此,它们虽然也参照了当地乡村社会风俗、习惯和旧例,但依然带有明显的乡村精英阶层的认识和价值观的烙印。这些从属于乡村精英阶层的价值观和意识形态,逐渐内化成为指导乡民日常行为的准则和标尺,并直接影响到传统乡规民约的价值取向。因此,乡村精英阶层无疑是传统乡规民约发展演变过程中最直接的推动力量。

(二)国家政权的影响

在传统乡规民约漫长的发展演变史中,国家政权也起到了至关重要的作用。但由于在不同历史阶段,其对民间组织及其规约的认识和态度有所不同,因此,影响作用也并不完全一致。在北宋《吕氏乡约》问世以前,历朝历代政府均视民间社会组织为中央集权的对立物,这期间,尽管伴随着里社制度的分离,政府对公社以外的其他私社组织的态度有所松动,但依然存在程度不等的限制。缺少了政府的认可和支持,乡村社会组织的发展可以用举步维艰来形容,反映在其规约上,明显表现为内容单一、零散,约束力较弱,影响辐射面狭窄。北宋时期,《吕氏乡约》问世,其时对乡约组织这一新生事物的出现,中央政府并未直接表现出明确的禁止,但是从吕大钧和其为官的兄弟吕大忠、吕大防的书信往来以及当时同僚的反映中,我们即不难猜测政府对乡约组织——这种人们自动结合组织的态度和前朝相比并未发生太大的变化,依然是不欢迎、不认可,只不过形式更隐晦一些罢了。国家政权对民间社会组织的态度,直接导致了这一时期的传统乡规民约无论是内容、数量还是约束效果上,均未形成气候。明中叶以后,国家政权开始认识到传统乡规民约在稳定乡村社会秩序方面所起到的巨大作用,并逐渐参与到对传统乡规民约的建设和推广中。经过国家力量的推动,传统乡规民约在此之后得到了较大发展,这不仅体现在乡规民约数量众多、地域范围广泛,还表现在规约类型日渐多样、涵盖范围和领域日益广泛、理论体系日臻完备。清代,国家在全力推广传统乡规民约的同时,更加强调国家意志的渗透。在国家力量的强力介入下,传统乡规民约虽然获得了数量上的大发展,但也逐渐丧失了本身的"乡民自治"的性质,转而蜕变为封建政权控制乡村社会的御用工具。

(三) 农民阶层在传统乡规民约中的作用

在传统社会中,农民阶层作为处在最底层的弱势群体,其在乡规民约的制定乃至乡村社会治理中的作用常常被部分或完全忽略。但实际上,作为传统乡规民约的主要施受对象,农民阶层在传统乡规民约中所起的作用也是不容小觑的。一方面,农民阶层内化的价值观、道德评价标准以及其长期沿用的风俗、习惯和旧例,是传统乡规民约制定的主要思想基石之一。另一方面,作为传统乡规民约的主要施受对象,农民阶层的认可与否直接决定了该传统乡规民约能否顺利实施和执行。从传统乡规民约的实施效果来看,那些得以顺利实施执行的乡规民约,无一例外是能够满足农民阶层现实需要并得到其肯定和认可的。如明清时期晋陕地区的传统水利规约,正是因为符合了乡民的用水伦理和用水习惯,才在当地水资源管理中长期、稳定地发挥着重要作用。相反地,那些脱离乡村社会实际、与农民阶层实际需求相脱节的乡规民约,则因为遭到乡民的抵制也很快走向了失败。譬如,北宋《吕氏乡约》,其建立的最初目的是以绅士的行为标准、儒家的共同伦理准则来约束当地乡民、引

第八章 传统乡规民约的评价与启示

民为善,从而实现涤净乡村社会风气,加强乡村社会控制之目标。客观地讲,《吕氏乡约》的初衷是好的,其约条和组织制度也都是相当具体和完备的,但是因为这一套儒家的做人标准、繁文缛节远离乡民的生活实际,对乡民的日常生活不能起到真正的帮助作用,因此从一开始就未受到乡民真正的拥护和支持,这也是导致其在实施五年后告一段落的重要原因之一。

(四)乡村精英、国家政权和农民阶层之间的关系

从以上论述即能看出,传统乡规民约的发展和演变受到了乡村精英阶层、国家政权以及农民阶层的合力作用的影响,很难说谁在其中起主要作用,但是任何一方力量的缺失或定位错误,都会阻碍乡规民约的发展,并最终导致乡规民约的流产和失败,这一点却是经过实践证明了的。同时,在对传统乡规民约发挥作用的过程中,乡村精英阶层、国家政权以及农民阶层之间,彼此又是时刻处于一种相互妥协又相互制约的关系当中。但因为农民阶层相互之间的松散性以及个体的弱小性,就决定了它和其他两者不可能站在同一个较量平台,这也导致了农民阶层和国家政权、乡村精英阶层之间的较量,至少从表面上看并不十分明显。因此,这种博弈和互动更多地体现在国家政权和乡村精英阶层之间。

作为传统乡规民约的主要倡导者和具体制订实施者,乡村精英阶层努力使传统乡规民约无论是根本目的还是主要内容上,都符合国家要求,体现国家意志。不仅如此,在传统乡规民约的颁布和具体实施过程中,他们还经常邀请国家政权的介入,通过报请官府审批、钤印颁布、径直送官等方式求得国家政权对其的认可和支持。为了提高和巩固自身在管理乡村社会日常事务中的权威,乡村精英阶层又时常会在传统乡规民约的制定和具体执行过程中,刻意强调自身的权力,有时甚至不惜与国家法令产生抵触。譬如,清中叶以后,清政府就将生杀的裁定和执行权力统一收归国家和地方司法部门手中。然而,事实上,为了强调自身的权威和保全组织的名誉和颜面,乡村精英阶层依然继续订立自行处死组织内部成员的条款。例如,李鸿章所在的合肥李氏在清末新订立的族

规中规定,"族间子弟倘有违犯父兄教令,不肖不悌,或任性妄为,唆讼搭台,讹诈强夺,以及窝引匪类,偷窃行凶,谋害家庭等事",并又屡教不改、情罪严重者,应"免其送官,有伤颜面",而"应即从严公同处死"。① 这显然是和国家意志相抵牾的。

同时,对国家政权来说,他们需要利用乡村精英阶层在基层社会的影响力和权威,代表国家对基层社会进行有效的治理,以维护乡村社会正常的社会秩序,因此,他们往往会在不威胁到封建政权和统治秩序的前提下,对乡村精英阶层订立的传统乡规民约的某些具体管理措施作出些许的默认、让步甚至是妥协。譬如,明清时期的国家法令中对于所谓的"淫乱"妇女,除了近亲之间乱伦处罚较重之外,其他只是予以杖责等较轻的刑罚,而这一时期众多的宗族类乡规民约中则均有将"淫乱"妇女"沉塘""沉潭""聚薪焚烧"等极刑规定。这虽然与国家法令出现了些许抵触,但并未动摇专制皇朝的根基,且此类刑罚在不少地方已经成了风俗,因此,这一血腥的规定得到了统治阶级的默许。② 但是,一旦乡村精英阶层出现权力过分膨胀的苗头,其所订立的乡规民约与国家法发生了严重的冲突,甚至危及封建政权的切身利益,国家政权则会采取最为严厉的办法加以制止和处置。③ 譬如,明清时期,在广东、广西、福建、湖南、江西等宗族势力发达的地区,族内精英阶层通过制定和严格执行乡规民约的方式,在族内大力倡导和鼓励"捍族"思想,宗族械斗事件此起彼伏,严重破坏了当地的社会秩序,影响到封建王朝的统治。对此,国家迅速采取挫削乡村精英阶层力量、削弱宗族经济实力等一系列政策,将乡村精英阶层这一中介势力牢牢控制在皇权的势力范围之内,从而维护封建王朝的正常秩序。

当然,作为传统乡规民约的施受对象,农民阶层尽管在这个关系链

---

① 合肥《李氏宗谱》卷2《家范》,1925年本。
② 费成康主编:《中国的家法族规》,上海社会科学院出版社2003年版,第33页。
③ 卞利:《明清徽州村规民约和国家法之间的冲突与整合》,《华中师范大学学报》2006年第1期。

条上处于最弱势的一方，但这绝不意味着其力量是可以被忽视的，相反地，从历代王朝的演替规律上看，农民阶层对国家政权稳定性的影响无疑是最大的。同时，从传统乡规民约的推行效果来看，农民阶层对乡村精英阶层所倡导的传统乡规民约的认可程度，直接决定了其最终的命运。正是在乡村精英阶层、国家政权和农民阶层的合力助推和彼此之间时而激烈时而和谐的关系互动中，传统乡规民约向前演进并发展着。

二 传统乡规民约的启示

传统乡规民约带给我们的不仅是中国民族优秀的文化遗产，同时，其在发展道路上呈现出来的不足和缺点，也可以作为一笔难得的历史教训供我们当代人借鉴。这样，我们就可以避免在同一个地方因为同样的问题而再次跌倒，也体现了"以史为师"的道理。

具体来说，传统乡规民约在发展演变过程中所呈现出来的特点，尤其是乡村精英阶层、国家政权以及农民阶层这三方力量所扮演的角色和他们之间的力量消长对乡规民约的影响，却能够给我们当代的村规民约建设乃至乡村社会治理提供一些有益的启示。

首先，传统乡规民约的发展轨迹表明，国家政权必须指导乡规民约的制订并协助乡村社会基层组织对其予以执行，但又不能直接介入对乡规民约的具体制订工作中。只有这样，才能既保证乡民的自治热情，保证村民自治的属性和成果，又确保村民自治是合法自治。

其次，传统乡规民约的演进历程表明，农村精英阶层作为沟通协调国家政权与乡村社会的一个特殊阶层，无论是在乡规民约的制订还是执行过程中，都发挥了至关重要的作用。因此，只有保证农村精英阶层的稳定和对乡村自治事业的有效参与，同时将其活动纳入国法的有效监督范围之内，方能保证乡规民约的有效制订和执行，从而促进村民自治制度的发展。

最后，传统乡规民约的执行效果表明，村民作为乡规民约的主要施受对象，其认可与否直接决定了乡规民约能否顺利实施和良好发展。因此，只有使乡规民约的内容与村民的自身需要相契合，并且在具体执行过程中充分考虑乡村社会的风俗习惯，才能得到广大村民的认可和支持，也才能保证乡规民约顺畅的贯彻和实施。

第九章　传统乡规民约的当代价值及其转化

在由血缘、地缘交织而成的中国古代乡土社会中，作为村民"合情共议"的产物，传统乡规民约这种基于乡情、人伦的、独特的社会控制规范，凭借其所倡导的公共理性、和谐敦睦、家国同构等治理理念，在调整基层社会关系、维护基层稳定、协调国家与乡村社会关系等方面发挥了突出效用。迈入新时代，随着城镇化与工业化的加速推进，农村社会在社会结构、价值观念、治理模式等方面都发生了巨大改变，但传统乡规民约中所蕴含的"睦族""敬老""孝悌"等精神内核延续至今。正如习近平总书记所说的，中华优秀传统文化已经成为中华民族的基因，植根在中国人内心，潜移默化影响着中国人的思想方式和行为方式。[①] 因此，传统乡规民约无论对于微观层面的村民个体公民素质的培育、中观层面的乡村社会基层民主的推进和社会秩序维护，抑或宏观层面的国家治理水平与能力的提升，均具有重要的当代价值，对其蕴含的优秀治理元素和精神内核进行深入挖掘，对于当代乡规民约的科学建设和乡村治理能力的提升都是极为必要的。但同时，我们也必须承认，传统乡规民约表征了特定的时代精神，带有时代印记，与后世呈现出一定程度的不相容性，因此，唯有依据时代变化进行调适与转化，才能有效发挥其积极作用。

---

① 《习近平总书记系列重要讲话读本》，学习出版社2014年版，第86页。

第一节　当代乡规民约发展现状与困境

一　当代乡规民约发展现状

自 20 世纪 80 年代以来，随着村民自治制度的实施，乡规民约作为农村社会自主管理的重要手段受到极大重视。1983 年 1 月 2 日，中共中央印发了《当前农村经济政策的若干问题》的通知，明确指出要通过制订乡（村）规民约的方式，增强家庭和睦、乡邻团结，改变村风村貌，树立社会主义新风尚。1987 年 11 月 24 日，第六届全国人大常委会第二十三次会议审议并通过了《中华人民共和国村民委员会组织法（试行）》，决定在村一级建立群众自治组织——村民委员会，下设村民小组，并以村民公约或村民自治章程等乡（村）规民约形式为主要执行手段对本村、组范围内的各种日常社会事务进行具体管理。1998 年国家对《中华人民共和国村民委员会组织法》进行了修订，对乡规民约的制定程序、备案修订、与国家法之间的关系等关键性问题作出了明确规定。在国家政策的有力推动下，乡规民约在广大农村地区得以全面推进和实施。实践证明，乡规民约在推进农村地区民主自治、稳定农村社会秩序、协调农村社会发展、推动农村社会风尚进步等方面起到很大的积极作用。

进入 21 世纪，国家对乡规民约给予了更多的重视与肯定。2010 年修订的《中华人民共和国村民委员会组织法》，对乡规民约的制定程序、与国家法之间的关系等问题作出了进一步的规定。2016 年中共中央、国务院颁布了《关于落实发展新理念加快农业现代化实现全面小康目标的若干意见》《中华人民共和国国民经济和社会发展第十三个五年规划纲要》，要求充分发挥村规民约的积极作用。在国家的强力推动下，乡规民约得到了更大范围的推广和实施，截至 2018 年底，全国 98% 的行政村已经修订了乡规民约文本。在国家的大力推动下，浙江、江苏、安徽、湖南、北京等地相继涌现出了诸如"枫桥模式""桐乡经

第九章　传统乡规民约的当代价值及其转化

验"等乡规民约实施示范村。但同时,我们也不能否认,在一些地区,乡规民约遭遇的却是"外热内冷"的虚置困境,具体表现如下:

一是社会认同下降。所谓社会认同是指一个群体内的每个成员对于一些事件或者问题的一种共同认识和评价,包括认知认同、情感认同、行为认同三个维度。齐飞通过对河南某市多个乡镇的调查后指出,乡规民约的社会认同在当地已经大大降低,甚至成为落实政府文件的土办法,是应付上级检查的政治任务。[①] 浙江省党校系统课题组通过对全省乡规民约制定推广状况的调查后认为,在一些农村地区,乡规民约或成为国家法律和政策的翻版,或以"维稳"思维居于主导,使其成为县乡政府工作的延伸,并最终造成村民对乡规民约的不认同。[②] 袁振龙则认为,由于乡规民约在研究的过程中,百姓参与不够,导致百姓对其不认可。[③] 笔者也曾就乡规民约的社会认同问题展开了为期五年的调研,并先后与山东省 548 名农村社区精英进行了深度访谈。结果显示,乡规民约虽然在国家政策与地方政府的强力推动下得以在广大农村地区大范围推行,但农村社会对乡规民约的认同程度整体不高,体现为态度上不关心、情感上不接受、行为上不遵从,乡规民约在一些农村地区甚至退化为"写在纸上,贴在墙上"的应付上级检查的应景之作。

二是执行力减弱。制度的生命力在于执行,乡规民约的有效执行是其发挥作用的基础。但张静认为,许多乡规民约通常是应上级的要求而定,只具有文字表述的意义,在实践中并不总是能够得到严格的执行。[④] 朱明鹏也指出,虽然在《村民委员会组织法》中已经给乡规民约"正身",但有关法律对乡规民约所承载的"村庄治权"或者"内

[①] 齐飞:《乡村治理不宜再过度强调乡规民约的作用》,《农民日报》2014 年 4 月 2 日第 3 版。
[②] 浙江省党校系统课题组:《正确把握乡规民约制订与推广的十大问题》,《党政视野》2015 年第 6 期。
[③] 袁振龙:《社会治理发挥乡规民约作用》,《新京报》2014 年 10 月 24 日 A10 版。
[④] 张静:《乡规民约体现的村庄治权》,《北大法律评论》1999 年第 2 期。

生的公共权力"缺乏承认和界定,以致其在实践中因为难于把握而流于形式。① 徐有才通过田野调查发现,一些地方的"乡规民约"虽然制定得非常详细,也贴近实际,但并没有真正落到实处。② 四川省自贡市由市委农办、市民政局、市农业局等有关人员组成的调研组,通过对该市乡规民约执行状况的调研后亦发现,由于受到倡导式的"口号"多、违约成本缺失、村社组织缺乏执行权、执行手段单一等多种因素限制,乡规民约难以得到有效执行,并最终导致形同虚设。③

三是约束力渐失。社会认同降低、执行力减弱必然导致乡规民约约束力的丧失。卞辉在对陕西、河南、云南、甘肃四省份农村的实地调研后发现,尽管乡规民约多数从不同角度规定"丧事从简",但在现实实践中,大操大办、相互攀比的情况比比皆是,且屡禁不止。④ 赵旭东认为,实践的消失导致乡规民约逐渐失去其约束力。⑤ 周家明、刘祖云指出,当代乡规民约惩戒性色彩的逐渐弱化及村民与村庄社会固有联系的薄弱,导致乡规民约的约束力相对有所减弱。⑥ 童列春认为,由于村社集体手中掌握的利益稀薄,导致村民对村社权力及其乡规民约的认同、依赖、尊重和敬畏程度降低,乡规民约的约束力柔弱。⑦ 正是看到了这些问题,有学者才发出了乡村社会治理不宜再过度强调乡规民约的作用的呼声。

由上可见,当代乡规民约正在遭遇发展困境:一方面,其当代价值

---

① 朱明鹏:《农村环境的共治保护:例证乡规民约》,《重庆社会科学》2015 年第 5 期。
② 徐有才:《乡规民约既要订立,更要遵守》,青岛文明网 2015 年 2 月 17 日(http://www.wenming.cn/wmpl_pd/yczl/201502/t20150217_2463846)。
③ 《自贡市"村规民约"现状调查及对策建议》,自贡三农网 2010 年 8 月 30 日(http://www.zg3n.gov.cn/htmls/20100830153833.html)。
④ 卞辉:《农村社会治理中的现代乡规民约研究》,博士学位论文,西北农林科技大学,2014 年。
⑤ 赵旭东:《乡规民约与新乡土秩序的建构——乡规民约在中国城镇化建设过程中的意义》,《中国党政干部论坛》2015 年第 7 期。
⑥ 周家明、刘祖云:《乡规民约的内在作用机制研究》,《农业经济问题》2014 年第 6 期。
⑦ 童列春:《中国村社权力的困境与出路》,《河北师范大学学报》(哲学社会科学版) 2014 年第 4 期。

第九章 传统乡规民约的当代价值及其转化

不断得到强化，各级政府以无比高涨的热情，投身到乡规民约的建设中，但另一方面却存在被"虚置"的可能性。

唯物辩证法认为，事物的发展是内外因共同作用的结果，内因是事物发展的根据，决定着事物发展的基本趋向，外因是事物发展的外部条件，对事物的发展起着加速或延缓的作用。当代乡规民约的发展也遵循这一基本规律，是内部自身发展与外部环境综合作用的结果。

二 当代乡规民约建设的影响性因素

作为一种非正式治理资源，乡规民约作用发挥的前提和基础在于乡土社会和伦理文化的存续。然而，随着城镇化步伐的加快，农村社会治理环境与条件发生了很大变化：传统社会时期的"熟人社会"特质已经随着农村社会人口流动的加剧，逐渐向"无主体熟人社会"甚至是"半陌生人社会"蜕变，面子、舆论等在"熟人社会"被乡民普遍看重的"乡土逻辑"受到轻视；农业文明基础上建立的以等级制为基本规范、以"仁爱"为核心、以"仪礼"为外在表现形式的传统儒家思想，在自由、平等、实用等工业文明基础上形成的法制文化等的冲击下权威性受到挑战，农民的主体意识、权利意识、民主意识逐渐加强，乡村文化价值观日趋多元，文化认同难度加大；囿于乡村封闭性和生产力水平的有限性而在村民之间产生的强依赖关系，伴随着乡村流动性的增强和市场化程度的提高而逐渐减弱。乡村社会的上述变化使得基于道德舆论和家族等级而建立起来的乡规民约的合法性基础和约束机制受到挑战，对乡规民约的作用发挥造成了一定程度的影响与限制，但乡规民约自身建设中所存在的问题应是导致其处境艰难的主要因由。

第一，制定中的强外力推动，使得乡规民约难以得到广大村民的认可。作为村民合意基础上制定的日常行为规范，坚持村民的主体性地位应是其基本属性，但在当代乡规民约的制定过程中，地方政府介入过多。主要表现为两种方式：其一，从形式上看，乡规民约的制定虽然是由基层村组织草拟、由村民代表会议通过的，但是其主要思路和基本框架却是由当地政府根据国家对乡村社会的治理原则和其近期治理目标而统一制定的；其二，更有甚者，乡规民约的制定直接由地方政府负责起草范本，辖区各村根据各自的具体情况进行微调（多数情况是保持原封不动），再冠以"××村规民约"下发到所有村民手中。浙江省党校系统课题组就在调查中发现，在乡规民约的实际制定过程中，大多是由乡镇事先制定示范版本（有些乡镇直接标注为"××镇乡规民约"），由村两委牵头组织村民代表大会通过乡规民约（有些甚至直接注明"经村民代表大会讨论通过"等字样）。① 而在浙江省龙泉市宝溪乡，乡规民约的制定及修订甚至是由乡镇政府和人大会议负责完成的，村社一级乃至村民在乡规民约制定中没有参与权和知情权。② 可以看出，无论哪种制定方式，在整个乡规民约的制定过程中，村民的参与都是严重缺失，村民的治理主体地位遭到漠视。尚且不去考虑此种乡规民约能否真正体现村民需要，单单从缺少村民参与这一点来看，就因为严重损伤了村民自我管理的热情，违背了乡规民约的知情合意原则，必然导致村民排斥与不配合的不良后果。

第二，内容上的不与时俱进，使得乡规民约既难以满足大多数村民的利益诉求，也无法适应社会的变化与发展。当代农村社会在社会结构、文化理念、价值观念、公共需要乃至治理理念等方面都发生了巨大变化，但很多地方的乡规民约并未随之发生适宜性改变，一味强调传承历史，因循守旧，"出嫁女不分红""外来户不分地""上门女婿不落户"等具有封建守旧思想且违反国家相关法规政策的规约依然存在，导致乡规民约遭到村民的反对与抵制。2014 年全国县以上妇联受理的 7292 件次关于农村妇女土地权益的信访事项中，反映因为乡规民约不能平等享受征地补偿和集体收益分配的占到一半。有的片面理解依法治

---

① 浙江省党校系统课题组：《正确把握乡规民约制订与推广的十大问题》，《党政视野》2015 年第 6 期。
② 《从文化自觉到生态自觉：22 条"乡规民约"守护青山绿水》，龙泉新闻网（http：//lqnews. zjol. com. cn/lqnews/system/2015/04/08/019205723. shtml）。

第九章　传统乡规民约的当代价值及其转化

国国策,将乡规民约完全蜕变为国家法律法规的延伸与补充,强调义务的履行,忽视权利的享有,语言强硬,缺少柔性的道德教化与规劝,丧失了其作为非正式制度的柔性调节作用。有的忽视村庄的不同村情,大搞统一化、模式化、一刀切,使得乡规民约难以满足不同地区、不同发展阶段的村民的多种需要。内容上的种种不合时宜,使得乡规民约难以解决当下乡村社会面临的种种治理难题,最终陷入"流于形式"的两难境地。

第三,执行上缺少有效的制度保障。乡规民约的有效执行是其发挥作用的基础,而制度化的执行组织与固定的演练地点则是保证乡规民约有效执行的有力保障。在传统乡村社会,会社、乡约、宗族、社团等乡村社会组织是乡规民约得以顺利执行的组织保障,乡村祠堂、申明亭等乡村公共空间则成为施展乡规民约效力的表演场。然而在当代农村地区,乡规民约的执行缺乏专门的组织。尽管一些农村地区已经开始积极探索如红白喜事理事会、乡规民约评议会、乡贤会等组织形式以保障乡规民约的施行,但并不具有普遍性,固定的执行地点的缺乏在农村地区是基本一致的。

如上所述,当代农村社会发生的历史性巨变以及乡规民约建设中出现的种种问题合力导致乡规民约存在虚置化问题。为了充分发挥村规民约的积极作用,不断提升城乡基层社会治理水平和文明程度,2018 年 12 月民政部、中央组织部、中央政法委等七部委联合颁布《关于做好村规民约和居民公约工作的指导意见》,从主要内容、制定程序、监督落实、组织领导等方面对村规民约建设作出了具体性指导。2019 年中共中央办公厅、国务院办公厅印发的《关于加强和改进乡村治理的指导意见》,要求将社会主义核心价值观融入村规民约之中。学者们则从乡规民约文本内容、执行监督、参与主体等方面探索乡规民约的治理功能提升机制,对传统乡规民约的价值重释与当代转化,成为破解当代乡规民约发展困境、提升其治理功能的途径之一。

第二节 传统乡规民约的当代价值审视

一 "整体利益至上"的道德伦理为新时代村民公共理性的培育提供了中国智慧

公共理性作为公民的一种政治思维能力,是形成个体理性"重叠共识"的前提,也是社会参与的基本条件。[①] 公共理性的概念最早是在1784年由德国哲学家康德在《何为启蒙?》一文中提出。但直到20世纪90年代美国政治学家罗尔斯《政治自由主义》以及《公共理性观念再探》等著作的出版,公共理性这一概念才被人们广泛承认与接受。罗尔斯将公共理性定义为:"各种政治主体(包括公民、各类社团和政府组织等)以公正的理念,自由而平等的身份,在政治社会这样一个持久存在的合作体系之中,对公共事务进行充分合作,以产生公共的、可以预期的共治效果的能力。"[②] 1997年,中国学者万俊人在其《公共理性与普世伦理》一文中,首次将公共理性这一概念介绍到中国。此后公共理性理论进入中国学术界视野,随即作为求解当代中国现代性危机下良序社会构建之合法性基础,得到学术界认同,也成为中国政治哲学理论研究热点。有意思的是,通过对传统乡规民约的历史考察,我们欣喜地发现,公共理性这一源于西方的政治理论早在中国古代,就作为维护乡村社会公共的善和根本性正义、作为解决乡村社会治理难题的中国方案和中国智慧,恒久而普遍地实践着。譬如在晋陕地区的某些严重缺水村庄,为了保证在极度缺水环境中的资源共享、共同生存,他们针对有限的水资源制定了一系列包括"只灌不耕""自下而上""循环用水"等具有高度节制、高度忍让精神的水利管理规则,并通过对这些水利规约的严格执行,成功运作了一个极度缺水地区和谐有序的不灌溉水利管理模式,建立了以最小的用水代价换取与缺水生态平衡的最高环

[①] 张宇:《公共理性:公民政策参与的条件》,《社会科学研究》2011年第2期。
[②] [美]约翰·罗尔斯:《政治自由主义》,万俊人译,译林出版社2000年版,第32页。

第九章 传统乡规民约的当代价值及其转化

境利益和社会制度。这充分说明中华民族并不缺乏公共理性的文化基因，也正是凭借着这种"为了大我，牺牲小我"的公共理性，中华民族才得以延续和不断发展，这也为当下中国农村良序社会的构建提供了中国本土资源。因此，对传统乡规民约的挖掘与转化有利于公共理性在当代中国乡村社会的回归，也有利于对村民公共理性的激发与培育。

二 "合情共议"的处事原则为新时代村庄协商民主的推进贡献了中国力量

党的十九大提出，有事好商量，众人的事情由众人商量，找到全社会意愿和要求的最大公约数，是人民民主的真谛。[①] 为了更好推动中国的基层民主建设，中国学者纷纷将研究的目光投向了"协商民主"，试图采用这一理论审视我国社会民主政治发展的实践。传统乡规民约的系统性梳理向我们有力地揭示了一个基本事实：通过"合村公议""全村公允""众意商量"等协商的方式来管理乡村社会公共事务、处理各种乡间矛盾和纠纷，并达成一致，从而实现乡村社会的有效治理，在中国具有悠久的历史传统、深厚的实践基础以及丰富的成功经验。尽管这种合情共议大多是以乡村士绅为领导核心展开的，更多体现了乡村士绅阶层的乡村管理意愿与设想，但也满足了普通乡民对于"出入相友、患难相恤、互助互惠"的渴望和利益诉求，一定程度上是协商民主的产物。习近平总书记曾多次说过：在5000多年文明发展中孕育的中华优秀传统文化，积淀着中华民族最深层的精神追求，代表着中华民族独特的精神标识；中华优秀传统文化中很多思想理念和道德规范，不论过去还是现在，都有其永不褪色的价值；中华传统优秀文化是涵养社会主义核心价值观的重要源泉，也是我们在世界激荡中站稳脚跟的坚实根基；坚定文化自信，离不开对中华民族历史的认知和运用。因此，对传统乡

---

① 《习近平总书记系列重要讲话读本》，学习出版社2014年版，第86页。

规民约的挖掘与转化不仅有助于为推进中国农村的协商民主建设寻找中国经验，也有助于增强中国的文化自信，有助于中国特色社会主义制度的构建与完善。

三 "家国一体"的制度设计为新时代家国情怀的形成提供了文化养分

2016年12月，习近平总书记在会见第一届全国文明家庭代表时强调，家庭同国家、民族的前途命运紧密相连。国家好，民族好，家庭才能好。可见，只有构建"家国统一"的家国情怀才能汇聚起实现"两个一百年"奋斗目标、实现中华民族伟大复兴中国梦的磅礴力量。家国情怀，是指个体对其所生活的家庭、家族以及邦国共同体的认同、维护和热爱，并自觉承担共同体的责任。这一概念源自人们对"家""国"情怀的理解和理论阐释。回顾中华民族思想的发展历程，天下大同、协和万邦的理想追求在古代典籍当中就已经有所体现。《大学》中谈到个人成长应当以修身为本，进而齐家治国平天下。《礼记·礼运》篇中描述了"大道之行也，天下为公"的美好世界。宋儒张载在《正蒙》中提出"民吾同胞，物吾与也"，被后世学者概括为"民胞物与"，这一思想也被视为孟子之后论仁求仁的精华思想。"家国同构"的家国情怀是中国古代社会的重要特征，也是广大乡村士绅阶层的人生追求，并被作为设计原则在传统乡规民约中得到充分的体现。首先，传统乡规民约对内要求共同体成员恋家、爱家，其核心要求是"孝悌"，并从爱家扩大到敬师长、睦宗族、和乡邻。对外则要求共同体成员要有爱国情怀，表现为在乡按时完粮纳税、在朝恪尽职守。江西武宁大洞乡彭坪村保存的《奉宪严禁碑》中即有"国课务宜早完，以免催追"的字样。江西婺源武口王氏宗族在其《西皋祠训》中则要求入仕的宗族子弟"事君，则以忠，当无二无他以乃心王室，当有为有守当忘我家身；为大臣，当思舟楫霖雨之才；为小臣，当思奔走后先之用；为文臣，当展华国之漠；为武臣，当副干城之望"。① 不难发现，传统乡规民约从孝扩展到忠，从家扩展到国，构成了一个完整的文化谱系。应该说，传统乡规民约是有纲领、有价值观基础、有内在灵魂的，能够为新时代家国情怀的树立提供文化养分。

第三节 传统乡规民约的当代转化

既然传统乡规民约有着如上所述的诸多价值，那么，我们应该怎么做才能让这一传统社会滋养的文化瑰宝发挥出它应有的作用，为当代的乡规民约建设和乡村社会治理提供有益养分呢？本书认为或许以下三个方面是我们努力的方向。

一 挖掘并发展传统乡规民约中优秀的精神内核与治理理念

作为存续了数千年的乡村社会非正式的治理资源，传统乡规民约以生活互助为基础，吸纳了克己、仁爱、孝悌、睦邻、爱国等优秀精神内核，同时在对社区公共事务的处理中坚持集体主义、公共理性、合情共议、天人合一等治理理念。正是通过对传统乡规民约的严格执行与实施，上述思想渗透进乡村社会的各个角落，并逐渐内化为村民的行为习惯，乡村社会的秩序稳定与有序发展也由此而基本实现。因此，对传统乡规民约中这些优秀精神内核与治理思想的挖掘与发展，有助于促进当代乡村社会公序良俗的形成与治理有效的实现。

二 借鉴传统乡规民约的执行组织架构与传约形式

传统乡规民约的制定与执行往往会依靠一些固定的人群和固定的组织来完成。基于地缘而形成的乡里组织规约更多的是仰仗保长、乡约长、里甲长、老人等乡里组织领袖联合乡绅阶层来制定与执行；基于业

---

① 婺源《武口王氏统宗世谱》卷3《庭训八则》，清乾隆四十五年刻本。

缘而产生的会社规约，其制定则是在会社首领的倡议和主持下，由全体会社组织成员以"合议"的形式完成的，其执行则由会社组织的管理阶层具体实施；而在血缘基础上生成的宗族类规约，大多是由以"族长为核心的房长缙绅集团"共同商议制订完成，而其执行者则仅限于宗族的族长、宗族族长委托的管理人员和宗族中的缙绅集团。北宋后出现的乡约类乡规民约，则直接由乡约组织领袖——约正联合乡村缙绅来制定与执行。不难发现，为了提高乡规民约的权威性与执行力度，各类传统乡规民约无一例外都依托了一定的组织形式。同时，为了增强约众对乡规民约的了解程度和遵从程度，讲约制度开始流行，乡规民约得以更大范围传播。如上所述，正是凭借着执行组织对传统乡规民约的有力执行以及较为频繁的讲约活动，村民对乡规民约的认可与遵从程度进一步加强，乡村社会的正常秩序也因此而稳定。因此，借鉴传统乡规民约的传播方式与执行组织架构，对于提升当代乡规民约的认知度、提高其执行力度都有着积极的历史借鉴意义。

三 借鉴传统乡规民约的立约宗旨

传统乡规民约以"守望相助、患难相恤"为立约基础，同时，以"公共"为立约原则，无论经由何种方式产生的乡规民约，均始终坚持"共议""公议""商定""公定"的公共性原则，具有乡村社会契约性质。另外，传统乡规民约将国家"德礼法制"与民间社会惯例有效衔接，在"有法可依"的基础上做到"有规而循"，真正做到了"国有律法，民有乡规"。正是凭借着明确的正风厚俗、以禁非为、以全良善、和息止讼、以儆愚顽、亲爱和睦、消除怨恨、守望相助、相劝相规、相交相恤、互为扶持、不违法律立约宗旨，传统乡规民约得到了约众的广泛认可与支持，在规范乡民行为、维护乡村社会秩序稳定方面发挥了重要作用。因此，学习和继承传统乡规民约的立约宗旨，在此基础上结合具体村情，明确当代乡规民约的立约宗旨，对于取得村民的心理认同和全力支持意义重大。

第九章 传统乡规民约的当代价值及其转化

如上所述，传统乡规民约的有效实施是在公共的立约原则、精当的立约内容、完整的组织架构、明确的立约宗旨、新颖的讲约形式的合力作用下实现的，其中有大量的精髓值得我们去探索、挖掘与继承。但同时，我们也应该意识到，由于农村社会的治理环境已经发生翻天覆地的巨大变革，因此，不可能将传统乡规民约全盘强行植入当代的乡村社会治理情景之中，而只有根据具体村情对其进行适时的当代转化与继承，才能真正有益于当代的乡规民约建设和乡村治理实效。正如科斯所说，任何制度的变迁都具有路径依赖的特点。[1] 因此，割断原有的历史脉络而另起炉灶的做法是不可取的。

---

[1] ［美］罗纳德·H.科斯：《财产权利与制度变迁》，刘守英译，格致出版社2014年版，第269页。

结　　论

乡规民约作为传统文化的组成部分和乡村治理的重要形式，其德业相劝的教化理念，过失相规的惩罚机制，礼俗相交的治理模式，患难相恤的救助体制至今仍是乡村社会治理的内核和保障。当前，我国正处于国家治理体系与治理能力现代化建设的关键时期，村规民约作为乡村治理体系的重要组成部分，也日益得到国家和乡村基层组织的重视。审视传统乡规民约的发展进程，把握其发展的基本规律，可以为我们带来以下几方面的思考：

第一，坚持处理好国家政权、社区组织、乡村精英、村民在乡规民约建设中的角色定位和权力配置问题。传统乡规民约的发展历程告诉我们：国家政权、乡村精英和乡民无疑是乡规民约发展演变过程中最主要的三大推动力量，任何一方的错位或缺失都有可能导致乡规民约的流产和失败。因此，只有保证国家政权、乡村精英和村民三者之间的良性互动关系和正确的角色分配，才能最大限度地发挥乡规民约的作用。首先，作为乡村社区治理的重要载体，村规民约的发展壮大不能离开国家政权的支持和推动。在当代村规民约的建设中，国家力量的适度介入是保证村规民约健康、正常地向前发展的关键影响因素。其次，农村精英作为沟通协调国家政权与乡村社会的一个特殊阶层，无论是在村规民约的制订还是执行过程中都发挥了至关重要的作用。因此，只有保证农村精英阶层的稳定和对乡村自治事业的有效参与，同时将其活动纳入国家法的有效监督范围之内，方能保证村规民约的有效制订和执行，从而促进村民自治制度的发展。最后，特别是确保农民阶层在村规民约制定、

结　论

实施过程中话语权和参与权的有效性，才能保证村规民约健康、正常的向前发展，也才能从根本上确保村民自治制度的成果。

第二，作为一种文化意识形态，乡规民约并不具备像国家法律一样的强制性，它只能是运用传统文化的力量，通过较为委婉温情的道德教化方式，发挥积极的规范、教育、导向功能，实现其对乡村社会的"软控制"的作用。因此，在制定和实施村规民约中，要遵循"激励为主、惩罚为辅"和"权利义务并用"的原则；另外，中国乡村社会存在着明显的地区差异性，有着彼此各不相同的地方风俗习惯和文化传统，传统乡规民约既有共性的一面，亦有个性的特征。所以，在当前村规民约的制定和实施过程中，要特别注意避免规约内容条文化、模式化和一刀切的做法，在体现和贯彻国家治理意图的基础上，根据地区差异和风俗习惯的不同，因地制宜地制定出通俗易懂、各具特色的村规民约，从而获得村民的普遍认同和支持，以较小的管理成本最终达到"自我管理""自我服务""自我约束""自我教育"之根本目的。

第三，作为一种非正式制度，乡规民约与国家法令之间存在千丝万缕的联系，它是国家法律的有力补充，但这并不意味着，它与国家法令之间是可以相等同的，相反地，它们之间存在着明显的、本质性的不同，因此，那种将乡规民约视为"小法律""准法律""习惯法"的说法是需要进一步商榷和探讨的。在具体处理村规民约和国家法令之间的关系上，一方面，村规民约的基本精神和内容要符合国家法令的规范和要求，合法自治是村规民约功能发挥的前提；另一方面，不能将国家法令那种强制性、不可变通性过多延伸到村规民约之中，以免影响村规民约的非正式制度的特性和"软控制"的功能。总之，怎样正确处理村规民约与国家法令之间的关系，使之既符合国法的要求规范同时又能发挥其自身的优势，是当下村规民约建设需要考虑的问题。

附　　录

1. 河南偃师县缑氏公社郑窑大队南村保存的东汉章帝建初二年《侍廷里父老僤约束石券》

建初二年正月十五日，侍廷里父老僤祭尊于季主疏，左巨等廿五人，共为约束石券里治中，乃以永平十五年六月中造起僤，敛钱共有六万一千五百，买田八十二亩。僤中其有訾次当给为里父老者，共以客田借与，得收田上毛物谷实自给。即訾下不中，还田转与当为父老者，传后代子孙以为常。其有物故，得传后代户者一人。即僤中皆訾下不中父老，季、巨等共假赁田，它如约束。

2. 唐宋五代敦煌社条

S.5629《敦煌郡某乙社条一道》（文样）称："窃以人居在世，须凭朋友立身；贵贱一般，亦资社邑训诲。"

P.3198《投社人状》（文样）称："右某乙贫门贱品，智浅艺疏，不慕社邑之流，全阙尊卑之礼。况闻明贤贵邑，国下英奇，训俗有立智之能，指示则如同父母。"

S.6537背《拾伍人结社社条》在陈述结社的原因时说："恐时侥伐（代）薄，人情与往日不同，互生纷然，复怕各生己见。所以某乙等一十五人，从前结契，心意一般。"

P. 4651《投社人张愿兴与王佑通状》云："右愿兴佑通等生居末代，长值贫门，贪纠社邑，不怪礼节。"

3. 北宋陕西蓝田《吕氏乡约》

德业相劝：

德谓见善必行，闻过必改，能治其身，能治其家。能事父兄，能教子弟，能御童仆，能事长上，能睦亲故，能择交游，能守廉介，能广施惠，能受寄托，能救患难，能规过失，能为人谋，能为众集事，能解斗争，能决是非，能兴利去害，能居官举职。凡有一善，为众所推者，皆书于籍，以为善行。业谓居家则事父兄、教子弟、待妻妾，在外则事长上、接朋友、教后生、御童仆。至于读书、治田、营家、济物、好礼乐射御书数之类，皆可为之。非此之物，皆为无益。右件德业，同约之人各自进修，互相劝勉。会集之日，相与推举其能者，书于籍，以警励其不能者。

过失相规：

过失谓犯义之过六，犯约之过四，不修之过五。犯义之过，一曰酗博斗讼（酗谓恃酒喧竞，博谓博赌财物，斗谓斗殴骂詈，讼谓告人罪匿意在害人者。若事干负累又为人侵损而诉之者，非）。二曰行止逾违（逾违多端，众恶皆是）。三曰行不恭逊（侮慢有得有齿者，持人短长及恃强凌犯众人者，知过不改、闻谏愈甚者）。四曰言不忠信（为人谋事，陷人于恶；或与人要约，过即背之；或妄说事端，荧惑众听者）。五曰造言诬毁（诬人过恶，以无为有，以小为大，或作嘲咏匿名文书，及发扬人之私隐无状可求，及喜谈人之旧过者）。六曰营私太甚（与人交易伤于掊克者，专务进取不恤余事者，无故而好干求假贷者，受人寄托而有所欺者）。

犯约之过四，一曰德业不相励，二曰过失不相规，三曰礼俗不相交，四曰患难不相恤。

不修之过，一曰交非其人（所交不限士庶，但凶恶及游惰无行众所不齿者，若与之朝夕游从，则为交非其人。若不得已而暂往还者，非）。二曰游戏怠惰（游谓无故出入及谒见人止务闲适者。戏谓戏笑无度及意在筴侮或驰马击鞠之类不赌财物者。怠惰谓不修事业及家事不治、门庭不洁者）。三曰动作无仪（谓进退太疏野及不恭者，不当言而进言及当言而不言者，衣冠太华饰及全不完整者，不衣冠而入街市者）。四曰临事不恪（正事废忘，期会后时，临事怠惰者）。五曰用度不节（不计家之有无，过为奢费者，不能安贫而非道营求者）。以上不修之过，每犯皆书于籍，三犯则行罚。

右件过失，同约之人各自省察，互相规戒，小则密规之，大则众戒之。不听，则会集之日，值月以告于约正，约正以义理诲谕之。谢过请改，则书于籍以俟。其争辩不服与终不能改者，皆听其出约。

礼俗相交：

礼俗之交，一曰尊幼辈行，二曰造请拜揖，三曰请召送迎，四曰庆吊赠遗。

尊幼辈行，凡五等，曰尊者（谓长于己二十岁以上，在父行者）；曰长者（谓长于己十岁以上，在兄行者）；曰敌者（谓年上下不满十岁者，长者为稍长，少者为稍少）；曰少者（谓少于己十岁以下者）；曰幼者（谓少于己二十岁以下者）。

造请拜揖，凡三条，曰：凡少者幼者于尊者长者，岁首、冬至、四孟、月朔辞见贺谢，皆为礼见。此外候问起居，质疑白事，及赴请召，皆为燕见。曰：凡见尊者长者，门外下马，俟于外次，乃通名。曰：凡遇尊长于道，皆徒行，则趋进揖。尊长与之言则对，否则立于道侧以俟。尊长已过，乃揖而行。

请召送迎，凡四条，曰：凡请尊长饮食，亲往投书。既来赴，明日亲往谢之。召敌者以书柬，明日交使相谢。召少者用客目，明日客亲往谢。曰：凡聚会皆乡人，皆坐以齿。若有亲，则必序。若有他客，有爵者则坐以爵。若有异爵者，虽乡人亦不以齿。曰：凡燕集初坐，别设桌子于两楹间，置大杯于其上。主人降席立于桌东，西向；上客亦降席立于桌西，东向。曰：凡有远出远归者，则迎送之。

庆吊赠遗，凡四条，曰：凡同约有吉事则庆之，有凶事则吊之。每家只家长一人，与同约者俱往，其书问亦如之。若家长有故，或与所庆吊者不相识，则其次者当之。曰：凡庆礼如常仪，有赠物（用币帛、羊、酒、蜡烛、稚兔、果实之属，众议量力定数，多不过三五千，少至一二百），或其家力有不足，则同约为之借助器用，及为营干。凡吊礼，则率同约者深衣而往哭吊之，且助人夫，及为之营干。始丧，则用衣服或衣段以为襚礼，以酒脯为奠礼，计值多不过三千，少不过一两百。至丧，则用钱帛为赙礼，用猪羊酒蜡烛为奠礼，计值多不过五千，少至三四百。曰：凡丧家不可具酒食衣服以待吊客，吊客亦不可受。曰：凡闻所知之丧，或远不能往，则遣使致奠，就外次，衣吊服，再拜，哭而送之。

右礼俗相交之事，值月主之，有期日者为之期日，当纠集者督其违慢。凡不如约者，以告于约正而诘之，且书于籍。

患难相恤：

患难之事七，一曰水火（小则遣人救之，甚则亲往，多率人救，且吊之）。二曰盗贼（居之近者同力追捕，力不能捕，则告于同约者及白于官司，尽力防捕之）。三曰疾病，（小则遣人问之，稍甚，则亲为博访医药。贫无资者，则助其养疾之费）。四曰死丧（阙人干，则往助其事。阙财，则赙物及与借贷。吊问）。五曰孤弱（孤遗无依者，若其家有财能自赡，则为之处理。或闻于官，或近亲与邻里可托者主之，无令人期罔。可教者，择人教之，及为求婚姻。无财不能自存者，协力济之，无令失所。若为人所期罔，众人力为之办理。若稍长而放逸不检，亦防察约束之，无令陷于不义。）六曰诬枉（有为人诬枉过恶，不能自申者，势可以闻于官府，则为言之。有方略可以救解则为解之。或其家因而失所者，众共以财济之）。七曰贫乏（有安贫守分而生计大不足者，众以财济之，或为之假贷置产，以岁月偿之）。

右患难相恤之事，凡有当救恤者，其家告于约正，急则同约之近者为之告，约正命值月遍告之，且为之纠集而绳督之。凡同约者，财物、器用、车马、人仆皆有无相假。若不急之用，及有所妨者，则不必借。可借而不借，及逾期不还，及损坏借物者，论如犯约之过，书于籍。邻里或有缓急，虽非同约而先闻知者，亦当救助。或不能救助，则为之告于同约而谋之。有能如此，则亦书其善于籍，以告乡人。

罚式：

犯义之过，其罚五百（轻者或损至四百三百）。不修之过及犯约之过，其罚一百（重者或增至二百三百）。犯轻过，规之而听及能自举者，止书于籍，皆免罚，若再犯者不免，其规之不听，听而复为，及过之大者，皆即罚之。其不义已甚，非士论所容者，及累犯，重罚而不悛，特聚众议，若决不可容则皆绝之。

聚会：

每一月一聚，具食。每一季一会，具酒食。所费率钱，合当事者主之。遇聚会，则书其善恶，行其赏罚。若约有不便之事，共议更易。

主事：

约正一人或二人，众推正直不阿者为之。专主平决赏罚当否。直月一人，统约中不以高下、以长少轮次为之，一月一更，主约中杂事。

人之所赖于邻里乡党者，犹身有手足，家有兄弟。善恶利害皆与之同，不可一日而无之。不然，则秦越其视，何与于我哉。大忠素病于此，但不能勉。愿与乡人共行斯道。惧德未信，动或取咎，敢举其目先求同志。苟以为可，愿书其语，成吾里仁之美，有望于众君子焉。熙宁九年十二月初五汲郡吕大忠白。

4. 元代河南濮阳《龙祠乡社义约》

至正元年岁在辛巳,七月丙子朔,越二日,丁丑,十八郎寨龙王社内老人百夫长唐兀忠显与千夫长高公等签议曰:乡社之礼,本以义会,风俗之美,在于礼交。本寨近南有一大堤,上有一古庙,名曰"龙王之殿",殿中所塑神像、龙、云皆古。时遇天旱,寨中耆老人等斋戒沐浴,洁其巾衣革几履,诣庙行香祷祝,祈降甘雨,其应累著灵验。因此敬神为会,故名曰"龙王社"。此社之设,其来久矣。所设之意,本以重神明,祈雨泽,美风俗,厚人伦,救灾恤难,厚本抑末,周济贫乏,忧悯茕独。逮后因袭之弊,尚于奢侈,不究立社之义,乡约之礼。但以肴馔相侈,宴饮为尚,甚有悖于礼。今议此社,置立籍簿,推举年高有德、才良行修者,俾充社举、社司,掌管社人。斟酌古礼,合乎时宜,可行之事,当禁之失,悉载社籍,使各人遵守而行。其社内之家,死丧、患难、济救之礼,德业、过失、劝惩之道,逐项历举于后。议定每年设社。除夏季忙月不会,余月皆会。七月为首,三月住罢。上轮下次,周而复始。每设肴馔酬酢之礼,肉面止各用二十斤,造膳不过二道,鸡酒茶汤,相为宴乐。盖会数礼勤,物薄情厚。每月该设者不过朔望。既设必要如法,违者罚钞五两。若遇骤风雪雨一切不虞之事,过期不在此限。该设者与(遇)有丧之家,即报社司知会,发书转送。误者罚钞一两。其坐社者必要早至,非社人不与。在社之时,务辨尊卑之杀,别长幼之序,明宾主之礼,相为坐次,酬酢饮宴,言谈经史,讲究农务。不得喧哗作戏,议论人长短是非正法。违者罚钞一两。其丧助之礼,各赠钞二两五钱,连二纸五十张,一名四口为率,止籍本家尊长,随社人亲诣丧所,挽曳棺柩,以送其葬。非天命而死者不与。其送纳赠钱,斋饭止从本家,勿较其限量、多少、美恶。违者罚钞十两。婚姻相助之礼，时颇存行，故不复书。学校之设，见有讲室。礼请师儒，教诲各家子弟，矧又购材命工，大建夫子庙堂，以为书院。自有交会，亦不复书。其社内之家，使牛一帻，内有倒死，则社人自备饮食，各与助耕地一晌。其锄田人社，随忙月灾害，自备饮食，各与耘田一日。其助耕耘者不行，依法在意罚钞一两五钱。社内人等，不得托散诸物，及与人鸠告酒帖黍课，亦不得接散牌场，搬唱词话、傀儡、杂技等物戏，伤败彝伦，妨误农业，齐敛钱物，烦扰社内。违者罚钞十两。各家头匹，务要牢固收拾牧养，毋得恣意撒放，作践田禾，暴殄天物。违者每一匹罚钞一两。若是透漏，不在所罚，香誓为准。倘值天旱，社内众人俱要上庙行香祈祷。违众者罚钞五钱。夫社举、社司所举之事，务在公当。若管社人当罚而不罚与不当罚而妄罚者，罚钞二两。合举不举及举不当，亦罚钞二两。当罚者不受罚除名。社内俱与绝交，违者罚绢一匹。社内所罚钞两，社举、社司附历对众交付，管社人收贮营运，修盖庙宇，补塑神像。余者周给社内，毋得非礼花破，入己使用。除社簿内所载罚赏、劝戒事外，若有水火盗贼一切不虞之家，从管社人所举，各量己力而济助之。如有无事饮酒，失误农业，好乐赌博，交非其人，不孝不悌，非礼过为，则聚众而惩戒，三犯而行罚，罚而不悛，削去其籍。若有善事，亦聚众而奖之。如此为社，虽不尽合于古礼，亦颇有补于世教。

5. 明代江西《南赣乡约》

咨尔民！昔人有言：蓬生麻中，不抚而直；白沙在泥，不染而黑。民俗之善恶，岂不由于积习使然我？往者，新民盖常弃其宗族，畔其乡里，四出而为幕，岂独其性之异，其人之罪我？亦由我有司治之无道，教之无方；尔父老子弟所以训戒饬于家庭者不早，熏陶渐染于里门者无素，诱掖奖劝之不行，连属叶和之无具，又或愤怒相激，狡伪相戏，故遂使之靡然日流于恶，则我有司与尔父老子弟，皆宜分受其责。呜呼！往者不可及，来者犹可追，故今特为乡约，以协和尔民。自令凡尔同约之民，皆宜孝尔父母、敬尔兄长、教训尔子孙、和顺尔邻里，死伤相助、患难相恤、善相劝勉、恶相告戒、息讼罢争、讲信修睦，务为良善之民，共成仁厚之俗。呜呼！人虽至愚，责人则叹；虽有聪明，责已则昏。尔等父老子弟，毋念新民之旧恶而不与其善，彼一念而善即善人类。毋自持为良民，而不修其身，尔一念而恶即恶人类，人之善恶系于一念之间，尔等镇思吾言，毋忽。

——议同约中推年高有德为众所敬服者一人为约长，二人为约副，又推公直果断者四人为约正，通达明察者四人为约史，精健廉干者四人为知约，礼仪习熟者二人为约赞。置文簿三扇，其一扇备写同约姓名及日逐出入所为，知约司之。其两扇，一书彰善，一书纠过，约长司之。

——议同约之人，每一会人出银三分，送知约具饮食，毋大奢，取免饥渴而已。

——议会期以月之望，若有疾病事故不及赴者，许先期遣人告知约，无故不赴者，以过恶书，仍罚银一两公用。

——议立约所于道里均平之处，择寺庙宽大者为之。

——议彰善者其词显而决，纠过者其词隐而婉，亦忠厚之道也。如有人不弟，毋直曰不弟，但云闻某于事兄敬长之礼颇有未尽，某未敢以为然，姑书之以俟，凡纠过恶皆例此，若有难改之恶，且毋纠，使难所容，或激而遂肆其恶矣。约长副等须先期阴与之言，使当自首，众共诱掖奖励之，以兴其善念，姑使书之，使其可改，若不能改，然后纠而书之。又不能改，然后白之与官，又不能改，同约之人执送之官，明正其恶。势不能执，戮力协谋官府，请兵灭之。

——议通约之人，凡有危疑难处之事，皆须约长会同约之人与之裁处，区画必当于理，济于事而后已。不得做事推脱，陷人于恶，罪坐约长约正诸人。

——议寄庄人户，多于纳粮当差之时，躲回原籍，往往负累同甲，今后约长等劝令完纳应承，如蹈前弊，告官惩治，削去寄庄。

——议本地大户，异境客商，放债放息，合依常例，毋得磊算。或有贫难不能偿者，亦宜以理宽。有等不仁之徒，辄便捉锁磊取，挟写田地，致令穷民无告，去而为之盗。今后有此，告诸约长等与之明白，偿不及数者，劝令宽舍；取已过数者，力与追还；如或恃强不听，率同约之人鸣之官司。

——议亲族乡邻，往往有因小忿，投贼复□，残害良善，酿成大患，今后一应劝殴不平之事，鸣之约长等，公论是非，或约长闻之，即与晓谕解释，敢有仍前妄为者，率诸同约呈官诛殄。

——议军民人等，若有阳为良善，阴通贼情，贩卖军马，走传消息，归利一已，殃及万民者，约长可率同约诸人，指实劝诫；若劝诫不悛，则呈官究治。

——吏书、义民、总甲、里老、百长、弓兵、机快人等若揽差下乡，索求责发者，约长率同呈官追究。

——议各寨居民，昔被新民之害，诚不忍言，但今即许其自新，所占田产已令退还，毋得再怀前仇，致扰地方。约长等常宜晓谕，令各守本分。有不听者，呈官追究。

——投招新民，因尔一念之善，贷尔之罪。当痛自克责，改过自新；勤耕勤织，平买平卖，思同良民；无以前日名目甘心下流，自取灭绝。约长等各宜时时提撕晓谕，如蹈前非者，呈官惩治。

——男女长成，各宜及时嫁婚，往往女家责聘礼不充，男家责嫁妆不丰，遂至延期，约长等其各省论诸人，自今其称家之有无，随时婚嫁。

——父母丧葬，衣衾棺椁，但尽诚孝，称家有无而行，此外或大作佛事，或盛设宴乐，倾家费财，俱于死者无益。约长等其各省论约内之人一遵礼制，有仍蹈前非者，即以纠恶簿内书以不孝。

——当会前一日，知约预于约所，洁扫□具于堂，设告谕牌及香案南向。当会日，同约毕至，约赞鸣鼓三，众皆诣香案前序立，北面跪听约正读告谕。毕，约长合案扬言曰："自今以后，凡我同约，只奉戒谕，齐心合德，同归于善。若有二三其心，阳善阴恶者，神明诛之。"众皆曰："若有二三其心，阳善阴恶者，神明诛之。"皆再拜。以次出会所，分东西立，约正读乡约。毕，大声曰"凡我同盟，务遵乡约"，众皆曰："是"。乃东西交拜，各以次就位。少者各酌酒于长者，三行，知约起，设彰善位于堂上，南向，置笔砚，陈彰善簿，约赞鸣鼓三，众皆起，约赞唱读举善，众曰"是"。在约史，约史出就彰善位，扬言曰："某有某善，某能改某过"，请书之，以为同约劝。约正遍质于众曰："如何？"众曰："约史举甚当"。约正乃揖善者进彰善位。东西立。约史复谓众曰："某所举止是"，请各举所知，众有所知即举，无，则曰："约史所举是矣。"约长副正皆出，就彰善位，约史书簿毕，约长举杯扬言曰："某能为某善，某能改某过，是能修其身也。某能使某族人为某善，改某过，是能齐其家也。使人人若此，风俗焉有不厚。凡我同约，当取以为法。"遂属于其善者，善者亦酌酒酬约长，曰："此非足为善，乃劳长者过奖。某诚惶怍，敢不益加砥砺，期无负长者之教。"皆饮。毕，再拜，谢约长。约长答拜。兴，各就位。知约撤彰善之席，酒后三行。知约起，设纠过位。阶下，北向。置笔砚，陈纠过簿。约赞鸣鼓三。众皆起。约赞唱请纠过，众曰："是"。在约史，约史就纠过位，扬言曰："闻某过，未敢以为然。姑书之，以俟后图。如何？"约正遍质于众曰："如何？"众皆曰："约史必有见。"约正乃揖过者出，就纠过位，北向立。约史复遍谓众曰："某所闻只是请各言所闻"，众有所闻即言，无，则曰："约史所闻是也。"于是，约长副正皆出纠过位，东西立。约史书簿毕。约长谓过者曰："虽然姑无行罚，速改过。"过者跪请曰："某敢不服罪。"自起，酌酒，跪而饮曰："敢不速改，重为长者忧。"约正副史皆曰："某等不能早劝论，使子陷于此，亦安得无罪。"皆酌自罚。过者复跪而请曰："某即知罪，长者又自以为罚，某敢不，即就戮。若许其得以自改，则请长者无饮，某之幸也。"移后，酌酒自罚。约正副咸曰："子能勇于受责如此，是能迁于善也。某申戒。"众起，约正中堂立，扬言曰："呜呼，凡我同约之人，明德申戒，人孰无善，亦孰无恶，为善，虽人不知，积之即久，自然善积而不可掩。为恶若不知改，积之即久，必知恶极而不可赦。今有善，而为人所彰，固可喜。遂以为善而自恃。将日入于恶矣。有恶而为人所纠，固可愧。苟能悔其恶而自改，将日进于善矣。然则今日之善者，未可自恃以为善，而今日之恶者，亦岂遂终于恶哉。凡我同约之人，尽共勉之。"众皆曰："不敢不勉。"乃出席。以次东西序立，交拜与。遂退。

6. 清代陕西韩城党家村"泌阳堡"（建于1856年）《中地亩粮石分数条规碑记》

共计地三十六亩零一厘七毫九丝八忽，党合户与前二门建章粮在外。共计分数二十七分，不论分地多寡，每分名下分粮五十四合，下余粮一斗四升三合四勺三抄五六一，居官每分入分金一百五十五两，自起至工竣，共费金三千九百有奇。

——议靠墙不许挖坑堆粪土瓦块；

——议城周围崖下不许取土斩草伐木；

——议城上不许倒炭渣恶水并无事闲游；

——议城周围倘有损伤公中修补；

——议设湾地南边与开第除东□出路五尺；

——议周围崖下俱有石畔不得□行移易；

——议堡中分地年久不能无变通定要先尽堡中有份之家；

——议堡中不许招安闲杂匪顽之人。

丙辰夏月　议叙盐知事贾文皋书

7. 山西襄汾盘道村原家巷保存的清道光八年《修井碑记》

——议定九甲轮流取水，不得乱甲，如违，罚银五钱入官；

——议定取水之人日出下绳，日入盘绳，如违，罚银五钱；

——议定合井人间有典卖井分者，不得由己典卖于井外人，井外人亦不得典卖，如违，典卖者罚银五钱，典买者亦罚银五钱，井分两家俱不能得，入官。

8. 江苏省常熟市杨元镇保存的清道光十四年八月立《众姓公议禁鸭保稼议单》

时永宣、薛景荣、徐耀明、徐彩明、沈俊昌、黄万益协同保稼议单克明等。窃闻畜养家凫实伤禾稼，公立禁条有益甫田，近因无耻之徒群畜匹雏千百成群专图利己，以至上下者号北助字号之田尽被伤残，藉有托名看牧阴割稻麦之穗，使吾农民租税无输老弱，何赖是以纠同村里于公处议明随田取赋，以备日后词讼之费，各宜协力同心，日巡□亩，倘有见鸭入两字号之田见者，即便执来送官。不得徇私轻恕，若见而不言者同人例罚，几强徒敛足西畴无颗粒之嫌凶人远避南亩，有篝车之庆，凡居同社各宜禀遵，欲后有据立此，众姓公议禁鸭保稼议单，永远存照谨约条规开立于左。

——议日后倘有口舌词讼之费照田起银不得推诿。

——议鸭入田在议人见徇私轻恕者同人例罚。

——议凡种上下者号北助号之田者各家不得异议。

——议倘有地保心力之费照田均派每亩五文。

9. 江西武宁县大洞乡彭坪村保存的清光绪三十三年《奉宪严禁碑》（综合）

钦加五品衔赏戴花翎特授南昌府武宁县正堂加十级记录十次王为给予严禁，以靖地方事，据职员……，监生…，童生……，耆民……等呈称，伊等三十都地方向称仁里，近因人心不古，每有不法之徒，聚赌抽头，开设烟馆，唱演茶戏以及私宰耕牛，窃砍树木，纵放牲畜，残害禾苗。种种为害，不一而足。粘呈条约，联名呈请示禁，等情到县。据此，除批示外，合行给示，勒石严禁……

计开条规：

一、国课务宜早完，以免催追。

一、赌博、私宰、烟馆以及花灯、茶戏，一切有损于地方者，概行禁止。

一、松、杉、百木、苗竹、茶子、茶叶、五谷以及花、麻、豆、果、芬芋、时莱、柴草之类，一草一木，物各有主，毋许肆行窃取，扣杉栈、松蒲、茶、桐、桠及河边杨柳、春笋，概不准偷窃砍挖。

一、牛猪原有绳圈，毋许放纵，损害禾苗。

一、乞丐托挂筒之名，寻行窃之路，最为可恶。嗣后，实系贫老乞丐应准量为施恤，此外概不给发，倘有强讨者，送官惩治。

一、茶叶系地方出息，凡客买茶，每斤取生四行用钱贰文，不准起样。

右谕通知：

光绪三十三年岁次丁未七月初九日告示

实勒港子口，地方离城八十里

10. 福建《同安云洋村后洋社公禁碑》

一、祠堂后园林及大埔上草根，概不许损折铲刮，违者罚戏一台；一、樵采者勿砍人口树，勿于坟边百步取土、挖石、铲草、口根及屋后过脉处，均犯此禁，从重议罚戏一台；一、耕田者勿断人水道，勿偷放田水，违者议罚；一、村内不得窝赌，不得招伙聚赌，违者从重议罚戏一台；一、村内无赖年少偷窃田野五谷瓜果，人知其名口有据，则解官究治，须自改悔；一、地方公口，义所难辞，查照田亩，向捐公钱，其事可无推让计较之嫌；一、兄弟叔侄辈被侵凌陷害，其冤莫伸，均照匀口，如系自行惹事，不得援此为例；一、村内有事，惟尊长之言是听，不得口恃强悍，或自作聪明，妄生议论；兄弟、子孙照限完粮，勿拖欠，致累族人。

11. 江西祁门县闪里镇文堂大仓原祠堂所立清道光六年《合约演戏严禁碑》

一、禁茶叶迭年立夏前后，公议日期，鸣锣开七，毋许乱摘，各管各业；

二、禁苞芦、桐子，如过十一月初一日，听凭收拾；

三、禁通前山春冬二笋，毋许入山盗挖；

四、禁毋许纵放野火；

五、禁毋许松柴出境；

六、禁毋许起挖山椿。

以上数条，各宜遵守，合族者赏钱三百文。如有见者不报，徇情肥己，照依同罚备酒二席、夜戏全部。

12. 江西乐安流坑董氏宗族道光十九年《樟木坑禁约》

为约法严禁山林，杜戕害，以资生息事：窃议樟木坑、小带等处之山，为吾房刍荛所出，实为公私日用所由生也。先人栽植培养，所有松杉杂木，及茶子等树，原为后人生活之地。每年入山摘取茶子，合房均沾其利。或遇有大工程，即选杉树出售，颇堪供用。盖土地所宜，不粪不耕，而能潜滋暗长，诚为自然之美利也。特恐斧斤不时，旦旦而伐，则萌蘖不能遂其生，拱把何由得大？近来子弟不法，日以樵苏为名，盗砍枝桠，夹带柴薪内挑归。一人作佣，众皆效尤。……兹特约法严禁。除斫取地柴外，如有盗取树木一枝一桠者，一经察获，立拘赃犯到祠，分别责罚。见证报信，亦即记功给赏。其有在场确见，徇情隐匿，亦拟为从，一体同罚。

13. 清乾隆二十七年五月初十日江西婺源漳村《合村山场禁示碑》

特授婺源县正堂加三级纪录五次纪功一次胡为公吁赏示永禁杜患事。据王文、王敦伦、单彬华、□□□、单笃庆、俞兴灿等具禀前事，词称：身村四户公置俞师坦茶坞、里田坞、面前山、下坞、西培、□坞、头下坞、上培、板门桥、林子坑、黄培山、仓坞培等处山场十二局，乃一村之来龙，面前水口攸关。栽种杉松竹木，长养保护，屡被无知小民入山侵害。今村佥议，业经唱戏鸣约加禁，但恐人心不一，未沐示□，仍蹈前辙。为此，公叩宪太老爷恩准赏示，勒石严禁，俾愚民知有法究，而山场永无侵害，合村感戴上禀等情。据此，合行示禁。为此，示仰附近居民人等知悉：嗣后，王文等公置俞师坦等处山场杉松竹木，乃一村攸关，□□□□□山侵害。倘有不法棍徒擅敢砍伐，许业主同约保指名，据实赴县具禀，以凭严拿，大法重究，断不宽贷，各宜凛遵毋违。特示。遵。

乾隆二十七年五月初十日　示

仰勒石永禁

14. 民国二十四年江西绩溪县大源乡曹聚星堂《禁山规约》

全体催开禁山公益会议序言

本族鉴于现代文化之普及、风俗之改良均已完善，惟我宗祖自建祠以来，立律条之森严，以致后世，传至现在，无不恪守凛遵。近有无耻之徒，私行违犯禁山法令，妄行越轨。虽前既立有禁章，尚未分等次，取罚之轻重，理应具别。今由保长、族长、年长召集各房祠首领，提议讨论改革禁山规约。为谋人民之公益，纠正地方之风化，乃本族应负之责任，促其实现。经公众议决，恐仍有不法行为之人，阳奉阴违。故特备午餐，由各房祠首率领各家长到席，评议罚款，议决签字，宣誓遵令，当即施行公布。

民国二十四年六月初七日立订

今将禁山规则开列于后：

——坟山水口及各荫木，每株罚大洋十元，全村平伙一餐；

——纵火焚山，公议估值赔偿；

——茶叶，罚大洋十元，全村平伙一餐；

——禾苗，罚全村平伙一餐。苞萝，每稿罚大洋一元；

——杉树，每株罚大洋五元。杉树藤不在此例，另有附约说明；

——竹春冬笋，每根罚大洋三元。各业主挖笋时期，另有附约说明；

——松树，每株罚大洋三元；

——杂木，每株罚大洋一元；

——菜蔬瓜果土产等项，公议取罚，由一元以上，十元为限之取罚；

——私毁禁约牌，罚全村平伙一餐。

注：以上罚全村平伙，均由每家一名为限。

附约：

——以上各条之罚款，以六成提出为酬劳报告证实者；

——摘野茶要过各户摘茶下山，许可开禁；

——春笋要过立夏，或挖或养，再可由业主自权；

——凡斫杉树藤，要预先通知该山主许可，否则，依该条论；

——外村及本村客姓违犯者，加倍取罚；

——故意放牛马损害禾苗者，公议取罚；

——本族祠首及签字全体欲违犯者，重重取罚；

——公报私仇、栽赃诬报者，希图害人，侯各首事密查明据，以证确实为标准，勿为大怠而取罚。

族长　智和

年长　炳云

保长　效法

长房（根财等共十人，名单从略）

二房（妙元等共二人，名单从略）

三房（云苟等共十四人，名单从略）

五房（科弟等共二十七人，名单从略）

六房（树详等共十八人）

老二房（跟奎等共十三人）（民国二十四年八月初七日绩溪大源曹聚星堂禁山规约）

15. 浙江虞东戚氏宗族清咸丰五年二月《立禁池议据》

缘层公祭内有鸣字三角池一个，近在村前。基等恐有天旱之际，以防一村不测之灾；且饮洗急需，尤关重要，爰邀三房公禁此池，以备公用。自禁之后，惟秋田水任其承荫，其余不拘大小车具，无得落池车水。如有强车池水者，邀集三房理论；再有强车不遵禁例者，将车拖起，邀与房长，公同送官究惩。恐后无凭，立此合同禁池议据三纸，每房各执一纸，永远存照。

16. 安徽省泾县丁家桥丁氏宗族清光绪十九年《公议护坝规条》

缘我姓祖遗新丰坝一业，水之来路甚远，沟道甚长，至土断地方，东边河道低下，水性直趋向东，下流向筑长埂一条，引水归西边总沟，渐次分散。诸沟灌田三千百余亩，其埂长有百余丈，东面临河，用松树鳞次排列，打入河中，再用毛竹编龙，层叠堆置，松档里面装满石块，加土筑坚。每年梅雨连绵，洪水冲泛，随坏随筑，不下数百余金钱。夫惟归我姓田亩派出，此皆为下灌禾苗，上裕国课，不得辞其艰难困苦耳。近有无知之徒，拔取松档，裂取竹条以充柴薪，以利己用。甚或于秋收后挖断坝埂，放开沟水，以便取鱼，其弊日甚一日，其埂几于莫保。事关重大，情迫无奈，是以席请地方公正老成商议，设立规条，开列在后，以告地方，以戒将来。倘再有无知故犯，一经获有确赃，即通同议规内人照规处罚，其恃顽不遵者经官究治，决不徇情姑宽，致自贻误。事在不得已，故不惮苦口言之。自今以后，有能设身处地体察保埂苦心，不来侵犯，斯固我姓之大幸，抑亦外姓有田者之大幸也。议系通地合商，愿无藐忽视之。

17. 福建漳浦清康熙五十九年《汪邑侯申明水例碑》

大坑溪水出自梁麓，沙岗、西庄、西山与院前四处田地俱资波润，斟酌七日七夜轮番，古有成例也。募缘万历四十四年郑姓霸截水例，春元许仕求乡民甸呈县府道，可以致拘提究处，仍照古例七日七夜轮番，首院前贰日壹夜，周而复始，祭示斜印付照，时郑甫、郑以才、郑日显、郑漠等依古年结立合国（同），押号为据，自是霸截之害遂息。诅康熙五十五年郑姓复霸截水例，我社内相率甸呈，蒙本县主批着乡保查覆，乡保凭公确覆，并吊前朝告示，合同验明，复给示申明古例，永远遵循，众等感戴，立德政名旗以扬大德。越五十八年三月内郑姓又诳禀，蒙批郑保等，久经定安，不必混察，案叠昭彰，似难施巧，诅八月间重赂鳄棍八人，妄捏保长林锡、陈统荐创公议均平谗语，欲几（乱？）古例，赐给新示，窃思昔日酌定日期番次，尽善尽美，若妄增减，则沙岗、西庄、西山田居水末，泥涂盐答，一遇小旱，禾苗立枯，国课民命何赖，我社内探知，复相率葡呈，蒙廉明本县主老爷汪当堂立断，重责乡鳄外，批仰后立押乡长李结速将郑卯、郑忠等告示刻即缴销，如敢稽延不缴，该社即拘郑卯等前来究追，时郑抗不肯缴，再援奸党入呈，蒙批郑卯等并非公议，混行请示，现在吊销，不必多读，郑姓惧罪，随即缴销。依照古例七日七夜轮番，霸截之谋终无所施，然犹有虑者，后来人心叵测，告示蠹坏，欲变例如若辈者不为不少，又相宁，口明立石，蒙批准立石遵守可也，批示煌煌，古例俞定，遂敛财延工勒之贞珉，以垂不朽，傅顽梗者不得。

萌霸截之谋，而斤卤均沾灌溉之利矣，是为志。计开申明古例日期番次周而复始：首阪院前贰日壹夜，次西山贰夜壹日，又次沙岗棣田种多叁日叁夜，又次西庄壹日夜。三社与呈。

太学生林绍伯、居民林口、徐畅、林张、陈好、林姐、蔡转、林德、林吉士、林佐、林培、林梦鲸、蒲喜、林青选、蔡众、林子千、林绍仪、卢文口、林阵、林台、林泥、林美、庄理、林重、陈应、林训、郑普、林元、林锡瑚。

康熙五十九年荔月谷旦，

沙岗西庄西山三社仝立。

18. 福建同安县从顺里清乾隆元年《勘断睦命塘诫语碑记》

同安县从顺里睦命塘，系三都十一乡公蓄灌溉，众人和睦修筑养命，故命曰睦命塘。弘治十三年，奉给司照勒碑。雍正十三年被富豪叶照、许禹、张仰、张太、石良、张社、张倩、许生等占垦，旱则蓄水日少，潦则冲崩堤岸，灌溉不敷。乾隆元年，三都生监陈口、陈逢泰、陈云行、陈应瑞、陈良瑛、陈起凤、陈起蛟、陈必超、陈必济、陈大振、陈廷弼、陈方旋、林师开、王云章，乡老陈绳武、王旁、曾丙良、林九俊、林好、叶生、郑良等呈控，蒙青天廉明太老爷唐亲勘，两次定界，将叶照等占垦掘毁筑岸，立漱通报在案，勒石遵守。特授泉州府同安县正堂、加四级唐，看得西界睦命一塘，为从顺里三都十一乡公共蓄水灌田之所，现有前明弘治十三年奉给司照，勒碑永守，虽终变革之后，奸徒乘机窃占，私相售买，究不能禁止。乡民之此水灌溉，则其为通乡水利，彰彰明矣。只因系各乡公共之物，堤岸无人经营，年久坍塌，复有豪强于堤岸淤滩之处围筑成田，私为己利，遂使塘中蓄水日少，灌溉不敷，深可痛恨。是此一塘，诚同邑有利当兴，有害当除之急务也。乾隆元年二月，据陈绳武等以叶照、张仰诸人违禁占垦呈县，本县以水利为民命攸关，亲行两次踏勘，插牌定界。除烧灰桥上久年占垦，并无关大害者外，准照旧耕作，其叶照等新占开垦之地，立押掘毁，取土填筑若岸。不忍偏庇，数户十一番经管口理阉拄，预定每年于农隙之时，乡老二三人董率各乡壮丁，开淤筑岸，修理涵口，务使堤岸坚固，塘中深广，水可多蓄，兼以杜绝棍徒占垦等弊，庶乎争端不起，永保无虞，长享其利，有符于昔人睦命传统名塘之美意。是则有在该乡老等之秉公竭力办理尽善，而非本县所能与也。合该乡补士、耆老应共悉心斟酌，如何轮值？如何整理？创设规条，呈县存案，傅期永远遵守奉行，口轮番会首不能及时修口，十一乡乡老全议罚，或有不遵，鸣官究处立案。约正：陈章、叶尔耀，耆老：林羡、王窗、陈荣、陈大信、曾口口、林艺、洪佑。计开各乡工项：西洲二十九工；西湖塘三十七工；云头三十工；小坛十四工；石埋十工；林炉、浦头共七工；山头七工；颜屠上五工；卓屠上二工；圳边七工。每月二轮口引用。

乾隆元年八月日上石

19. 安徽歙县清嘉庆二十三年《岩镇乡约》

维我岩镇，居当要冲，道远郡城，官府之法，尝三令五申里社之条亦并行而兼举。夫何今者，天时亢旱，人心忧危。奸党乘机邪谋窃发，假称借贷，敢拥众于孤村；倚恃强梁，辄紾臂于单薄。白昼公行而无忌，昏夜不言而可知。宜预为桑土之谋，庶可免剥肤之患。是以众谋佥同，群策毕举。一镇分为十八管，有纪有纲。每管各集数十人，一心一德。毋小勇而大怯，毋有初而鲜终，毋生事而败盟，毋见利而忘义。理直气壮，强暴知所警而潜消；力协气孚，良善有所恃而无恐。庶患难相恤之义，复敦而仁厚相成之俗益振。

20. 安徽祁门善和利济会清道光五年《重新议定会规》

——议各家输出田租，均出诚意，即归会管，永为公物，共相保守，毋得悔退。倘有悔退，以子孙违悖祖规，准破祀例论；

——议迭年阄定二人为首，经收会谷，务要逐号开明收谷若干。除支用外，仍存余之谷，每秤十八秤，作米七升，照市价折价，交钱入匣，公同生贩，务要现钱，不得推欠、拖迟，违者罚；

——议生贩，必审其人诚实稳妥，方允立券，其谷公同追收。倘有失脱，责令经手出贩人赔偿。

21. 安徽祁门谢村善则堂明嘉靖二十二年正月十五日《善则规约》

谢村谢知龙、谢知远兄弟各思承父创业，迁构善则堂，以遗我后人。肯构名义，不为不善，我后昆欲以继述绵长于□者，匪材则弗裕。固咸矢心，义立条约，名曰《善则规约》，以为生财之计。财既生，遂则人心自协于一，庶几不堕先人之业。凡居我善则堂者，继自今以往，各宜顾名思义。规约所载者，一一遵守，毋许以一己之利，而坏乃义举。如违，闻官治以不孝罪，仍遵斯规以行。规条已具，因立合同，二房各收允遵照者。

一议男子递年生辰，出纹银二分或晃谷六斤、三十一钱、四十二钱、五十三钱；六十有子，力事，出四钱；七十、八十，子孙力事，出五钱；子孙不力事，出一钱。

一议妇人递年生辰，出纹银一分，三十至八十，照男子减半出备；

一凡子女许配他人，纳币日，出纹银五钱；起嫁日，出纹银五钱，以为祭告之需；

一凡男子娶室，有妆奁者，出纹银五钱；无妆奁者，止出一钱；

一凡始生男子，出银一钱；次生、三生至五七生，皆出五分；

一凡娇客登门，取鼓乐礼银一钱；

一凡子孙或侥幸乡试，出银五两，会试出银十两，岁宫出银二两；

一凡子孙生理，递年所得利息，每一十两出银五分，百两出五钱，由百至千，照佰义出。斯系义举，幸毋欺昧。

22. 山西临汾魏村清同治十一年《牛王圣会七社为六社缘起碑记》

议定会规：每年逢会初十日，六社献牲，挨次转牌交社，本社人在中，交社人在东，接社人在西，甚勿紊乱。所写之戏，或是本县，或是外县，总要初九日早到迎神，十二日早刻送神为止。倘敢以官挟势，强行拉戏，六社公办，决意不准。三王之威名，反不如伊乎？逢会之期，天雨偌大，误了日期，出钱四十千文入公修理山

· 239 ·

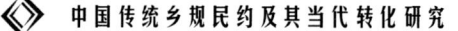

棚，上面要做五大名山，中间五马破曹，下层士农工商游山玩景之势。又因外村中不要停留贼匪损人利己，如若强留者，六社公议，定要将窝主贼人立送死地，以除其害，决不食言。

23. 山西河津樊村镇魏家院村保存的清雍正二年《阖村公立禁赌碑》

粤稽圣王教民井田，学校使士农工商各归本业，何常有赌博之事混于四民之中哉！延及后世，圣王之教衰，而赌博之风起。近见我庄游手好闲之徒，勾引赌博，恶风尤甚。若不禁止，则邪教易入，将有日流于下而不返者矣。是故阖族公议，永行禁止。具禀县老爷案下，乞勒石永遵，以挽颓风。蒙批：赌博乃贼盗之源，滋害无穷。故本县到任之初，随出示申禁在案。今该生等公禀勒石永禁，留意桑梓，甚属可嘉，准照禀行。嗣后如有怙恶不悛，仍事赌博，一经拿获，除本犯照例之罪外，仍量伊父兄家资之厚薄，议罚备赈，以戒其不教。乃或谓刑罚并用似属太严，而不知法严知畏，刑以辅教之至意也。自今以后，凡我族人，务宜返邪归正。士理经书，农务田畴，则家业可守，礼让可兴。虽非盛世之休风，亦可谓一时之善俗也。固勒石以垂不朽云。

24. 江西婺源思口延村清嘉庆二十五年三月《弥赌杜窃碑》

"特授婺源县正堂加十级记录十次孙为弥赌杜窃、叩赏给示勒禁维风事。□□□□金荣光、民人吴士银、吴恒有、程士彬、程启钰、程国章、汪子成以前事具□□□□等聚一村，村内耆民严禁赌博，防开匪类；村外水口，历蓄山苗荫护宅基，诚以水口山神庙坟冢胥赖庇荫。更以赌博弊窦，实为法纪不容，奸盗诈伪从此滋生，所以两条。切近有不法樵竖潜往村旁，或向僻静之区，席地而坐，做宝跌钱；或入水口，村内觑切。做宝跌钱，即是酿赌之渐；搬枝摘叶，更开盗砍之端。与其酿害将来，不如及杲勒宪台赏准给示，俾勒碑禁。笃俗维风，群歌乐口颂恩上禀等情到县。并不许入该村水口林内搬枝摘叶。各禀县，以凭拿究，决不姑宽，各宜凛遵毋违。"

25. 福建安灌口《铁山村公约碑》

从今以后，凡我同乡老幼，不许与诸亲赌博，或有越规逾矩、妄邀赌博输赢现钱者，无论矣。若输赢赊欠，不论亲疏强弱，议约无讨；且家长察出疏、输赢，各定罚戏壹台，若罚者恃强不依公约，强强欲讨，输者当传众家长照约处置，再或不遵，众家长呈官究治。众家长断无拘私袒匿，无吐刚茹柔，总宜照约严办。仰期乡中老幼各宜凛遵，勿踏失身之愆，以致后悔。诚如是，则士农工商守其正业，乡里永致雍和，子孙永无祸端，善日长、恶日消，不诚吾乡之福乎！爰立碑以垂远戒，世世亦当以此为鉴。

26. 福建同安县莲花镇云洋村后洋社碑铭

一、儿童聚赌，无论何人，一经触见或报知，罚戏一台，席乙筵，以儆效尤；一、自本月起，凡儿童从前赌账俱作罢论。如敢恃势索讨，无论何人，合众共诛，责其背约之罪，罚由众；一、儿童如敢违约偷盗，有人报税，奖赏大洋二元，以彰正直；一、田园、五谷或家中什物如被盗窃，一经发现，小者罚戏一台，席乙筵；大者估价，加倍赔偿，窝藏贼赃者，罚式与盗贼同；一、盗贼窃物，无论在人家、在田园被人打毙者，不偿贼命。

主要参考文献

一 中文部分

（一）著作

爱必达：《黔南识略·黔南职方纪略》，贵州人民出版社1987年版。

白钢、林广华：《宪政通论》，社会科学文献出版社2005年版。

卞利：《明清徽州社会研究》，安徽大学出版社2004年版。

曹景清：《黄河边的中国——一个学者对乡村社会的观察与思考》，上海文艺出版社2000年版。

常建华：《明代宗族研究》，上海人民出版社2005年版。

晁福林：《先秦社会形态研究》，北京师范大学出版社2003年版。

陈宝良：《中国的会与社》，浙江人民出版社1996年版。

陈俊民辑校：《蓝田吕氏遗著辑校》，中华书局1993年版。

程维荣：《中国近代宗族制度》，学林出版社2008年版。

董晓萍、[法]蓝克利编著：《陕山地区水资源与民间社会调查资料集》第四集，中华书局2003年版。

杜正胜：《编户齐民》，联经出版事业公司1980年版。

段友文：《黄河中下游家族村落民俗与社会现代化》，中华书局2007年版。

段自成：《清代北方官办乡约研究》，中国社会科学出版社2009年版。

费成康主编：《中国的家法族规》，上海社会科学出版社2003年版。

费孝通：《乡土中国》，上海世纪出版集团2007年版。

费孝通：《乡土中国 生育制度》，北京大学出版社1998年版。

高文：《汉碑集释》，河南大学出版社1997年版。

国家教育委员会组织编著：《中国传统道德》，中国人民大学出版社1995年版。

洪洞县水利志编撰委员会编著：《洪洞县水利志》，山西人民出版社1993年版。

焦进文、杨富学校注：《元代西夏遗民文献〈述善集〉校注》，甘肃民族出版社2001年版。

梁漱溟：《乡村建设理论：一名中国民族之前途》，乡村书店1937年版。

卢作孚：《建设中国的困难及其必循的道路》，章开沅编《卢作孚集》，华中师范大学出版社1991年版。

卢作孚：《四川嘉陵江三峡的乡村运动》，凌耀伦、熊甫编《卢作孚文集》，北京大学出版社1999年版。

米迪刚、尹仲材：《翟城村志》，中华报社1925年版。

牛铭实：《中国历代乡约》，中国社会出版社2006年版。

山西村政处编：《山西村政汇编·修正人民须知》，山西村政处1928年铅印本。

石元康：《当代西方自由主义理论》，生活·读书·新知三联书店2000年版。

宋恩荣、熊贤君：《晏阳初教育思想研究》，辽宁教育出版社1994年版。

宋恩荣编：《晏阳初全集（一）》，教育科学出版社1989年版。

王铭铭、王斯福主编：《乡土社会的秩序、公正与权威》，中国政法大学出版社1997年版。

渭南地区水利志编纂办公室：《渭南地区水利碑碣集注》（内部刊物），1988年。

闻钧天：《中国保甲制度》，商务印书馆1935年版。

萧公权：《中国政治思想史》下册，联经出版事业公司1981年版。

徐大同总主编：《西方政治思想史》第3卷，天津人民出版社2005年版。

杨开道：《中国乡约制度》，山东省乡村服务人员训练处1937年影印。

杨天宇：《仪礼译注》，上海古籍出版社2004年版。

俞伟超：《中国古代公社组织的考察——论先秦两汉的"单—僤—弹"》，文物出版社1988年版。

赵华富：《两驿集》，黄山书社1999年版。

赵秀玲：《中国乡里制度》，社会科学文献出版社1998年版。

中国第二历史档案馆：《中华民国史档案资料汇编·第三辑·农商卷》，江苏古籍出版社1993年版。

[法]孟德斯鸠：《论法的精神》上册，张雁深译，商务印书馆1961年版。

[古希腊]柏拉图：《法律篇》，张智仁等译，上海人民出版社2001年版。

[古希腊]亚里士多德：《政治学》，吴寿彭译，商务印书馆1965年版。

[美]汉密尔顿：《联邦党人文集》，程逢如等译，商务印书馆1980年版。

[美]孔飞力：《中国帝国晚期的叛乱及其敌人——1796—1864年的军事化与社会结构》，中国社会科学出版社1990年版。

[日]井上彻：《中国的宗族与国家礼制》，钱杭译，上海书店出版社2008年版。

[日]寺田浩明：《明清时期法秩序中"约"的性质》，载滋贺秀三等《明清时期的民事审判与民间契约》，法律出版社1993年版。

（二）论文

安广禄：《我国最早的乡规民约》，《农村发展论丛》1998年第4期。

卞利：《明清徽州村规民约和国家法之间的冲突与整合》，《华中师范大学学报》2006年第1期。

卞利：《明清徽州地区乡规民约论纲》，《中国农史》2004年第4期。

卞利：《明清时期徽州的乡约简论》，《安徽大学学报》（哲学社会科学版）2002年第6期。

卞利：《作为村规民约的明清徽州族规家法初探》，第二届传统中国研究国际学术讨论会论文，上海，2007年7月。

卜宪群：《春秋战国乡里社会的变化与国家基层权力的建立》，《清华大学学报》（哲学社会科学版）2007年第2期。

曹国庆：《明代乡约推行的特点》，《中国文化研究》1997年第1期。

常建华：《明代江浙赣地区的宗族乡约化》，《史林》2004年第5期。

陈柯云：《略论明清徽州的乡约》，《中国史研究》1990年第4期。

陈琪：《祁门县明清时期民间民俗碑刻的调查与研究》，《安徽史学》2005年第3期。

陈瑞：《清代徽州族长的权力简论》，《安徽史学》2008年第4期。

陈瑞：《以歙县虹源王氏为中心看明清徽州宗族的婚姻圈》，《安徽史学》2004年第6期。

陈锡文：《建设和谐社会必须加快农村发展》，《中国经济时报》2005年3月14日第5版。

程伟礼：《对中国古代村社组织历史和理论的思考》，《苏州大学学报》（哲学社会科学版）1997年第1期。

党晓虹：《论传统水利规约对当代干旱地区村民用水行为的影响——以山西"四社五村"为例》，《兰州学刊》2010年第10期。

丁华东：《会社在徽州区域社会研究中的意义——以明清之际的徽州民间会社为分析中心》，《探索与争鸣》2004年第12期。

董建辉：《"乡规民约"不等于"乡约"》，《厦门大学学报》（哲学社会科学版）2006年第2期。

段自成：《清代北方官办乡约组织形式述论》，《中国社会历史评论》第7卷，2006年。

段自成：《清代前期的乡约》，《南都学坛》（哲学社会科学版）1996年第 5 期。

段自成：《清代乡约长的官役化与乡约教化的效果》，《平顶山师专学报》2003 年第 3 期。

范文山：《越南农村管理中的乡规民约研究》，博士学位论文，吉林大学，2007 年。

傅衣凌：《中国传统社会：多元的结构》，《中国社会经济史研究》1988 年第 3 期。

关传友：《徽州宗谱家法资料中的植树护林行为》，《北京林业大学学报》（社会科学版）2003 年第 4 期。

郭剑鸣：《试论卢作孚在民国乡村建设运动中的历史地位——兼谈民国两类乡建模式的比较》，《四川大学学报》（哲学社会科学版）2003 年第 5 期。

韩茂莉：《近代陕山地区地理环境与水权保障系统》，《近代史研究》2006 年第 1 期。

胡庆钧：《从蓝田乡约到呈贡乡约》，《云南社会科学》2001 年第 3 期。

胡杨：《中国农村精英研究的问题域及其整合》，《河南社会科学》2006 年第 1 期。

胡英泽：《水井碑刻里的近代山西乡村社会》，《山西大学学报》（哲学社会科学版）2004 年第 2 期。

虎丙：《热心公益之村长》，《山西日报》1919 年 6 月 19 日。

黄霞：《浅析中国传统乡规民约的历史作用和当代价值转换》，《长沙民政职业技术学院学报》2009 年第 3 期。

金滢坤：《论唐五代宋元的社条与乡约（二）——以吕氏乡约、龙祠乡社义约为中心》，《敦煌研究》2008 年第 1 期。

李朝晖：《民间秩序的重建——从乡规民约的变迁中透视民间秩序与国家秩序的协同趋势》，《学术研究》2001 年第 12 期。

李德芳：《近代翟城村自治述论》，《河北大学学报》（哲学社会科学版）2001 年第 1 期。

李景汉：《定县农村经济现状》，《民间》（半月刊）1935年1月。

李可：《论村规民约》，《民俗研究》2005年第6期。

李晓英：《论汉代的乡规里约》，《中州学刊》2006年第1期。

梁漱溟：《怀念卢作孚先生》，《名人传记》1988年第5期。

刘森：《清代祁门善和里程氏宗族的"会"组》，安徽考古所《文物研究》第8辑，黄山出版社1993年版。

柳唯本：《两汉农业生产发展探讨》，《辽宁师范大学学报》（社会科学版）1981年第2期。

栾爽、邵钧：《西方宪政思想在近代中国的传播》，《常熟理工学院学报》（哲学社会科学版）2008年第3期。

罗子为：《邹平各种合作社二十五年度概况报告》，《乡村建设》（半月刊）1937年第6卷第17、18期合刊。

宁可：《述社邑》，《北京师范大学学报》1985年第1期。

宁可、郝春文：《敦煌社邑的丧葬互助》，《首都师范大学学报》（社会科学版）1995年第6期。

秦亦文：《邹平实验县合作指导委员会报告》，《乡村建设》（半月刊）1937年第5卷第4期。

任敏：《精英流出与农村稳定》，《甘肃理论学刊》2003年第5期。

盛邦和：《梁漱溟"乡村建设"思想及其发展观叙论》，《江苏社会科学》2007年第3期。

孙冕：《试论乡规民约在新农村建设中的价值和功能》，《连云港师范高等专科学校学报》2006年第2期。

唐雁群、肖宪：《论乡规民约在当代乡村治理中的作用》，《企业家天地》2008年第9期。

陶琳：《西方宪政思想流变及其制度演进中的政府权力制约》，《理论月刊》2003年第8期。

王日根：《论明清乡约属性与职能的变迁》，《厦门大学学报》（哲学社会科学版）2003年第2期。

王文涛：《论基于救助的汉代社会保障》，《天津师范大学学报》（社会科学版）2010年第3期。

王勇：《论汉代下层民众的互助活动》，《中国社会经济史研究》2009年第1期。

萧正宏：《历史时期关中地区农田灌溉中的水权问题》，《中国经济史研究》1999年第1期。

谢长法：《乡约及其社会教化》，《史学集刊》1996年第3期。

谢晖：《当代中国的乡民社会、乡规民约及其遭遇》，《东岳论丛》2004年第4期。

徐秀丽：《民国时期的乡村建设运动》，《安徽史学》2006年第4期。

杨富学、焦进文：《河南濮阳新发现的元末西夏遗民乡约》，《宁夏社会科学》2001年第5期。

杨华：《战国秦汉时期的里社与私社》，《天津师范大学学报》（社会科学版）2006年第1期。

杨建宏：《〈吕氏乡约〉与宋代民间社会控制》，《湖南师范大学社会科学学报》2005年第5期。

杨建宏：《宋代礼制与基层社会控制》，博士学位论文，四川大学，2006年。

杨建宏：《张载的礼学思想及其社会实践》，《湖南大学学报》（哲学社会科学版）2006年第3期。

杨念群：《论十九世纪岭南乡约的军事化——中英冲突的一个区域性结果》，《清史研究》1993年第3期。

喻长咏：《西汉家庭结构和规模初探》，《社会学研究》1992年第1期。

臧知非：《先秦什伍乡里制度试探》，《人文杂志》1994年第1期。

张广修：《村规民约的历史演变》，《洛阳工学院学报》（社会科学版）2000年第2期。

张金光：《有关东汉侍廷里父老僤的几个问题》，《史学月刊》2004年第 10 期。

张静：《乡规民约体现的村庄治权》，《北大法律评论》1999 年第 2 卷第 1 辑。

张俊峰：《前近代华北乡村社会水权的表达与实践》，《清华大学学报》（哲学社会科学版）2008 年第 4 期。

张俊峰：《油锅捞钱与三七分水：明清时期汾河流域的水冲突与水文化》，《中国社会经济史》2009 年第 4 期。

张明新：《从乡规民约到村民自治章程——乡规民约的嬗变》，《江苏社会科学》2006 年第 4 期。

张泽想：《当前村规民约中存在的问题及其对策》，《中外法学》1992 年第 4 期。

朱鸿林：《明代嘉靖年间的增城沙堤乡约》，《燕京学报》2000 年第 8 期。

朱延秋：《村规民约惩戒性条款的静态分析——以人权保障为视角》，《黑龙江省政法管理干部学院学报》2007 年第 4 期。

祖秋红：《浅析民国初期山西"村政"运动》，《晋阳学刊》2007 年第 2 期。

二 英文部分

Duara, Prasenjit, *Culture, Power, and the State: Rural North China, 1900 – 1942*, Stanford University Press, 1988.

Freedman, Maurice, *Lineage Organization in Southeastern China*, Athlone Press, 1958.

Hardin, Garrett, *The Tragedy of the Commons*, Science, 1968.

Locke, John, *Two Treatises of Government*, Cambridge University Press, 1967.

Perdue, Peter C., "Official Goals and Local Interests: Water Control in the Dongting Lake Region during the Ming and Qing Periods", *Asian Studies*, 1982 (4).

Smith, Arthur H., *Village Life in China*, New York: F. H. Revell, 1899.

后　　记

2007年9月，在结束硕士阶段学习后，我开始追随西北农林科技大学的樊志民教授攻读农业与农村社会发展方向的博士学位。先生考虑到我汉语言文学专业的学科背景，并结合硕士期间的专业方向，为我定下了"中国传统乡规民约"的博士论文选题。没有想到，这一命题式作文竟然整整伴随我十多年的学术生涯。

说实话，最初拿到这个选题，还是相当的忐忑：一是忐忑于对乡规民约的一无所知；二是忐忑于对传统乡规民约研究价值的不确定；三是忐忑于对如此宏大选题自我驾驭能力的不自信。带着深深的忐忑，我开始了艰难的探寻。

经过大半年的文献资料的查找以及与先生和其他老师的多次讨论，我对于乡规民约的概念、内涵、外延有了较为清楚的认识，并基本确定了研究的范畴。乡规民约是指由某一特定乡村地域范围内的组织或人群共同商议制定的、以书面文字或口头约定为主要传载方式的、用来维持乡村社会生产生活秩序的、具有一定权威性的内部公共行为规范。考虑在传统中国乡村社会，并存着乡里组织、乡约组织、宗族组织以及大量以维持农业生产和日常生活为主要目的的会社组织，因此，这些组织所订立的规约应该都属于宽泛意义上的传统乡规民约的范畴。同时，学术文献与历史方志的海量阅读，也让我越来越坚信这一选题的当代价值。诚然，作为历史的产物，传统乡规民约已经无法在当代乡村治理中直接发挥作用，但其所倡导的勤劳俭朴、尊师重道、互帮互助、睦邻友好、集体利益至上、公理共议、家国一体等理念，却已经成为中华民族的基因，植根在中国人内心，潜移默化影响着中国人的思想方式和行为方式，因此对传统乡规民约的整体性研究，无论对于微观层面的村民个体公民素质的培育、中观层面的乡村社会基层民主的推进和社会秩序维护抑或宏观层面的国家治理水平与能力的提升，均具有重要的当代价值。但对于如何更科学的进行论文的框架设计，依然毫无头绪。

2009年10月，我来到了澳大利亚墨尔本大学土地与资源学院，师从Michael Webber教授进行为期一年的博士生联合培养项目，在此期间，在导师的建议与引导下，我开始接触新制度主义学派，对论文的框架设计不禁豁然开朗。乡规民约既然是一种非正式制度，何不依据制度主义的分析框架，对其从制定、内容、执行、影响等方面进行整体挖掘与研究？框架确定后，写起来就容易多了，2011年7月，我顺利通过了博士论文答辩，并在同一年来到青岛农业大学人文学院就职，乡规民约依然是我研究的主要方向。为了与自己所讲授课程寻求最大的契合，获得教学与科研的"双赢"局面，当代乡村治理开始成为我科研的新的关注点，当代乡规民约因此成为我窥探当代乡村治理的工具。经过大量的实地调研与当代乡规民约的文本分析，我发现，尽管在国家的大力倡导与推动下，乡规民约已经基本实现了在全国行政村中的全覆盖，但形式化、模式化、虚置化的问题依然较为突出，如何借鉴与吸纳传统乡规民约中的有益治理养分，帮助当代乡规民约突破当前的发展困境，让其真正实现务实管用，是我近些年重点考虑的，在本书的后半部分也谈了自己的一些初步想法。当然，该书还有许多不足之处，比如：对传统乡规民约没有进行整体性的文本量化分析，导致部分结论的得出主观性过强；尽管对制度主义学派相关理论做了简单介绍，但与文章内容之间缺乏有效衔接；对传统乡规民约的当代转型认识依然不够深入具体等。上述不足将会在后续研究中加以改进与完善。

最后，感谢恩师樊志民先生。多年来，先生以其无比的宽容、理解、支持和耐心，悉心教化着我这个虽然还算勤奋但资质平平甚至略显

后　记

驽钝的弟子，先生的恩情，我将永远铭记在心。感谢西北农林科技大学的张波、张磊、朱宏斌和张红教授，感谢南京农业大学的王思明、沈志忠、卢勇教授，感谢卜风贤教授，在论文修改过程中，诸位老师从字句到篇章都给予了我多方面的指点，他们开阔的学术视野、睿智的研究思路、严谨的学术作风，使我受益匪浅；感谢我的国外导师，澳大利亚墨尔本大学土地与资源管理学院的 Michael Webber 教授，他与我多次讨论社会科学研究的方法和视角，对该书的撰写启迪颇多；感谢澳大利亚墨尔本大学东亚图书馆的杨碧霞馆长，她为我查阅相关历史资料，提供了最大的方便；感谢青岛农业大学和青岛市社科规划办在出版资金方面的鼎力支持。最后，也在这里向我的亲人们表示我最诚挚的谢意。

作者